江戸後期儒者のフィロロギー

●原典批判の諸相とその国際比較

竹村英二
Eiji Takemura

思文閣出版

◆目次

総論編

各論編Ⅰ　古典テクスト研究の諸相

各論編Ⅱ　古代言語への意識／接近

総論編

序論　本書の中心的課題、ならびにその射程

（a）　江戸後期儒学の評価

本書は、十八世紀から十九世紀中葉ぐらいまでに台頭した日本儒者における考証学的な色彩の強い中国古典テクストの文献・書誌研究の実相を、日本思想史のみならず中国近世思想史、教育史などの知見も適宜引照しながら考察し、さらにその底流にある思想・哲学について、西欧において発展した文献研究と比較しながら考えることも目的とする。ただし、考証学的な学問方法の発展はおおよそ十七世紀後半頃より始まっており、本書ではこの時期に萌芽をみる学問も意識すると同時に、江戸後期学問をさまざまな意味で基盤とする明治以降の学問方法も視野に収める。

いうまでもなく十八世紀は、荻生徂徠（一六六六～一七二八）とその周辺における経学、言語の学、詩文等多様な方向での学問発展とその刺戟による折衷的、考証的学問の勃興、あるいはまた一方においては正学派朱子学の興隆（あるいは「再興」）をみ、この儒学界での動きはさらに国学の諸派、蘭学研究の発展をも触発した。さまざまな思想分野の誕生と相互の交錯、対抗の様相は、前田勉『江戸後期の思想空間』にも詳しい。(1)

さて、日本における中国哲学研究は、「最近までは、経、史、子部の古典解読に狩野（直喜――筆者）以来の、清朝考証学の成果を利用することがごく一般的であ」り、これが、清朝考証学を「中国哲学研究の対象として客体化」することを「遅らせた」と論じるのは吉田純である。(2)この論の是非についてては当該分野の専門研究者に委

ねたいが、ⓐ研究「手法」が研究「対象」として明確に意識されず、結果、ややもすれば、研究の方向性、そして成果に偏りが生じているという点、さらには、ⓑあたかも宋学あるいは朱子学以外には「哲学」が存在せず、日本儒学においても十八世紀以降は「方法的進化」以外は特筆すべきものがないと考えられている傾向が、すくなくとも一部の日本思想史研究者において前提されている状況に鑑みると、上の吉田の言葉は、日本儒学／漢学研究、とりわけ幕末漢学の研究にもあてはまるというのが、筆者の基本的な立場である。

たとえばこれまでの日本思想史分野での儒学研究は朱子学に焦点をあてたものが多く[3]、幕末―明治初期政治思想史的研究においても、「漢学」というよりも「儒学」、とりわけ朱子学の概念、世界観、道徳観をもって日本近代知識人が西洋思想をいかに受容したかという点の考察を主眼とするものが多く、朱子学から西洋哲学に対抗し得る哲理を析出する〝哲学的〟営み、あるいは儒学との連続性を保ちながら、その観念を意図的に動員しながら西洋哲学を読み解くことを旨とするものが主流であるといえよう（本書第一章第二節（a）参照）。

しかし、幕末の漢学者、さらには狩野直喜（一八六八～一九四七）、内藤湖南（一八六六～一九三四）、武内義雄（一八八六～一九六六）といったあたりの世代までが保持していた「漢学の素養」とは、どちらかといえば上述の如きものとは異なる、考証を旨とする学的素養であり、しかもそれは、「消閑の具」といったものとは真逆の、右の吉田の言葉を借りれば「凄絶なまでに激しい学問への情熱」を基底とする、真摯な学究的活動であった。

（b）日中儒学の差異――その特徴と担い手

いうまでもなく思想の特性は、社会的、経済的、政治的環境与件と不可分な関係にあり、特定の環境与件下において儒者は、いわゆる被投的投企の状況、すなわち一定の状況に制約されつつ（被投性）みずからの可能性を投企し選びとる（実存）といった状況に位置づけられている。おおよそ、哲学的（あるいは、具体的に、「朱子学的」）思惟、あるいはまた政治思想／理念そのものに‘lean-in’することが多くの場合その前提である中国士大夫層[4]とは異なり、江戸後期の日本の儒者の多くは、政治状況よりもむしろ、社会＝経済的与件との密着度が高い〝市井の人〟が思想的営為の担い手の「多数派」を占めていたといえ、とりわけ江戸後期～幕末の考証学を担った多くの儒者はこの属性にある人びとであった。思想形成の重要な与件であるこの点に関しては、中国哲学や旧来型の日本思想史研究よりも、筆者も長くかかわる日本経済思想史の知見がヨリ強い注意の喚起を促す[5]。

すなわち、経済史的にみると、大開墾や都市人口の急激な増大、長大な物流ネットワークの生成は江戸時代前半期におこり、その後のとくに十八世紀後半から十九世紀前半までの時代は「転換期」と称され、この時代の経済社会は、商品生産の深化、とくに小農による商品作物生産と彼らの市場経済への参入、それによる地域間分業の再編成を特徴とする[6]。つまり十八世紀後半以降の時代は、「市場」を前提とした商材、ものづくりが、都市とその周辺、そして地方の「一般人」において日常化する状況であり、とりわけ天明年間（一七八一～八九）から文化年間（一八〇四～一八）にかけての民間経済主体の興隆を「天明のレッセ・フェール」と形容する日本経済思想史の専門研究者も存在する[7]。

このような経済の発展状況を踏まえ、儒者の様相に目を転じると、まず、明和～天明期（一七六四～八九）前後には井上金峨（一七三二～八四）、中井履軒（一七三二～一八一七）、吉田篁墩（一七四五～九八）、山本北山（一七五二～一八一二）といった緻密な文献考証を主導した儒者が存在する。つづいて文化～文政期（一八〇四～三〇）には大田錦城（一七六五～一八二五）、松崎慊堂（一七七一～一八四四）、狩谷棭斎（一七七五～一八三五）ら考証学を「成立」させたとされる一群の儒者がある。彼らの「属性」は、ほぼ例外なく〝市井の人〟としてのそれである。北山は武士であったが、彼は藩士としての出世競争などとはまったく無縁であった。さらには幕末に台頭した東條一堂（一七七八～一八五七）、海保漁村（一七九八～一八六六）、安井息軒（一七九九～一八七六）らも「士大夫層」といった属性にはまったくない身分の儒者であった。

かような、江戸後期以降の日本儒者における政治＝理念との密接性の低さ、あるいは'literati'としての属性の欠如、そして逆に、社会＝経済史的側面との密着度の高さ、あるいはもっとあり体にいうと、日々の経済活動に直接従事している人びとを日々見ていた／まさにその日常に生きていたという事実は、これら儒者の知的営為における、とくにジョン・ロックの経験論に明示されるような「経験」と認識「対象」との「連合」のあり方における、とくに認識対象と類似せるものに関する「記憶」とその蓄積を前提とする新たな認識の連鎖を考える上で極めて重要であり、これこそ儒者と古典テクストとの連合の前提的事実をめぐる日中儒者の間の差異の考察においても意識すべき点である。

かくなる論点に鑑みると、武内義雄、加藤常賢（一八九四〜一九七八）による以下の論評は重要な意味をもつ。武内はすでに戦前において、清代の考証学者は優れた校勘・訓詁の学を樹立したが、彼らは「経書を神聖視してこれを批判することを遠慮し」、「書物の原典批判は（清学においては——筆者）まだ十分に採択発展せられていない」と述べ、これは「我が国の先儒によって」「啓かれた」と述べている。(8) 加藤は、清学の到達点にある江聲、孫星衍、段玉裁といった考拠家にあっても、彼らは「古代の聖王思想の信者であり、近代科学以前の人々であった」と断じている。(9) とくに武内は、考証における客観性と政治色のない実証性、聖賢の道や諸子の説をも客観的観察対象とする学問姿勢は日本においてヨリ高度な発展をみたとしている。

武内の言の背景には当然、吉川幸次郎が指摘するごとくの、当時〝護教的〟であったと（少なくとも京都帝大の漢学者らには）目されていた東京帝大漢学科、あるいはまた、井上哲次郎に顕著な「西方の基準をただちに中国に習会する安易さ」「通俗性」といった批判対象があり、(10) これらに対し、とくに江戸後期以降発展をみた日本儒者の考証学の顕彰、それを継承した己れの学問、そして京大漢学科の優位性の賞揚の意図もあろう。それはそれとして、右のごとく、とりわけ戦前の一時代において、上記の碩学による日・中儒学研究法の特性に関する明快な言及があり、またこれは、西欧における文献批判の歴史、学問方法発展史に鑑みて極めて注目すべき点であるにもかかわらず、ともすれば戦後の日本儒者研究はこの点を等閑視していた感があるといえる。

幕末までに発展をみた日本儒学・漢学における高度な文献批判を枢要とする学問方法が、近代日本の諸学問、とりわけ近代史学の研究手法の成立に大きな役割を果たしたことについては、漢学者であり近代史学の創始者でもあった重野安繹（一八二七～一九一〇）、久米邦武（一八三九～一九三一）らが明言するところであり、彼らは、ランケ史学の〝移入〟よりもむしろ、漢学の学問方法の重要性を指摘する（第一章参照）。しかし一方、彼らは、「清朝考証学」の役割を夙に指摘（これも第一章にて言及）するが、さきに触れたごとくの武内、加藤らのような清学と幕末考証学との差異については頓着していない。そしてこの点が不明瞭なままに放置され、現代の歴史学者においても無批判に継承され、さらにはむしろまったく逆に認識されているのは、次の宮地正人の語にも象徴的である。

一八七五年（明治八）四月、修史局設置とともに薩摩出身の漢学者重野安繹（一八二七～一九一〇）が入局したことにより、重野が指導的立場に立つようになった。重野は昌平校に学び、幕末期の最も正統な漢学教育を受けただけではない。典拠と実証をなによりも重んじる清朝考証学派の学問を深く学び、旧藩時代には、藩の修史事業の責任者となっていた。(11)

ここで宮地は、歴史学の枢要である「典拠と実証」の基盤は「清学」にあるとしている。逆にここでは、「幕末期の最も正統な漢学教育」はこのような近代的学問方法とは無関係のものと位置づけられているのは明らかである。そしてこのような誤った事実認識は、「伝統的」日本儒学／漢学と「近代」歴史学がまったく関連しない、あるいはそれどころか、「近代的」学問発展の阻害要因であったとの認識を多くの識者において助長する遠因となっているともいえよう。

(c)「典拠」と「実証」／客観的テクスト研究と原典批判

時代をすこし溯るが、たとえば第二章でとりあげる中井履軒は朱子学を奉じる(とされる)懐徳堂の重要人物であるが、彼の『論語』注釈は、朱子の『集注』が経典の各編、各章に内在するコンテクストを解体し、「経書全体を束ねる世界観や人間観」を歪曲するものとして大いに批判するものであるのは、久米祐子の研究にも示されている。[12] 久米の研究は履軒の注釈の重要な特徴を析出するものであり、その朱子批判の先鋭さを適切に描写する。

加えて、履軒はさらに、経本文も忌憚なく批判、またそれは、細かい字句の改訂といった次元にとどまらないものであり、これは、リシャール・シモン(一六三八〜一七一二)やジャン・アストリュック(一六八四〜一七六六)らによる『聖書』の著者の複数性の摘発、著述の時期と場所の「歴史性」の析出努力と「真書」の確定への努力、あるいはジョセフ・スカリガー(一五四〇〜一六〇九)やアイザック・カソゥボン(一五五九〜一六一四)らの文献批判にも比肩し得る原典の批判的考察を試みる営みである。かような原典批判の、十八世紀日本の社会＝政治的状況も勘案しながらの世界史的位置づけは、本書が企図するところの一つである。

無論、各々の儒者は各々個別の経験の絶対的な唯一性の保持者であり、それの解析にむけては、単に社会的、政治的要因等への還元に終わることなく、さまざまな個の形成要因の有機的勘案に基づく被投的投企の様相の現象学的分析が必要となろう。逆にいうと、ある属性の儒者の思想が、その儒者がいちおう帰属する(とされる)

社会層を無限定に代表し、そこから何らかの集団的特性（法則性）を見いだし得るものではない。しかし一方で、個々の儒者におけるテクスト考察過程の詳析とその方法自体のつぶさな客観的考察を怠り、あくまで「個々の」研究事象からつむぎ出すという作業を経ることをせず、何らかの即製の理論をふりかざして大上段な議論に終始することからは、その時代の思惟様式の粗野な決定論的素描以上のものはつくりえないのは論を俟たないであろう。

このような問題意識を常に抱きながら、本書では、①概ね十八世紀〜十九世紀前半の日本において、十八世紀末頃までに西欧において発展をみた客観的考証的テクスト研究を基盤とする厳然たる原典批判に比肩し得る学問が存在したこと、②それはまた、従来型の「注釈」（‘commentary’ または ‘exegesis’、あるいは ‘interpretive and commentarial scholarship’）とは次元を異にする、西欧文献研究発展史の泰斗アンソニー・グラフトン（Anthony Grafton）がことに強調するような、技術的で高度に体系的・客観的な文献研究手法と形容できる学問方法であったこと[13]、③その担い手のほとんどが、「昌平校教授」や諸々の藩校の重鎮ではなかったことを呈示することを目指す。そして、彼らの実践していた学問方法は、大久保利謙の「史学史上からみる場合にはもっとひろく考証の学風として解釈する」べしとの端的な指摘に象徴される（第一章参照）ごとくの、いわゆる「儒学」あるいは「漢学」という範疇を超えたものであった。

大久保は、江戸後期〜幕末儒学を「反道学」、あるいは反朱子学的〝自由性〟を保持した、官学的道学を嘲笑するニヒリズムを有する学問と表現しており[14]（また、第一章参照）、これは、ともすれば一部の儒学研究者からのいらぬ反発も呼ぼう。しかし、昨今とくに西欧の学界において活況を呈する学問方法発展史または文献研究手法発展史の知見に鑑みると、大久保の指摘は江戸後期以降に発展をみた日本漢学の極めて重要な意義を見いだすきっかけともなるポイントである。

すなわち大久保の言葉には、幕末考証学者においては「儒学的世界観」に規定された学問態度とは異質の、たとえば Benjamin A. Elman が継続して主張する'epistemological revolution'との語をもって主張する事象にも通底する、本質的に異なる学的態度の転換が包摂されていたことを示唆するものである。(15) そして本書はまさに、全体をつうじて、かような学的現象の「根底にあるもの」、あるいはすなわち、聖人・経典を尊崇するも絶対視せず、経典のなかの「真なるもの」の確定にむけた文献研究の過程においてはこれらをひとしく「考察対象」として相対的地位に定位し去ることを可能せしめた「知的基盤」にも思考を及ばせ、P・ブルデューのハビトゥス論、彼の『芸術の規則』に主張されている論点、さらには、現象学的知見なども適宜意識しながらこれらを解明することを意図するものである。

ただし本書は、こうした思考、論理のモデルに史実、史料を「あてはめる」ことをもって表層的な理解にとどまる「理論主導型」の諸研究とは一線を画するものであることは、第二〜七章の個別研究をもって示してゆくところであり、その理由の一部は本論にても略述した。

(d) なにをもって「哲学」とするか

考証を旨とする学問、つまりは江戸後期〜幕末の〝市井の〟漢学者から狩野、内藤、武内らに継承された学問は、ともすれば純粋思想史的ないし哲学的営み(さらには、これらはしばしば暗黙のうちに「朱子学的」営みと同一視される)よりも〝劣った〟知的営み、あるいはまた、儒学の哲学的諸相の探究とは相容れないもの、それを覆い隠してしまいかねないものと考えられがちで、往々にして日本思想史分野の研究者による江戸儒学研究には、考証学的儒学にたいしてアプリオリに――しかも無意識的に――こういった限定をあてはめて考えている節があると筆者は考える。

そしてこれは、「清朝考証学」に対する従来の誤った、あるいは少なくとも偏った理解を匡さんとする木下鉄矢の問題提起を想い出させる。[16] 木下は、「フィロソフィーからフィロロジーへ」というテーマ設定のもと、清学を「文献実証」一辺倒と考える問題設定、[17] 翻っては清代の学は周到なるもその考拠の学からは経世の志が喪失に向かったとする説[18]などを批判する。前者の説では「哲学」から「文献学」への「連続」と「断絶」といった静態的な二項対立の図式に問題を単純化・矮小化し、本来ポリフォニックで多重的である時々代々の思考活動を単純な図式に還元する危険を伴い、後者においては、表面的には緻密なだけの学究活動と映るも、内に真実の追求における強い「志」、「正」と「義」への強靱な意識を胚胎させる営為であることを看過させ、さらには「学問のための学問」と「経世意識」、あるいは「志」といったものを相反する要素と誤認せしめる危険を孕むとする。[19]

これは重要な指摘で、道理を声高に賞揚する〝道学者〟、あるいは経世論者の営みと、粛々と真実の探究に専心する〝考証学者〟の営為と一体どちらが〝正当な〟学究活動か、あるいはどちらが「道義にかなった」営みかの精考を促そう。中井履軒は『雕題畧』緒言にて「唯平心書を読みて愛憎を新故に生ぜず、深く古経の未だ瞭《あきら》かならざるを慨《なげ》きて、聖人の心後世に伸びざるを痛み、憤るが如く悶ゆるが如く、寝を忘れ食を忘れ、毀誉得喪を度外におき、矻矻鑽攻して老の将に至らんとするを知らず、然る後始めて与に経を論ずべきのみ」と主張するが、[20] これに表徴せられるところの学究態度は注目に値しよう。

これまでのところ、「江戸後期」の「考証学」への日本思想史研究者の視線には、木下の指摘するところ、あるいは履軒の標榜するところへの十分な配慮があるようには筆者には思えない。

江戸後期〜幕末の漢学者／考証学者の思想的営為を「哲学」と認知しない、あるいはその底流にある哲学を看取しようとする努力がこれまで為されなかった理由はさまざまであろうが、一つには、哲学を専門領域としない多くの研究者には見過ごされがちな、あるいはまた、〝表立って〟哲学的と看取しにくい哲学、たとえば、E・

フッサール、M・メルロー＝ポンティなどを代表とする、哲学的営為を行なう主体自体、または「媒体」としてのそれを構成する諸要素の摘出とそれらによる媒体の複合的・有機的〝産出のされかた〟といったものを考察する知的行為が、すくなくとも「日本思想史」の分野では「哲学」と意識される機会が極めて僅少であったのも理由の一つであろう。

たとえば儒者と古典テクストとの関係をメルロー＝ポンティの思惟図式に即していうと、儒者はテクストに身を挺しつつテクストを開示してゆくが、開示されるテクストは儒者の知的作業との連動性においてその基軸を転位させる。テクストの開示可能性は無限定であるが、その開示のされようは、儒者の思惟様式を生成する状況乃至構造と連動する性質のものであるのは、ジョン・ロックの経験論や、彼による主体の認識対象と記憶との連合説を俟たずとも明らかである。しかし、たとえばかようなテクストと向き合う主体自体を構成する諸要素自体にも意識を向け、その上で、〝*Philosophies of philology*〟すなわち緻密な文献研究を鋭意すすめる主体における、それを裏支えする思惟／哲学に注意をむけるといったことに留意した儒学研究、幕末考証学研究はいまだあまり類をみないといえよう。本書を通じてもこの点は格別に意識したいポイントである。そして上述の主体乃至媒体を構成する要素の一つは、十八世紀日本においては、前節にて言及した社会＝経済的与件との密着度が高い〝市井の人〟であること、である。

＊　＊　＊

右にあげた狩野、内藤、久米、重野、さらにはその次の世代の漢学を担った武内義雄（一八八六～一九六六）らに引き継がれた漢学は、学問方法面では前述の井上金峨、中井履軒、吉田篁墩、山本北山らにはじまり、大田錦城、松崎慊堂、狩谷棭斎らにおいて大いなる発展をみた考証学、さらには東條一堂、海保漁村、安井息軒らの学問を継承するものである。さらにいえば、この方面の学問は、十八世紀初頭～前半期の儒者による経学研究、とりわけ山井鼎（一六九〇～一七二八）、根本武夷（一六九九～一七六四）、太宰春臺（一六八〇～一七四七）、そして京坂の伊藤東涯（一六七〇～一七三六）・蘭嵎（一六九四～一七七八）兄弟、さきの中井履軒らに顕著な緻密な文献学的、書誌学的学問方法を批判的に摂取し、さらには、古代言語への意識という側面では荻生徂徠（一六六六～一七二八）、春臺、東涯らの学問に淵源するものである。

一方、伊藤仁斎、徂徠あたりには顕著であった「宋学をのりこえる」ことへの気概、それとの「格闘」といった姿勢が、東涯、履軒、あるいは篁墩、錦城といった儒者においては後景にしりぞき、特定の時代、一家の学への格別なる評価、過剰な批判といった姿勢が消え、孟・荀、漢代諸家の学から宋学、徂徠の学問まで、諸家の説の得失を斟酌し、各々を相対化しながら一連の儒学発展の系譜として捉える姿勢がみられる。[21] 彼らは、十八世紀前半以来の経学手法を飛躍的に進展させながら、その〝客観的〟学問方法を軸に、儒学的世界観からの「解放」を目指した学究活動に邁進したのだが、とりもなおさずそれは、近代学問の基本である客観性と高い実証性、それをもって既成思想の束縛をのりこえ、聖賢の道や諸子の説をも客観的観察対象とする気風を用意したのである。[22] そしてこの、「事実」「史実」を「客観的」「批判的」に析出し、特定の教義に規定された論述を「妄論」とする旺盛な批判精神に基づく知的作業は、ヘロドトス『歴史』の伝統を継承したビザンツの歴史家たちとその末裔のような「例外」はさておき、すくなくとも十八世紀世界という時空においては、世界史上極めて「稀有」なものである。

無論、西欧における原典批判の歴史は長い。かの地における文献研究については本書で適宜言及し、また、その発展系譜の全体像に関しては別稿[23]にて俯瞰するが、概ねルネサンス後期のアンジェロ・ポリツィアーノらに代表される初期キリスト教テクストの原典研究における体系化に端を発し、十六世紀後半～十七世紀初頭に活躍した前出のジョセフ・スカリガー、アイザック・カソゥボンらの原典批判はこの時代の到達点を示す。さらには法学・医学の発展とその文献学的、臨床的、解剖的研究手法の人文研究への流入は、西欧における客観的文献研究を飛躍的に進展させた。それでも、かの地においては長期にわたってキリスト教的歴史哲学の支配が続き、それとの長く血腥い抗争の末に、近代の歴史哲学が本格的に市民権を得るに至ったのは、ようやく十八世紀の末になってからであったのも事実である。

西欧におけるかような文献研究の発展のどの段階が十八世紀日本のそれと比肩し得るか、あるいはどの程度の客観的分析の「広がり」をもって、それが定型化された学問的事象と認知されるべきかについては断定の難しいところであるが、筆者は、これとの比較は、日本儒学の重要な側面を学問の世界史的比較研究の俎板にのせるものであると考える(24)。

J-B・ヴィーコ『新しい学』、F・A・ヴォルフ、G・ヘルマン、A・ベェク、F・D・E・シュライアマハーらの「ドイツ・フィロロギー」、そして、とりわけベェクの『文献学的な諸学問のエンチクロペディーならびに方法論』はその到達点を示すが、これの刊行は十九世紀後半である。これに対し日本では、十七世紀後半期より文献研究が盛んとなり、江戸中期をむかえるまでに既に高度な水準の文献研究が存在していた。さらには、文献批判の水準、体系性と客観性のみならず、原典批判の伝統、所謂'Canon'とされる文典を純粋に「考察対象」として客観視する姿勢もその大いなる特徴であった。〝親験実試主義〟とも形容される(内藤湖南)この学的伝統こそが、十八世紀以来つづく日本儒学の重要な特質であり、これすなわち実証主義をもって基本的条件となす近代科学研究と等質の学問姿勢である。

〔注〕

(1) ぺりかん社、二〇〇九年。

（2）吉田『清朝考証学の群像』（創文社、二〇〇六年）。引用箇所は「導論」より。

（3）この方面での業績は秀逸なものに限っても枚挙に遑がないが、近著ではたとえば土田健次郎『江戸の朱子学』（筑摩書房、二〇一四年）、澤井啓一『山崎闇斎』（ミネルヴァ書房、二〇一四年）など。

（4）無論、たとえば乾嘉期の江南の蔵書家なども清学の重要な担い手の一群であり、彼らの多くは必ずしも「士大夫層」にあったわけではない。しかし彼らの学問関心も、江戸中期から幕末日本の儒者とはかなり異なるのは、本書でも適宜論じてゆく。

（5）とりわけこの分野の学問を長く担い続けていた中井信彦、そして小室正紀の業績はこの点への注意を喚起する。とくに、古くは中井『幕藩社会と商品流通』（塙書房、一九六一年）、最近では小室「幕藩制転換期の経済思想」初回会合報告（二〇一四年十月十一日、於：慶應義塾大学）。前者は経済思想というより経済史的な業績であるが、底流における「思想」への意識が大いに看取できる研究であり、その時代区分の図式も含め、今なお示唆に富む書である。後者は「報告」であるが、氏のこれまでの研究成果の主旨が凝縮されたものである。川口浩の「江戸時代の「経済思想空間」」（『政治経済学雑誌』〈早稲田大学〉第三四五号、二〇〇一年）をはじめとする、氏による諸論考も示唆に富む。同氏の研究報告「近世日本経済思想と近代日本経済思想における連続と非連続」（国際研究集会「日本の経済思想」〈二〇一三年三月六日～七日、於：国士舘大学〉）も有用である。

（6）速水融、宮本又郎（編）『日本経済史1　経済社会の成立』（岩波書店、一九八八年）、第一、四、五章。とくに第五章の第四節は転換期としての十八世紀の経済を論じる。

（7）小室正紀『草莽の経済思想』（御茶の水書房、一九九九年）、とくに第四章。

（8）武内『論語の研究』（岩波書店、一九三九年）。のち『武内義雄全集』第一巻（角川書店、一九七八年）所収、四二一～四四四頁。

（9）加藤『眞古文尚書集釋』（明治書院、一九六四年）、序論。

（10）武内、前掲注（8）『論語の研究』所収、吉川「解説」。引用の文は武内『武内義雄全集』第一巻五〇一頁。

（11）宮地「史料編纂所の歴史とその課題」（東京大学史料編纂所〈編〉『歴史学と史料研究』〈山川出版社、二〇〇三年〉、一六三～六四頁）。

(12) 久米「中井履軒の『論語』注釈方法に関する一考察――『論語逢原』「学而編」を中心に」（『中国学の十字路』〈加地伸行博士古稀記念論集〉、研文出版、二〇〇六年）。

(13) グラフトンの研究、さらにはそれ以外の西欧文献研究発展史については、本書とほぼ同時に刊行された拙論「西欧・中国における文献研究の発展――十八世紀日本の比較対象として」（川口浩〈編著〉『日本の経済思想――時間と空間の中で』〈ぺりかん社、二〇一六年三月〉所収）を参照されたい。本書への掲載が可能であれば、江戸後期日本の文献研究との比較考察が一書のなかにおいて可能であったが、刊行年月が重なったためそれは見送った。

(14) 大久保『日本近代史学の成立』（著作集第七巻、吉川弘文館、一九八八年）。

(15) B・A・エルマンは、*From Philosophy to Philology: Intellectual and Social Aspects of Change in Late Imperial China*, Harvard University Press, 1984 の刊行以来一貫してこの主張を継続、'The search for evidence from China', Joshua Vogel (ed.), *Sagacious Monks and Blood-thirsty Warriors*, EastBridge, 2002, 'Early modern or late imperial?: The crisis of classical philology in eighteenth-century China', Sheldon Pollock, Elman, *et.al* (eds.), *World Philology*, Harvard University Press, 2015 等においても同様である。ただしElmanは、明代までの学問と清代の考証学との間の学問特性の違いを殊更強調し、それが本文にも引用した 'epistemological revolution'（Elman, 前掲 'Early modern or late imperial?'）との表現にも顕れていようが、すでに小島毅、伊東貴之らによる、宋代における経学の発展が清代考証学の基礎であるとの指摘があり（本書第一章にてとりあげる）、筆者も、たとえば『尚書』研究では朱熹とほぼ同世代の呉棫（生没年不詳、一一二四年の進士）、同・呂祖謙（一一三七～八一）、同・陳大猷（東陽の人、生没年未詳。『宋代尚書学案』にある東斎陳氏とは別人）、さらには宋末～元初・王柏（魯齋、一一九七～一二七四）、同・呉澄（草廬、一二四九～一三三一）、明・梅鷟らにおける「段階的」な研究の発展があり、その上に清初の朱彝尊（一六二九～一七〇九）、そして閻若璩（一六三六～一七〇四）、王鳴盛（一七二〇～九七）らによる研究の「大成」がなったとする立場である。

(16) 木下『「清朝考証学」とその時代――清代の思想』（中国学芸叢書、創文社、一九九六年）、「はじめに」、とくに七～一〇頁。

(17) これは明らかにエルマン、前掲注(15)*From Philosophy to Philology* (1984) を批判対象としたものである。ただし二〇一四年十二月刊行の日本語版（馬淵昌也ほか訳『哲学から文献学へ――後期帝政中国における社会と知の変動』知泉書院）の序文にてエルマンは、木下の批判などに多少の誤解があるとし、反駁を試みている。

(18) 井上進「漢学の成立」（『東方学報』第六一冊〈一九八九年〉。のち井上『明清学術変遷史――出版と伝統学術の臨界点』〈平凡社、二〇一一年〉所収）。

(19) 木下、前掲注(16)『清朝考証学』とその時代――清代の思想』、一〇頁。

(20) 『七經雕題畧』については、懐徳堂文庫蔵の履軒手稿本を、旧一高文庫（現東京大学附属駒場図書館）蔵本と校合の上利用。武内義雄「懐徳堂と大坂の儒学」（『武内義雄全集』第十巻〈角川書店、一九八四年〉）、三五四頁にも引用。

(21) たとえば大田錦城「古言辨」（『春草堂集』巻四所収）。

(22) この文言は岩波日本思想大系『富永仲基・山片蟠桃』（岩波書店、一九七三年）所収の水田元久による「解説」のもの（六四七頁）。また、源了圓『徳川合理思想の系譜』（中央公論社、一九七二年）も江戸中期以降における同様の学的風潮の高まりを描く。

(23) 西欧文献研究の発展系譜については、前掲注(13)、拙稿「西欧・中国における文献研究の発展――十八世紀日本の比較対象として」にて俯瞰を試みた。参照されたい。

(24) 筆者は、江戸後期～幕末の日本儒者の文献研究・原典批判の実相を、中国の同時代の儒者、のみならず西洋のフィロロギー（とりわけ十九世紀ドイツにおけるギリシャ古典文言文研究）と比較検討する研究を、二〇一三年度より開始の科学研究費補助金事業をもって遂行中であるが、とくに二〇一五年度より、Benjamin A. Elman（プリンストン大学教授）のご協力をもって、これを西洋文献学の専門研究者であるAnthony Grafton同大教授、Michael Witzelハーバード大学教授、Sheldon Pollockコロンビア大学教授、Michael Lackner同大教授らとの共同研究を開始した。十八世紀日本の文献研究を世界の文献学の発展のなかに位置づけることを目的とする試みである。

第一章　江戸中〜後期における漢学学問方法の発展

一　漢学――〝負の遺産〟として／近代知性の基盤として

明治初期の知識層、ことに「啓蒙知識人」諸氏による儒教批判、彼らの徹底的な儒者／漢学者との「決別宣言」の数々は枚挙に遑がない。

福澤諭吉（一八三五〜一九〇一）は謂うに及ばず、[1]もと昌平校教授であった中村敬宇（一八三二〜九一）も、「漢学不可廃論」（二）にて、「漢学者ハ、或ハソノ自カラ信ズルノ甚シキヨリ、世ニ孔子ノ学ヨリ正シキモノナシ、孔子ノ学ニ外ナル者ハ皆異端邪説ナリトセ」る「狭隘ノ見」、その「自カラ一偏ニ流レテ、孔子ノ真意ト矛盾スルヲ知ラザル」様相を批判する。その後段では「吾邦ノ漢学者モ多クハ堯舜禹湯ノ経済、文武周孔ノ薪伝ヲ研究スルコトヲ為サズ（中略）所謂経学家ハ大抵文字章句ノ論ニ止リ、古董ノ古物ヲ玩ブガ如キニ過ギズ。所謂詩文家ハ大率浮華ニ流レ、実際ニ疎シ」と糾弾、彼らは「プログレス（日進）（進益）トイフコトヲ暁ラズ、コレソノ洋学ノ上流ヲ占ラル、所以ナリ」とする。[2]この明治二十年（一八八七）の演説のはるか以前、安政年間に綴られた「論学弊疏」にもすでに、「今ノ所謂漢学者ハ、徒ニ文字章句ノ末節ニ思ヲ疲《つか》ラセ、勢ヲ憊《つか》ラセテ、復タ其ノ実用如何ヲ顧ミズ」との批判がみえる。[3]西周も、「（漢学は――筆者）書籍手寄りの学」であり、その「奴隷となり使役せらるる」漢学者を批判する。[4]

しかしその一方、たとえば中村はさきの「漢学不可廃論」最終節である「(四)漢学ノ基アル者ハ洋学ニ進ミ非常ノ効力ヲ顕ハス事」にてかく語る。

> 今日洋学生徒ノ森然トシテ頭角ヲ挺《ぬき》ンデ前程万里ト望ヲ属セラル、者ヲ観ルニ、皆漢学ノ下地アル者ナリ。漢学ニ長ジ詩文ヲモ能クスル者ハ、英学ニ於テモ亦非常ニ長進シ英文ヲ能シ、同儕ヲ圧倒セリ。某々哲学士ノ如キ、余ガ大学教授タリシ時、其詩若クハ文ヲ閲シ其英才ヲ嘆賞シタリシガ、今ハ或ハ哲学書ヲ著ハシ、或ハ政学書、或ハ小説ヲ著ハシ、儼然トシテ各一家ヲ成セリ。ソノ時コノ諸士ト同級ニ居リシ者モ、漢学ノ下地アル等級ニ随ヒ、亦皆高下ヲ異ニセリ。漢学ナキ者ハ、固ヨリ哲学科文学科ニ入ルコト能ハザリシナリ。[5]

「古典講習科乙部開設ニツキ感アリ書シテ生徒ニ示ス」においても、「方今洋学ヲ以テ名家ト称セラル、者ヲ観ルニ、元来漢学ノ質地アリ」とされ、「漢学ノ素ナキモノハ、或ハ七八年、或ハ十余年、西洋ニ留学シ帰国スル後ト雖モ、頭角ノ嶄然タルヲ露ハサズ」「殊ニ翻訳ニ至リテハ決シテ手ヲ下ス能ハザルナリ」と極論している。[6]

森田思軒(一八六一～九七)はヴィクトル・ユーゴー、ジュール・ヴェルヌらの文学作品の周密な翻訳家として名をなした人物である。森田ははじめ、「支那の文章」は「細密なる脳髄より生じたるもの」ではないとし(「日本文章の将来」、一八八八年、二十七歳時)、「漢文臭気を帯る」文章を避け、その「文典上の法則」に縛られぬ「詞の置方」を獲るべし(同)としていた。[7] しかし、とくに明治二十四年(一八九一)の早稲田大学における講演を境に漢学の不可欠性を力説するようになる。「我邦に於る漢学の現在及び将来」では、「我邦の道徳は全く儒者の言を棄つること無かるべし」「又た文章のうへより言ふに、我邦の文章は全く漢文の体裁と句法とを脱して其外に超然すること能はざるべし」と論じ、さらには「(漢学は――筆者)学問世界の一方に燦然たる光明を放ちて拉丁

学と比肩し、否な我邦に在ては拉丁学の上位に拠りて占坐するの日あるべしと思ふ」とまで述べる。(8)

森田は備中の生まれで、同郷の碩学、阪谷朗廬（一八二二～八一）が主宰する興譲館で漢学を修めた期間も含め、長く漢学学習に従事した。柳田泉は、（思軒は）「明清の漢文を手本」としたとし、徳富蘇峰は「思軒の学は漢七欧三」といい、中江兆民（一八四七～一九〇一）をして「翻訳は故森田思軒最も佳なり」と絶賛せしめた。(9) その兆民も、漢語とは「三千年来磨きに磨いた」もので、「漢文の長処」は「其文章が強くて又余韻があつて人を感動させる力が多」く、その古典中に「実に神韻の文章」多いとする。(10)

かく語る知識層の知的背景、知的基盤は、間違いなく「漢学」であり、冒頭にあげた三人も例外なくこの点は一致して認めている。総じて、「徒ニ文字章句ノ末節ニ思ヲ疲ラセ」る（「論学弊疏」、前出）ごとくの漢学者の知的「性癖」、固陋、蒙昧のハビトゥスが糾弾される一方で、洋学受容における「知的基盤」としての漢学の素養の不可欠性が指摘される。

明治三年（一八七〇）生まれの西田幾多郎（～一九四五）は金沢の四高にて三宅眞軒（一八五三～一九三四）のもとで漢文を習ったが、眞軒は安井息軒（一七九九～一八七六）の高弟井口孟篤の門弟、その「学風と云へば、漢学では最も厳密な学問的（ママ）と云ふべき清朝の考証学であつた」と西田は述懐する（「三宅眞軒先生」）。(11) 同じ年に書かれた「古義堂を訪ふ記」では、「日本的」なる「学問的方法」の特質として、「事物」「真理」「深い真実」の把握への志向があり、漢学研究においても「宋儒的な理論を排して、孔孟の根本的事実」への「復帰」が目指され、「日本精神には理よりも事へといふ特徴がある」と強調する。(12) さらに、「西洋は学、東洋は教、学よりも教と云ふ人には、往々仁斎徂徠の学の如きを輕視する傾があ」り、「特に徂徠の学の如きは恰も無用の学であるかの如く考へる人もあ」るが、これは大きな誤りで、日本の学問発展においては、「漢学者の復古学」による「刺戟」がことさら重要であったとする。(13)

西田が「理よりも事」の重視を「日本精神」と直結させるのは牽強といえよう。彼はまた、「闇斎を尊重するに吝《りん》なるものではない」[14]とも述べるが、しかし、西田における仁斎・徂徠以来の高い考証学的、書誌学的水準に関する記述、徂徠の学問が「山井鼎の著書七経孟子考文を通じて清朝の学問に影響し」、「後に至つて、我国の学問」に「影響」したとする[15]この哲学者の指摘は、無論、狩野、内藤、吉川幸次郎（一九〇四～八〇）ら京都帝大で同僚、後輩であった漢学者連中との知的交流を前提としよう（後述）が、

（a）漢学の素養が、「道徳」「倫理」の「教」としてではなく、「真理」「深い真実」「根本的事実」（傍点――筆者）の考証的追究のための「学」として重要であったとしていること、

（b）その学的基盤が、十八世紀に淵源するものとしていること、

の二点において注目に値しよう。これらはまた、旧制高等学校の教育課程の実際において、考証学の碩学から直に漢学教育を受けた哲学者の実体験として、注目されるべきものと筆者は考える。

いわゆる「漢学世代」ではない吉川幸次郎は、言語研究も含め、仁斎、徂徠らにおいて発展した学問を、「表面は彼等との非連続を宣言しつつ、しかも実はその主張」を「集大成」したものとして本居宣長の国語／国学研究を位置づけ、翻っては「一種の古義学」として、「実証学」として東涯の学を「完成」させたものとして宣長学を位置づける[16]。吉川は、「徂徠の次の時代の日本の学問の選手は、本居宣長であ」り、翻って近世後期は儒学の「下降の時期」であったと断じ[17]、幕末考証学への発展の系譜にはあまり積極的な評価を示さない。

世代的には西田ら漢学世代と吉川の中間に位置する村岡典嗣（一八八四～一九四六）は、吉川以前に徂徠、そして新井白石から国学への学問方法発展のながれ、ことに伴信友の実証研究・書誌学的研究の発展を指摘、ことに日本思想史学の学問方法の基盤としての、この系譜での資（史）料の批判的考証の緻密化、釈義と理解手法の体系化の顕著な発展を指摘する[18]。逆に近代史学の創始者久米邦武（一八三九～一九三一）、重野安繹（一八二七～一九一

〇）、そして大久保利謙（一九〇〇～九五）らは、幕末までに清代考証学も包摂しながら発展した儒学における実証研究こそが近代以降の実証研究・書誌学的研究の屋台骨であり、彼ら自身が国史学を確立させるにおいて受容を試みたランケ史学に対する優位性すら語る。(19)

かく、江戸後期～幕末を代表する「学問の選手」が誰であったか、近代の知的基盤の〝祖型〟は誰のどのような学問であったか、さらにはそれらが近代学問のどの分野の発展に貢献したかについては、吉川、村岡、西田、久米・大久保らの間で差異がある。また、思軒は「漢文の体裁と句法」をいい、兆民は「文章」の強さ、「余韻」といった文学的重要性をいうが、本章、そして第二～七の各章において具体例をもって論じるところは、十八世紀以降日本の漢学世界において発展をみた精微な校勘学と文献研究、そしてそれを基盤とした「原典批判」の重要性についてである。

江戸後期までに清代考証学の手法も包摂しながら発展した日本漢学の学問方法で注目すべき点は、一方においてその学問的基盤が、洋学受容なども契機としながら経験的（実証的）学問の発展の基盤となったこと、さらにはこれと相俟って、儒学世界特有の世界観・価値観の体系からの学問としての自己回転を促し、客観的かつ自立的な知的体系を形成、儒学的世界観に規定されるところの思惟様式、あるいは学問的ハビトゥスからの解放にも寄与した点である。

それはあたかも、十八世紀末ドイツにおける、ゲッティンゲン学派のガッテラー（一七二七～九九）、とりわけ彼の前半の普遍史的業績からの脱却を象徴する『世界史』（一七八五年）、『世界史試論』（一七九二年）に象徴されるところの知的地核変動、あるいはシュレーツァー（一七三五～一八〇九）の業績、さらに溯ってはリシャール・シモン（一六三八～一七一二）、ジャン・アストリュック（一六八四～一七六六）らによる『聖書』の著者の複数性の摘発、著述の時期と場所の「歴史性」の析出努力、あるいはジャン＝バッティスタ・ヴィーコにおける所謂

'Canon' とされる文典の「考察対象化」、"客観化" といった知的事象にも比肩し得るものであるといえる（これに関しては「結論」にて詳述）。

そしてこれこそが、「近代的学問の素地」でもあるのだが、まずは、「儒学と近代知性」について、そして儒学の「効用」に関するところのこれまでの研究について、以下、三つの軸をもって整理を試みたい。

二　漢学（儒学）と近代知性

(a) 思想史学的研究

これまでの思想史的、政治思想史的研究、とりわけ松沢弘陽、安西敏三、井田進也、宮村治雄、松本三之介らの研究は、「漢学」というよりも「儒学」、とりわけ朱子学の概念、世界観、道徳観をもった近代知識人による西洋受容、そこにおける知的基盤としての儒学の役割についての考察を試みている。[20] これらは主に、ⓐ儒学「教養」や「理念」の組み替えに着目したもの、ⓑ個々の思想家におけるこれらのプロセスでの内面の葛藤、屈折に着目するものなどである。[21]

松本論文は、阪谷朗廬、中村敬宇、福澤諭吉を題材に、朗廬については、彼が理／気、体／用、道／器といった対概念をもって、佐久間象山の「東洋道徳／西洋芸術」といった二分法的理解を超えた「理気合一」を説き、「実地ニ就キ、切磋講究スル」を「修学ノ要務」としたと指摘する。[22] 中村敬宇は、洋学の学習も「儒者分内の事」とし、「（西洋の）発達を根底において支える精神やエートスを問題と」し、朱子学の世界観、道徳観とキリスト教のそれを結びつけ、逆にそれをもって儒学に「歴史的変動に堪えうる普遍性」を付与したとする。[23] 中江兆民の「西土ノ道学ハ希臘矢蘇易《(曷)》剌篤（ソクラテス――筆者）、必羅頼《(頓)》（プラトン――筆者）ニ原本ス、而テ二賢ノ道ヲ論ズル、仁義礼智ヲ外ニセズ」との論（兆民「策論」）の根底にも、朗廬、敬宇らの思惟に通底する意図があろう。松本は、朗廬、敬宇らの西洋受容が、「儒学との連続性を保ちながら」（傍点筆者）、その「観念が意図的に動員され」、「有効な媒体としての役割を与えられ」ながら進められた点に留意すべきとする。(24)

これに対し中村春作は、共有されている知的習慣、とくに江戸後期〜幕末の知的制度一般を対象視し、「国民的教養」形成に関わっていく儒学知とその変質を、歴史社会学の知見を援用しながら考察することを目指す。(25)中村がとくに「素読」を軸とする読書習慣に着目するのに対し、前田勉は、儒学教育のもう一つの重要な課程である「会読」を通じた知的鍛錬に着目、この、指導者からの上意下達的指導への盲従的恭順を前提としない教育課程が、異なる知的素地、とくに「討論力」を醸成し、幕末の「処士横議」活発化の知的土台となったことを論じる。(26)松本、源了圓、前田勉らの研究は、儒学的教養から近代的知性への「脱皮」という構図、近代への「離陸」を描き、予定調和的構図の中での整合的説明に傾く傾向が強いともいえる。(27)しかしこれらの研究は、ⓐ教養（経義）解釈史的研究（主に中国学研究）、ⓑ「文学的」儒学研究（主に中国文学、日本漢文学研究）の方法による研究とは異なる視点からの、十九世紀日本における儒学の役割を明確に示すものである。

この問題と関連するが、兆民が漢学を重視した理由について、それは兆民が漢文を「論理的思考を展開するための実験的言語」と位置づけ、「馬場辰猪が英語に求めた論理的役割を、兆民は漢文に求め」たためであり、「東アジア文化圏が西洋文化を取り入れる」において不可欠のものとしたためとするのは飛鳥井雅道である。(28)これを敷衍し、「兆民の『民約論』翻訳に際しての、書き下し文、仮名交じり文からの「漢文」の「復元」＝新たな創造」が「新たな思想言語の獲得」のためであったとするのは中村春作である。(29)兆民が『民約譯解』等で漢文を使用した理由が、伝統的漢学・経学世界への「回帰」を目指したためではなく、「実験的言語」としてのその活用、「新たな思想言語の獲得」を志向した故であったとする両者の指摘に筆者は賛同する。しかし、漢文、というより漢学の素養は単に「論理的思考」能力を付与するものではない。

また、中村春作の、兆民の漢学教養は「伝統儒学の経書注釈の世界」とは異なるものであったとの指摘[30]は重要であるが、兆民の『民約譯解』漢訳過程、すなわち原文→書き下し文→漢文をもっての再「復元」、再咀嚼、再解釈[31]の「やり方」を規定した知的要素は、とくに十八世紀以降の漢学・経学「研究」を通じて発展をみた学問方法と無縁ではなかったということ、さらには、その方法は訓読、素読のみではなく、旧制高等学校において実際に漢学教育を享受した哲学者西田の談（前出）にあったごとくのものであったというのが筆者の立場である。そして、この〝伝統的〟知的基盤は、江戸後期～幕末の「知識層」、すなわち兆民よりもはるかに本格的に「正統的」漢学教育に浴する機会を得た層における西洋思想理解において、さらに強固なものであったと考える。

（b）「言語研究」（「近代言語学」ではない）を中心としたもの

漢学と近代知性に関する思想史的研究とはまったく別軸の研究であるが、とくに言語の学の発展と関連する諸研究がある。まずあげたいのは、ⓐ国語学的研究の業績であり、とくに「記述言語学」の形態的研究法を応用したものがある。筆頭は森岡健二の諸研究であり、氏の『近代語の成立（語彙編）』（とくに第四～七章）、同『同（文体編）』、同『欧文訓読の研究』[32]は特筆すべきものである。森岡を継承した進藤咲子、御法川牧子、栗島紀子らの諸業績も有用である。[33]斎藤毅『明治のことば』も、この方面での業績に数えられよう。[34]

これらは、明治初期の翻訳において、漢学が不可欠であった点に着目する研究であり、さらに山田孝雄の研究がある。[35]ただし、森岡、進藤、御法川、栗島らの仕事は重要な知見を提供するものの、基本的に研究対象が「語彙」レベルの問題に限定される。

次に、ⓑ国文学的研究の業績と類別されるべき諸業績がある。森田思軒の翻訳の特徴とされる「周密体」の訳語研究を題材とした小森陽一の業績、[36]山田博雄『中江兆民――翻訳の思想』[37]、そして齋藤希史の諸業績もこの研究分野に入ろう。とりわけ齋藤『漢文脈と近代日本』は、近代知性の問題を念頭におきながら、文学の基盤的素養としての漢学の素養に着目した業績で、注目に値する。また齋藤は、明治初期よりの日本語形成と漢語の意義と役割、漢文教育などについての業績など、精力的に成果を生み続けており、本書ならびに筆者の他の論考の主題ともかかわる論考も多い。(38)(39)

さらには、ⓒ通訳翻訳学の諸業績があげられよう。まずは、柳父章の『翻訳とはなにか――日本語と翻訳文化』、同『近代日本語の思想――翻訳文体成立事情』、同『翻訳語成立事情』といった一連の著作。柳父、水野ほか編著『日本の翻訳論――アンソロジーと解題』、とくに「漢文訓読から西洋文訓読へ」、「漢字造語――日本的翻訳の要」は、「漢語」を介在項とする洋語の訳語の変遷が具体的な用語例をもって示される。同論集の執筆者でもある水野的、長沼美香子、コックリル浩子、落合陽子、田辺紀久子、斉藤美野らは柳父の翻訳語研究の継承者であり、漢語を不可避的介在項とした翻訳の進展に関する業績を残す。(40)(41)

さきの森岡『近代語の成立』をはじめとする研究は、「文体」学習とその成立の問題をも研究対象とするが、基本的に「語彙」レベルの研究であり、漢語を介した洋語受容、初期には漢語が重要な役割をはたすも、暫時「和製漢語」化し、漢字を使いながらも日本語独自の語彙が生成され、それが文体の変容にも影響するプロセスの考察を主題とする。「思想」次元の問題にも重要な示唆を与えるも、「国語学」的研究の範囲内の業績であるといえよう。

これに対し、「語彙」次元ではなく、文章理解における漢学的素養の役割を、初期蘭語研究、幕末の英語研究の手法／英語教授法の詳細の検討を通じて析出したのが茂住實男『洋語教授法史研究――文法＝訳読法の成立と展開を通して』、同「適塾の教育――教育方法と教授組織を中心に」である。前者の第一章―1では、蘭語の単語各々に適当する漢語を逐字的にあて、助語辞を識別、さらに「白文に訓点を施して読む」要領で蘭文全体を把握、(42)

解読する文法＝訳語法の成立過程を考証する。つまり、蘭語の、とくに文章単位での習得は、「漢文」という、漢字を日本語と共有しながらも異なる語序、文章特性をもつ言語の理解方法の選択的活用をもってなされた。

また、漢学学習法の効用について、とくに可能表現、当為表現の訳出と訓読技法の役割を考察したのが、斉藤文俊『漢文訓読と近代日本語の形成』(43)、とくにその第四章、第五章第三節、第六章第三節の論考である。

(c)　近代史学の方法的基盤として

幕末考証学が「朱子学的窮理から離れた古典の考証、それからみちびかれた実証的史学を指すもの」であった(44)とは大久保利謙の指摘であり、近代国史学の始祖の一人とされる重野安繹「先生は考証学時代の産物にて、歴史学を開くには此基礎に立たれ」、「星野（恒）博士は（昌平校教授）塩谷宕陰の高弟で亦考証家である」とは久米邦武の弁である(45)。「因て国史研究は考証一点張にて進み、西洋の帰納法と抱合し」、「以て今の歴史学を形成」した(46)。

中山久四郎「考証学概説」(47)、金谷治「日本考証学派の成立――大田錦城を中心として」(48)は幕末考証学の特徴を詳述する。幕末考証学とは基本的に「反道学」であり、反朱子学的〝自由性〟を保持、官学的道学を嘲笑するニヒリズムを有し、「史学史上からみる場合にはもっとひろく考証の学風として解釈する」べしとするのは、さきの大久保である(49)。これが、明治以降の近代学問としての考証史学・実証史学研究の方法的基盤となったとの論は、久米『歴史著作集』第三巻、『重野博士史学論文集』上・下(50)、大久保『日本近代史学史』(51)第五章「歴史的認識の諸問題」、中村久四郎「清朝考証の学風と近代日本」(52)などが一様に指摘するところである。

かような学問方法との相乗的発展をみたものに、『本朝通鑑』『大日本史』等大規模な歴史書編纂作業における古書・古記録等の史料蒐集と分類、吟味、鑑定、印章等の確認、異本との対校作業といった研究手法があり、のちの「古文書学」の発達、ならびに考証・実証の方法的端緒は、むしろここにあったとの論もある(53)。日本独自の古文書学の発達に関する指摘は、右にあげた『重野博士史学論文集』、とくに上巻の第一編「国史汎論」六「学問は遂に考証に帰す」、久米『歴史著作集』とくに第三巻「史学・史学方法論」、大久保『日本近代史学史』にもある。

しかし、近世初期、林羅山の学問態度にすでに「一種の合理主義・現実主義の史観がその背後にあ」り[54]、かような学問環境の上に経験的方法が発展し、独自に考証の学が発達しつつあった明和～天明期に「実事求是」の清代考証学が入るという、儒学「研究」の一連の流れは、日本儒学の特質としての「実証」「考証」の深化を象徴するものといえよう。古文書学の発達も、儒学「研究」の方法的進展との兼ね合いのなかで考えられるべきであろう。また、篁墩が受容の端緒であった清代の考証学は、棭斎においては漢唐注疏学のみならず説文学・金石学をも包摂、大田錦城、松崎慊堂らにおいて日本考証学の樹立をみた[55]。

ここで問題とすべきは、具体的に、幕末考証学のどのような考証・実証の方法・手法が、いかなる意味において近代史学の基盤となったかである。重野、栗田、大久保、久米らは、考証学の具体的内容と近代史学の方法的特徴とを緻密に比較検討することはない。また、「中国古代テクスト」を考察する主体が「日本儒者」である限り、そこには、「古代漢語」という「記号的表記世界」に潜在する時制、推量、その他の深層を表出させる作業を必然として内在させるものであり、しかもそれは、「漢字」という特異な表記体の字体、文章構造分析をも同時並行的に行なうという性質の知的営為であるのは留意されるべきである。

右にあげた重野、栗田、久米らが漢学に潜在するこれらの性質を特記していないのは、彼ら自身がかような学問方法の実践者であり、その方法的特質を研究対象として客観化するに及ばなかったのがその理由であろう。一方、さきにあげた金谷の錦城研究、波多野太郎による一堂『老子王注』研究（後述）などは、あくまで「日本儒者の中国古典研究の水準」の知見を提供するが、近代知性との関連はまったく語られることはない。本書の主題との関連でいえば、この点の検証が枢要と考える。

三　幕末漢学のなにを、どう研究するか

かような問題意識のもと、筆者がとりわけ重要と考えるのは、

(1)十八世紀初期より発展をつづけ、江戸後期～幕末までに高い水準での達成をみた中国古代典籍理解のための文献・書誌研究、校勘学の研究手法の具体的考察、ならびにその近代の学問手法、とりわけ歴史学に応用された手法との相関の研究

(2)ことに一七三〇年代の『七經孟子考文』*の清への伝来を画期に活発化した清代考拠学とその十八世紀後半～十九世紀前半における日本への影響、この、東シナ海をはさんでの学問的相互的刺戟、さらには洋学の影響も勘案しながらの、日本における経験主義的漢学研究の特性の析出

(3)上述の文献、書誌研究とは次元が異なるが、高度な古典テクスト研究に必須の前提的知的基盤としての異言語(原語)への意識、その理解方法の確立

(4)十八世紀後半～十九世紀前半の日本における学問方法の発展を世界のフィロロギーの水準のなかに位置づけ直すこと

の研究であり、それらを踏まえながら、

である。

(a)「世界水準のフィロロギー」としての日本漢学、そして「原典批判」の伝統

本書第二章以下の個別研究においては、それぞれ中井履軒、東條一堂、久米邦武をとりあげ、さらに第六章で

は太宰春臺の古代中国語研究におけるアプローチとそれに垣間見える方法について考察する。第二章で扱う履軒の時代においては清代考証学の諸業績へのアクセスが極めて限られていたが、彼の『尚書』研究は、同時代の名だたる清儒の業績に比肩し得るものであり、かつ閻若璩（一六三六〜一七〇四）『尚書古文疏證』、王鳴盛（一七二〇〜九七）『尚書後案』においても指摘のなかった前漢の「偽古」箇所の偽作者をも摘発するものである。

久米は重野らとともに、日本における「近代史学」の創始者として認知されているが、彼がもともと「考証学」に秀でた佐賀藩の儒者であったこと、そして彼自身、史学の方法を確立するにおいて幕末漢学がその基盤であったことを明言していることは、とくに今日ではほとんど忘却されている。このような状況とも関連していようが、久米は、日本儒学の研究者、日本史学研究者のどちらからも等閑に付されている感があり、彼における経書の考証学的研究についても管見の限り皆無である。第四章ではこのような問題意識から、久米の『尚書』研究をとりあげた。

この二人の間（第三章）でとりあげる東條一堂は幕末考証学の泰斗であるが、その校勘、書誌における精微さ、経典解釈の独自性とは裏腹に、近年ほとんど研究がない。本書においてこの章だけは筆者の前著にも収録した論文を、本書の問題意識をもって位置づけ直した再録だが、幕末期の文献研究の一到達点として極めて重要である故、これをとりあげる。

さて、十八世紀はじめ以来発展してきた学問は、江戸後期から幕末にかけて進展をみた漢学の継承者である狩野、内藤らの学問に結晶し、さらにこれを継承した武内義雄にその到達をみる。彼による『論語之研究』、さらには彼自身がみずからの研究法を客観的、体系的に整理し論じた『支那學研究法』(56)は哲学者和辻哲郎もその学問方法を高く評価、とりわけ武内の『論語之研究』を激賞するが(57)、その理由の第一は、同書において実践される文献の高等批判、とくに「原典」批判の手法の精微さ故である。

（b）東シナ海をはさんでの学術交流と日本漢学の発展

上述の原典批判の伝統、世界水準のフィロロギーの十八世紀日本における興隆は、東シナ海をはさんでの学術交流と不可分である。徂徠の高弟山井鼎による『七經孟子考文』、太宰春臺『論語古訓』とその外伝、根本武夷の校訂による『論語義疏』が一七三〇年代以降清にもたらされ、これら多分に書誌学、文献学、博物学の要素を含む「実証研究」が清代考証学の発展を大いに刺戟したことについては、すでに狩野、内藤、武内義雄ほかによる多くの指摘がある。[58]また、逆に狩野（直喜）、内藤らの学問は清代諸家の緻密な考証学的成果を基盤とするものであり、さらにそれ以前の錦城、慊堂、棭斎らの文献学、目録学には、彼らの時代に船来した『十三經註疏』が、息軒、一堂らの学には『皇清經解』が十全に反映されている。そして慊堂らの学を発展させた渋江抽斎『經籍訪古誌』などの業績が逆にまた清に輸出され珍重されたことについては、中村久四郎、久米、重野、大久保らの指摘がある。[59]

かく、江戸後期～幕末に大いに発展した実証的学問は、東シナ海をはさんでの学問方法的相互刺戟の産物であり、十八世紀以降日本の儒学世界において連綿とつづく「タテ軸」での発展と、一世紀を超える日中間の相互刺戟（「ヨコ軸での発展」）の産物であることが認識されよう。と同時に、とくに「原典批判」を行なうにあたっての日本儒者の文献学的・目録学的水準は、世界的にもトップクラスであった。

重野、久米、星野らは、さきにあげた各々の著書にて、明治以降の近代学問としての考証史学・実証史学研究方法の基盤が清朝考証学であったとしばしば述べている。しかし、清代考証学の全体像、ならびにその幕末儒者による摂取のされかたについては別に議論が必要であろう。

濱口富士雄は、古代漢語の文字と音韻と、儒学の原理の道との相関をとりわけ注視し、また、明学を批判しつつもその理義尊重の姿勢を継承したのが清学であるとし、近藤光男は清代の呉派と皖派の明確な違いを提示する。[60]

小島毅は、宋学を「道学」「理学」「心学」に限定し、狭小化せしめたのは清代の漢学者による操作であり、ある種の幻想であるとする。(61) 伊東貴之は、これらの著書も含め、清代学問研究を網羅、包括的にこの分野における最新の研究成果を提示する。(62) 伊東の論文においても吟味されている大谷敏夫、木下鉄矢、井上進、吉田純らによる注目に値する清代学問とその位相についての研究も重要である。(63)

これらの書は、清朝考証学に底流する儒学的な形而上学、明代学問の継承の様相などにも着目するものだが、本書に関連するところでは、とりわけ吉田純による、清代考拠家の多くにおいてみられる、いわば「守旧的」とも映る非決定あるいは留保的態度、極端な「辨偽」的姿勢への批判的傾向の指摘は重要である。(64) 吉田は、清初の顧炎武、あるいは本書でしばしば引いた王鳴盛『尚書後案』、さらには閻若璩『尚書古文疏證』でさえも、経書の権威性の全面的な剝奪を究極的に目指したものではなく、これらを偶像破壊的なニュアンスで理解することは誤りであると指摘する。これら清代考拠家研究の説を十全に引照しながら、それが単純な文献批判ではなく、高度に政治的な判断や思想的な色合いを濃厚に反映させたものでもあったとする伊東貴之の指摘(65)も注目されよう。

これらの示す清代考証学の全体像とその特徴に鑑みると、幕末の考証学者の学問においては、音韻学に関しては一堂に僅かに反映される以外は継承発展させられていない。一方、第二章で詳察する中井履軒の『尚書』文献批判に象徴的であるが、必ずしも清朝考証学の恩恵をうけていないにもかかわらず、高度な文献研究を呈出し、さらに経書の原典批判においてはヨリ徹底度の高い様相を示している。

右にあげた清学研究の成果を一々に詳密に精査し、とりわけ伊東が包括的かつ端的に描写するごとくの清代の学問のさまざまな方法での特性も適宜把握した上で、幕末考証学との差異を一々に析出する作業は重要な研究主題であるが、明らかに本書の守備範囲を超える。これらの業績のなかで本書にとくに関連するものに関しては、各章にて適宜言及するが、本格的な検証は別途の作業とする。

また、日本の史学（東洋史、西洋史とも）は幕末漢学を基盤とし、「それと西洋の帰納法との抱合」を通じて形成されたと述べるのは久米邦武であるが、具体的に、どのような方法がどう包摂されたのか。東大史学がL・リースを通じて齎されたL・v・ランケ（一七九五～一八八六）の史学を基盤とするというのは史学世界の定説であるが、これは一面的な見解であり、リースの薫陶をうけた幸田成友は若き頃よりドロイゼンに親しんでいた(66)。また、久米や重野が幕末漢学の西洋の史学研究法に対する優位性すら示唆していたのは触れた。かような点の、研究手法の具体的な比較考察を通じての検証も今後重要となる作業であるが、近代学問の方法の具体的諸側面との比較検討については、筆者が別途企図する共同研究（「あとがき」参照）の成果を俟ちたい。

（c）言語研究の比較史的考察

徂徠『譯文筌蹄』は外国語としての古典中国語の認識、ならびに原語序、原音での語学習得の必要性を主唱した、日本における外国語研究の「画期」であり、春臺『倭讀要領』は同時代的に世界水準の言語研究書であるが、これら二書が比較言語研究史、言語学発展史のなかで位置づけられ、十分に評価されるにはいたっておらず、これらに宣長の言語研究も踏まえ、ギリシャ語、ラテン語研究史と比較検討する試みもまったく行なわれていない(67)。

これらは本書を契機とする次なる課題であるが、本書のとくに第六章では、古典漢文の原語序、原音、原イントネーションでの習得を首唱した徂徠『譯文筌蹄』の「題言十則」を発展的に継承した春臺『倭讀要領』に呈出される、「原語の学」について考察した。徂徠については、吉川幸次郎「徂徠学案」(68)、田尻祐一郎「〈訓読〉問題と古文辞学」(69)があり、さらには戸川芳郎「解題」(70)、黒住眞「『訳文筌蹄』をめぐって」(71)も日本儒者と言語／外国語の問題についての興味深い知見を提供する。春臺については拙稿「訓読と翻訳——太宰春臺『倭讀要領』を中心に」(72)、岡田袈裟男「太宰春臺と言語の学」(73)があるが、第六章ではこれらを踏まえながら、「原語の体系的理解手法」の一端としての『倭讀要領』を考察する。

春臺『倭讀要領』は、徂徠の問題意識を継承し、語音、音韻の説明、訳読の深さを「当時として比肩するもののない水準」に進化させた書（戸川、前掲「解題」）である。また、「漢文ノ条理、血脈ヲ識得」す（『倭讀要領』中巻、四十九）べく従頭直下で、そして華音で読み、読むに四声、七音、清濁、開合などを精微に稽え（同、巻上、十五～）、「助語辞マデニ目ヲ属《つ》ケ」（同、巻中、三十八、四十九）、「句法、字法」（同、巻中、四十九）、「編法、章法」（同、巻中、四十）の倭・華での異同、変化を考え、「句読」にも意を注ぎ、「倭訓」で大略をおさえるのではなく、「文義ノ差誤」（同、巻中、四十）に意を用いて執拗に古書、古聖賢の一言一句を識得するにむけた知的努力の体現としての書である。また、それ故に、「言語の学」としての精密を追究する書であり、音韻、文法を中心に「すぐれて方法的」な書である。

岡田袈裟男が評するごとく、『倭讀要領』は、「言語の学としての精密」の飽くなき追究に基づく、「言語それ自体に潜む個々の事象」を個々に処理し、「包括的な意味」を析出する学術的努力の到達点である。またそれは、方法的にも徂徠『譯文筌蹄』の意図を継承、格段に発展させたものであった[74]。

かような性質の書である『倭讀要領』においてすすめられる読法・読解法の言語の学としての吟味、言語へのアプローチにおける方法的独創性の考察は、江戸中期における、その思想環境「場」に胚胎する／言語研究の遂行により醸成される思想的発展への我々の注意を喚起し、その思想史的考察の対象としての重要性を呈示しよう。

徂徠と春臺との相違点は、①徂徠も、『譯文筌蹄』の考案初期段階とされる頃（二十五、六歳）から、「崎陽の学」に非常にこだわるが、その刊行時（四十五、六歳）ぐらいまでには、「第二等の法」としての「此法ノ読法」の併用を唱える。そして、（徂徠の）『学則』段階（六十一歳）までには、直読への強いこだわりは後退した。これに対し春臺は、相当な水準での原語の直読を基盤とした「倭語ノ読」みを主唱。「原語」への意識の高さは、最終的には徂徠においてよりも春臺において維持されたのである。

さらに、②徂徠が古文辞の「習熟」を唱え、言語の体系的理解をあえて止め、読者（作者）自身を古文辞に「投げ込む」方向に進んだのに対し、春臺は、「習熟」を基盤とした辞の「聯綴」だけでは不十分であるとし、体系的・方法的理解へのこだわりを保持し続けていた。(75)

十八世紀以来の儒学研究の進展において発達をみた上述のごとくの方法的・技能的特徴、さらには言語の学としての格段の進展の具体相を考察することが、幕末以降本格化する洋学受容を考える上で重要といえよう。

四　幕末の「知識層」における漢学の素養の効用

以上において論じたのは、人口属性的には、いわば〝思想家次元〟（あるいは儒者／学者次元）において醸成された知的基盤の問題といえる。これに加え、一定の「知識層」における、江戸後期よりの知的連続／屈折を通じて形成された「知的素養」とは、いかなるものであったかも、重要な問題である。

〝表出された思想〟の基底をなす〝暗黙の信念〟、「共有されている知的習慣と（その）集合的意味」といった側面を、「知的制度一般を外側から対象視する姿勢」をもって考察することが重要であるが、(76)リンガー、シャルチェらによる著作を援用しながら、この面の／このアプローチからの儒学的／漢学的素養のもつ意味の重要性に注意を振り向けたのは、前出の中村春作である。(77)中村はとくに、「素読」が醸成するところの知的習慣をあげ、「制度」としての素読という「読書体験」の醸成する「近代の素養」を描くが、(78)中村の関心、着地点は「近代」の「国民国家論」の中での教養である。(79)一方、中村の問題提起を起点に、江戸後期～幕末に醸成され、明治初期の知的活動を下支えした「知的基盤」「知的習慣」そのものの詳察と、どのような根底的素養が培われたかについてさらに掘り下げた考察は可能であろうか。

　また、リンガー、シャルチェ、D・F・マッケンジーなどによる歴史社会学的研究は、特定の理論的枠組のうちに史実／史料を〝埋め込む〟かたちの研究が多く[80]、これらの知見を援用した日本思想史研究も、理論枠組を分析視角として思想分析に援用するにとどまる傾向が強い。筆者は、社会学・心理学・言語学等の知見、理論的・分析的枠組を勘案しつつも、基本的には、思想史外在的な方法をもってきての思想分析ではなく、研究題材自体、史料に即した研究、それを通じて分析視角を獲得することが重要であると考える。一方、逆に、たとえば詳密な実証研究を旨とする「近世教育事実史」の諸研究（後述）は、上述のごとくの歴史社会学の視座、分析視角をまったく欠如させるものが多い。また、漢学の学問方法で注目すべきは、必ずしも中村春作が指摘する「素読」「会読」のみではない。「会読」も、後述するように「討論」力を醸成するのみの教育手法ではない。

　この点の解明には、江戸後期～幕末の藩学、郷学、漢・洋学の私塾などにおける、「下見」「聴講・聞書（含、質講）」「返り視（復習）」といった、習熟を十全たるものとするための細かい学習手法とその制度化、実践についての考察が有効である。具体的には、ⓐ石川謙、武田勘治らの「近世教育事実史」に分類される教育史研究、すなわち、「下見」「聴講・聞書（含、質講）」「返り視（復習）」を包含する素読課程、会読課程（すなわち当時の「知的制度一般」）の詳察、幕末―明治初期の知識層に「共有されている知的習慣と（その）集合的意味」の「醸成のされ方」を詳細に物語る教育過程を描き出す研究[81]、さらには、ⓑ茂住實男の諸研究[82]が明らかにする、素読課程、会読課程の実相、ならびにそれが蘭語、英語学習の場においてそのまま踏襲されている様相などを勘案しながら、知的基盤醸成のしくみの制度面、実際の効用面での考察を行なうのが有用である。これが第五章の課題である。

〔注〕

＊本書では、引用の原文（含、書名、人名）の字句が正字体の場合はそれをそのまま用い、他は原則略字体を用いた。

（1）　齋藤希史は、『福澤諭吉全集』「緒言」（同第一巻所収）の、「俗文中に漢語を挿み」「雅俗めちや〳〵に混合せしめ」て、「恰も漢文社会の霊場を犯して其文法を紊乱し」、これもって「世間の洋学者を磊落放膽に導き漢学を蔑視せしめんと」する福澤諭吉の企図を指摘（引用の文言は慶應義塾編纂『福澤諭吉全集』第一巻〈岩波書店、一九六九年〉、五～六頁）、かような試みは、漢学的素養の優劣を根拠とする抑圧的階層性、あるいは知的〝階梯性〟の破壊を目的とした福澤一流の「臨機一時の」戦略であったと指摘する（齋藤「文体と思考の自由――福澤諭吉の射程」〈『福澤諭吉年鑑』〈福澤諭吉協会〉第三七号〈二〇一〇年〉、八二頁〉）。『福翁百話』（『全集』第六巻所収）において福澤は、「古來我国に行はれたる漢学は学問として視る可らず」と断罪、それは「陰陽五行の空を談じて万物を包羅し」、「現在のま、を妄信して改むるを知らず」、「多言にして実証に乏し」いものと罵倒する。漢学は学問ではないとするが、ここでの批判の根拠は「陰陽五行」について空談し、「妄信」的であることで、これは、たとえば西田幾多郎が幕末漢学（考証学）の特質としてあげた「事物」「深い真理」の把握への強い志向性（これについては本章本文の後段にて言及）とは真逆であるのは注意したい。

（2）　中村「漢学不可廃論」（一八八七年）（二）漢学者ノ弊ヲ論ズ（木平讓編『敬宇中村先生演説集』〈松井忠兵衛、一八八八年〉所収）。

（3）　『敬宇文集』巻之一所収。

（4）　「百学連環」（『西周全集』第一巻〈日本評論社、一九四五年〉）。

（5）　中村、前掲注（2）「漢学不可廃論」。

（6）　『学芸志林』七〇冊所収。

（7）　森田「日本文章の将来」は山本正秀（編著）『近代文体形成史料修正――発生編』（桜楓社、一九七八年）所収。

（8）　同演説は『早稲田文学』七、九号所収。森田「翻訳の心得」「翻訳の苦心」（日本近代思想大系十五『翻訳の思想』〈岩波書店、一九九一年〉所収）、「作家苦心談」にも同様の主張あり。詳しくは本書第七章参照。

（9）　各氏の森田評価については本書第七章参照。

（10）　幸徳秋水「兆民先生」（『中江兆民全集』別巻〈岩波書店、二〇〇一年〉所収）。

（11）　『西田幾多郎全集』第十二巻（岩波書店、一九六六年）、二一三頁。

(12) 同前、二一八～一九頁。
(13) 同前、二一八～二〇頁。
(14) 同前、二一八頁。
(15) 同前、二一九～二〇頁。
(16) 宣長学を仁斎、徂徠の「集大成」とするのは吉川「『古事記伝』のために」、それを「一種の古義学」と形容するのは同「伊藤東涯」、「宣長の学問、それは実証学である」とは同「本居宣長――世界的日本人」における吉川の言である。すべて『吉川幸次郎全集』第十七巻（筑摩書房、一九九九年）所収。これとは別の問題意識から徂徠学→宣長学の発展の系譜を呈出したのはいうまでもなく一九四〇～四四年に書かれ、のち『日本政治思想史研究』（東京大学出版会、一九五二年）にまとめられた丸山眞男の一連の論文であり、とくにその第一論文「近世儒教の発展における徂徠学の特質並にその国学との関連」（『国家学会雑誌』、一九四〇年）である。吉川「伊藤東涯」は一九四二年十月に行った講演の記録であり、「本居宣長」はその一年前（一九四一年）に『新風土』に所収されたもの。丸山第一論文はこれに先立つ。ただ、丸山論文は吉川の右の諸作品の主題、そして本書の主要論点、研究手法とも少し異なるので、ここでは立ち入らない。また、徂徠学→宣長学の学問系譜の指摘において、どの側面においてどちらが〝先〟か云々は特定しがたく、また本書の課題とするものでもない。
(17) 吉川「受容の歴史」（同前、『全集』第十七巻所収）。
(18) とくに思想史学における資料の批判的考証、すなわち資料の真偽、制作の時代・場所の考証方法の確立、そして「所謂訓詁注釈」、すなわち「語句の意義の解明」に出発、帰納的・文法的基礎をもっての考証の確立について論じたのは村岡『続・日本思想史研究』（岩波書店、一九四〇年）第一部三「日本思想史の研究法について」（引用箇所は三七、三九、四三頁）、伴信友の実証学については同『日本思想史研究』（岩波書店、一九三〇年）「近世史学史上に於ける国学の貢献」。『日本思想史研究　第三』（岩波書店、一九四八年）所収の「徂徠学と宣長学との関係」もこの方法的発展系譜の具体例を祖述する。
(19) 久米『歴史著作集』第三巻「史学・史学方法論」（吉川弘文館、一九九〇年）、第一編「史学の独立と研究」第七「余が見たる重野博士」、重野『重野博士史学論文集』上・下（雄山閣、一九三八～三九年）、大久保『日本近代史学の成立』（著作集第七巻、吉川弘文館、一九八八年）。

（20）たとえば松沢『近代日本の形成と西洋経験』（岩波書店、一九九三年）のほか、安西『福沢諭吉と西欧思想——自然法・功利主義・進化論』（名古屋大学出版会、一九九五年）、井田進也『中江兆民のフランス』（岩波書店、一九八七年）、宮村治雄『理学者　兆民——ある開国経験の思想史』（みすず書房、一九八九年）、同『開国経験の思想史——兆民と時代精神』（東京大学出版会、一九九六年）、さらには松本三之介「新しい学問の形成と知識人——阪谷素・中村敬宇・福沢諭吉を中心に」（日本近代思想大系十『学問と知識人』〈岩波書店、一九八八年〉「解説」）などは、各々異なる方向性の思想研究でありながら、基本的かつ枢要な問題として「儒学」「漢学」と「近代知識人」の知的基盤の関係性に着目する、この方面での必読文献であろう。安西『明治日本とイギリス』（甲南大学総合研究所、二〇〇八年）、井田『歴史とテクスト——西鶴から諭吉まで』（光芒社、二〇〇一年）も示唆に富む。

（21）中村春作『江戸儒教と近代の「知」』（ぺりかん社、二〇〇二年）、第三章における整理。また同章注三四の諸文献も参照。

（22）松本、前掲注（20）「新しい学問の形成と知識人」「二　儒学の展開と洋学の受容——阪谷素の場合」、とくに四三二、四三五頁。

（23）同前、「三　洋学をめぐる伝統と近代——中村敬宇の学問観」、とくに四三八〜四五頁。引用の文言は同四三九、四四一頁。

（24）同前、四四三〜四八頁。引用の文言は四四七〜四八頁。

（25）中村、前掲注（21）『江戸儒教と近代の「知」』、とくに第二、三章。

（26）前田『江戸後期の思想空間』（ぺりかん社、二〇〇九年）、第一編。

（27）中村、前掲注（21）『江戸儒教と近代の「知」』、七〇頁の指摘。

（28）飛鳥井『中江兆民』（吉川弘文館〈人物叢書〉、一九九九年）、一五四頁。

（29）中村春作「訓読、あるいは書き下し文という〈翻訳〉」（『文学』第一二巻第三号〈二〇一一年五、六月〉、岩波書店）、六〇頁。

（30）同前、五八頁。

(31) 同前、六〇頁。
(32) 森岡『近代語の成立』三部作はともに明治書院より刊行。「語彙編」は一九九一年、「文体編」は一九九一年。ただしこれらの書は、過去三十年以上の蓄積によった業績で、早期の論考、たとえば「明治期語彙編」は一九六九年のもの。森岡「『自由之理』の訳語――その英華字典との関係」（『日本文学』〈東京女子大学〉第一八号〈一九六二年〉）も有用である。
(33) とくに進藤「文章が近代化するということ――福沢諭吉と二葉亭四迷とを中心に（一九八〇年度始業講演―短期大学部）」（『東京女子大学紀要論集』〈東京女子大学論集編集委員会編〉第三一号〈一九八〇年〉）、同「漢語・漢字の実態（明治）」（『季刊文学・語学』〈日本古典文学会／全国大学国語国文学会編〉第四一号〈一九六七年〉）、栗島紀子「訳語の研究――西周を中心に」（『日本文学』〈東京女子大学〉第二七号〈一九六六年〉、のち森岡、前掲注32『近代語の成立（語彙編）』所収）。
(34) 斎藤毅『明治のことば――東から西への架け橋』（講談社、一九七七年）。のち副題を「文明開化と日本語」とし二〇〇五年に発行。
(35) 山田孝雄『漢文の訓読によりて伝へられたる語法』（宝文館、一九三五年）。
(36) 小森陽一「行動する「実境」中継者の一人称文体――森田思軒における「周密体」の形成」一（『成城文芸』〈成城大学文芸学部〉第一〇三号〈一九八三年〉）。
同「「局外」「傍観者」の認識――森田思軒における「周密体」の形成」二（『成城文芸』〈成城大学文芸学部〉第一〇四号〈一九八三年〉）。ただしこの二論文とも、日本語の「漢語からの脱却」を標榜する姿勢、思軒が漢語とは別個の「独自な文学表現の獲得」を模索していたとする論が過剰で、たとえば思軒が一八九二年以降ことさら漢語／漢文の体・法・語勢、語彙を重視するにいたった点などが看過され、結果、偏った見解の提示に陥っている。

また、余談だが、思軒は漢学の素養を「拉丁学の上位に拠りて占坐」するものと、最大限重視するにいたるも、漢文にある常套句、とくに典語、文語の訳語としての無制限な採用は原文の所与の状況にひきずられる作用があるため、これに対し極めて慎重である。これは、たとえば井上哲次郎『哲学字彙』の漢文訳において、ふんだんに儒学に常套的な字・句、概念が採用され、極めてその色彩を帯びた西洋哲学用語訳となっていること、また、朱子学か漢唐の学か、陽明学か等々には無頓着な訳となっているのとは対照的である。
(37) 慶應義塾大学出版会、二〇〇九年。また、同「翻訳の思想――福澤諭吉と中江兆民」(『福澤諭吉年鑑』〈福澤諭吉協会〉第三七号〈二〇一〇年〉)。
(38) 日本放送出版協会、二〇〇七年。
(39) 齋藤希史『漢文脈の近代――清末＝明治の文学圏』(名古屋大学出版会、二〇〇五年)、同、前掲注(1)「文体と思考の自由」、など。
(40) 『近代日本語の思想』は法政大学出版局刊、二〇〇四年、『翻訳とはなにか』は同出版局刊、一九八五年、『翻訳語成立事情』は岩波書店刊、一九八二年。
(41) 法政大学出版局、二〇一〇年。
(42) 『洋語教授法史研究』は学文社刊、一九八九年、「適塾の教育」は『学校教育研究所年報』〈学校教育研究所編〉第三八号〈一九九四年〉所収。同「蕃書調所の英語教育」(『英学史研究』第一六号〈一九八三年〉)も有益な知見を提供する。
(43) 勉誠出版、二〇一一年。
(44) 大久保、前掲注(19)『日本近代史学の成立』、三五頁。
(45) 久米、前掲注(19)『歴史著作集』第三巻「史学・史学方法論」第一編「史学の独立と研究」第七「余が見たる重野博士」、一一七頁。
(46) 同前。
(47) 中山『近世日本の儒学』(岩波書店、一九三九年)所収。
(48) 源了圓編著『江戸後期の比較文化研究』(ぺりかん社、一九九〇年)所収。
(49) 大久保、前掲注(19)『日本近代史学の成立』三四、三五頁。
(50) 雄山閣、一九三八～三九年。
(51) 白揚社、一九四〇年。
(52) 『讀史廣記』(章華社、一九三三年)所収。

(53) たとえば宝月圭吾、高橋正彦（編集担当）『日本古文書学の展開』（『日本古文書学論集』一、吉川弘文館、一九八六年）、今井登志喜「西洋史学の本邦史学に与えたる影響」（史学会編『本邦史学史論叢』下〈冨山房、一九三九年〉）、栗田元次「書誌学の発達」（同、下）、大久保「近世に於ける歴史教育」（同、上）など。
(54) 大久保『日本近代史学史』（白揚社、一九四〇年）、第五章「歴史的認識の諸問題」、七四～七五頁。
(55) 前掲注(19)『重野博士史学論文集』上、「国史汎論」。
(56) 武内『論語之研究』初版は一九三九年刊（岩波書店）。のち『武内義雄全集』第一巻「論語篇」（同、一九七八年）に再録。同『支那學研究法』初版は一九四九年刊（同）。のち『全集』第十巻（同、一九七九年）に再録。
(57) 和辻『孔子』付録「武内博士の『論語之研究』」。和辻『孔子』初版は一九三八年（岩波書店）だが、付録の初出は植村書店版（一九四八年）においてである。のち『和辻哲郎全集』第六巻（岩波書店、一九六二年）に再録。
(58) 狩野直喜「山井鼎と七經孟子考文補遺」（狩野『支那學文藪』〈弘文堂書房、一九二七年〉）、武内、前掲注(56)『支那學研究法』、他。
(59) 中山、前掲注(47)『近世日本の儒学』、とくに「考証学概説」、大久保、前掲注(19)『日本近代史学の成立』。
(60) 濱口『清代考拠学の思想史的研究』（図書刊行会、一九九四年）、近藤『清朝考証学の研究』（研文出版、一九八七年）参照。
(61) 小島『宋学の形成と展開』（創文社、一九九九年）。
(62) 伊東「明清思想をどう捉えるか――研究史の素描による考察」（奥崎裕司〈編著〉『明清はいかなる時代であったか』〈汲古書院、二〇〇六年〉）。
(63) 大谷『清代政治思想史研究』（汲古書院、一九九一年）、同『清代の政治と文化』（朋友書店、二〇〇二年）。木下『「清朝考証学」とその時代』（創文社〈中国学芸叢書〉、一九九六年）。吉田『清朝考証学の群像』（創文社、二〇〇七年）、同「『尚書古文疏證』とその時代」（『日本中国学会報』第四〇号、一九八八年）。井上進『明清学術変遷史――出版と伝統学術の臨界点』（平凡社、二〇一一年）。
(64) とくに吉田、前掲注(63)「『尚書古文疏證』とその時代」。
(65) 伊東貴之「清朝考証学の再考のために――中国・清代における『尚書』をめぐる文献批判とその位相、あるいは、伝統と近代、日本との比較の視点から」（笠谷和比古編著『徳川社会と日本の近代化』〈思文閣出版、二〇一五年〉）。

(66) 宮田純「日本史学史における幸田成友（一八七三～一九五四）の意義」（科学研究費補助金事業「考証学・言語の学、そして近代知性」〈研究代表：筆者〉第二回全体研究会合〈二〇一三年一一月二三日〉報告）。

(67) このような問題意識を出発点に筆者は、「徂徠、春臺の言語研究→本居宣長の和語研究、これらと洋語研究との関連」と題する研究に着手している。この研究は、徂徠『譯文筌蹄』、春臺『倭讀要領』の筆者主導での精査に加え、言語学発展史、言語研究史の専門研究者である江藤裕之東北大学教授との共同研究をもってすすめており、さらに、本書「序論」の注でも触れたが、Anthony Grafton（プリンストン大学）、Heinrich von Staden（プリンストン高等研究院）、Michael Lackner（チュービンゲン大学）、Michael Witzel（ハーバード大学）といった欧米においてギリシャ古典籍研究を専修する諸学、さらにはサンスクリット学の大家 Sheldon Pollock（コロンビア大学）、日本古典学研究者 David Lurie（同）らとの共同研究もすでに開始している。

(68) 岩波日本思想大系『荻生徂徠』第三十六巻（岩波書店、一九七三年）所収。とくに「二　第一の時期　幼期から四十まで　語学者として」。

(69) 中村春作、田尻ほか編『訓読論』（勉誠出版、二〇〇八年）所収。

(70)『荻生徂徠全集』（みすず書房、一九七四年）第二巻（言語編、戸川芳郎、神田信夫編）所収。

(71) 黒住『近世日本社会と儒教』（ぺりかん社、二〇〇三年）所収。

(72)『二十一世紀アジア学紀要』（国士舘大学、二〇〇九年）所収。

(73)『立正大学大学院紀要』（立正大学大学院文学研究科）第一六号（二〇〇〇年）所収。

(74) 同前、四七、五二頁。

(75) 詳しくは第六章にて論じる。

(76) Ringer, Fritz K., *Fields of knowledge: French academic culture in compera- tive perspective, 1890-1920*, Cambridge University Press, 1992（邦訳：F・リンガー著、筒井清忠ほか訳『知の歴史社会学――フランスとドイツにおける教養、一八九〇―一九二〇』〈名古屋大学出版会、一九九六年〉）。引用箇所は日本語版、一二頁。

(77) 中村、前掲注(21)『江戸儒教と近代の「知」』、とくに第三章。

（78）もっとも素読と近代知性の関係について中村以前に指摘したのは前田愛『近代読者の成立』（岩波書店、一九九三年）である。

（79）中村、前掲注（21）『江戸儒教と近代の「知」』、第四、五章。

（80）たとえばChartier, Roger, *Pratiques de la lecture*, Marseilles, Rivages, 1985（邦訳：R・シャルチェ著、水林章ほか訳『書物から読書へ』〈みすず書房、一九九二年〉）、同、*Lectures et lecteurs dans la France d'Ancien Regime*, Paris, Editions du Seuil, 1987（邦訳：R・シャルチェ著、長谷川輝夫、宮下志朗共訳『読書と読者——アンシャン・レジーム期フランスにおける』〈みすず書房、一九九四年〉）、同（福井憲彦訳）『読書の文化史——テクスト・書物・読解』〈新曜社、一九九二年。シャルチェ一九九一年来日時に行った講演、インタビューの翻訳。内容的には、シャルチェ前掲書、ならびに同、*Cultural history: Between practices and representations*, Cambridge, Polity Press and Ithaca, Cornell University Press, 1988との共通点多し）など。また、McKenzie, D.F., *Bibliography and the sociology of texts*, Cambridge University Press, Cambridge, 1999, Ringer, Fritz K., *Toward a social history of knowledge: collected essays*, Berghahn Books, NY, 2000. さらにはF・リンガー、前掲注（76）『知の歴史社会学』。ただし、RingerのThe decline of *the German mandarins: The German academic community, 1890–1933*, Harvard University Press, Cambridge, Mass., 1969は例外であることは注記したいが、しかしこれも、「近世教育事実史」の諸研究のような、詳密な実証研究とは性質の異なるものである。

（81）武田『近世日本学習方法の研究』（講談社、一九六九年）、同「近世日本における学習方法の発達」（日本教育学会編『教育学論集』第一〈目黒書店、一九五一年〉）。石川謙『近世教育における近代化傾向——会津藩教育を例として』（講談社、一九六六年）、同『近世日本社会教育史の研究』（青史社、一九七六年。初版は一九三八年）、同『近世の学校』（高陵社書店、一九五七年）。

（82）茂住『洋語教授法史研究——文法＝訳読法の成立と展開を通して』（学文社、一九八九年）、とくに第二、四章。また、同「適塾の教育——教育方法と教授組織を中心に」（『学校教育研究所年報』〈学校教育研究所編〉第三八号〈一九九四年〉）、同「蕃書調所の英語教育」（『英学史研究』第一六号〈一九八三年〉）。

各論編Ⅰ　古典テクスト研究の諸相

第二章　十八世紀日本儒者の『尚書』原典批判

――中井履軒『七經雕題畧(書)』、同収「雕題附言(書)」を題材に

はじめに

中井履軒（名・積徳、字・処叔、通称・徳二、一七三二～一八一七）は懐徳堂第二代学主中井甃庵（名・誠之、字・叔貴、一六九三～一七五八）の第二子、第四代学主竹山（名・積善、字・子慶、一七三〇～一八〇四）の弟であり、緻密な経学的業績を残した懐徳堂の重要人物の一人である。武内義雄以来その業績への評価は枚挙に遑がないが、とくに経書への自注の直接書入れである『七經雕題』、その概要をまとめ別に一群の著作としてまとめた『七經雕題畧』、それらの晩年の集大成である『七經逢原』は彼の生涯をかけ作成された主著群である。

履軒が自身の『雕題畧』緒言において、「新奇を好む」に忙しい徂徠、「故常に安んずる」林家、「剛戻」を好み「物敵」となる崎門各々を批判するのは武内義雄などによる指摘があるが、(1)この批判文につづく、「唯平心書を読みて愛憎を新故に生ぜず、深く古経の未だ瞭《あきら》かならざるを慨きて、聖人の心後世に伸びざるを痛み、憤るが如く悶ゆるが如く、寝を忘れ食を忘れ、毀誉得喪を度外におき、矻矻鑽攻して老の将に至らんとするを知らず、然る後始めて与に経を論ずべきのみ」との文言(2)も注目すべきであろう。

履軒は三十六歳の時に懐徳堂を離れ水哉館という私塾をひらき、住まいも転々としながら経学研究に没頭した。懐徳堂に「反旗」をひるがえしたわけではないだろうが、ややもすれば右に引いた語は、日頃から大坂学界にて

華々しく活躍し、あるいは表立っての論争を好む儒者に対して一定の距離を置き、粛々と経書の研究に没頭することの宣言であったともいえよう。

そしてこの語は、中井履軒という儒者の重要な側面への我々の注意を促そう。すなわち、たとえば宋末〜元初の諸儒においては、「一方で事物の理を探究する深入の道」が進められるとともに、他方では「博学の風潮」、「古書の真偽を明らかにして正しいものを伝えようとする学術精神」が顕出した(3)ごとく、履軒においても、当代の学問の精密化が反映されると同時に、ことさら彼においてそれが先鋭的に推し進められ、彼自身が、その後半生に隆盛をみた考証学的学問の体現者の一人として現れたのである。

本章は、懐徳堂における履軒の位置づけ、彼の『中庸』重視、あるいは「朱子学者」としての彼の思想について云々することを意図するものではない。(4)そうではなく、彼が「孔子の功を見るな」しと結果的には遠ざけた「五経」(5)の、とくに『尚書』研究の「やり方」の微細の検討をつうじて、彼の学問態度、とりわけ原典批判の姿勢の一端を考察することを目的とする。さらにはそれを踏まえ、彼の研究を、中国における原典批判にも鑑みながら位置づける。

一　履軒の『尚書』研究

履軒は生涯にわたって経書の研究に専心したが、その方法は、まず既存の経書の版本の上部空欄にみずからの注釈を直接書入れ、そのやり方からこの段階の研究を「雕題《ちょうだい》」と名付けた。易・書・詩・左伝・礼記・論語・孟子の七書においてすすめられたこの作業をまとめたのが『七經雕題』である。書き込みが煩雑になるとその概要をまとめた『雕題畧』を編集、これらを晩年にいたるまで編集を重ね、集大成したものを、根源に溯る（逢う）との意味合いをこめて「逢原」とした。履軒の『書』研究は『七經雕題』、『七經雕題畧』、『七經逢原』におさめられている（『書逢原』は「夏書」のみ）。

『雕題』『畧』『逢原』の執筆順序については、既述のように『逢原』が最後で、その前段階の作業として『雕題』、さらには同『畧』の執筆があったが、『畧』「書」「詩」の末に収められ、各々に関する履軒の独自の見解がまとめられている「雕題附言」の成立時期の特定は難しい。たとえば、『尚書雕題』の頭注には「附言」の説と深く関連する文言がまま見られ、これのみから判断すれば、『雕題』の頭注は「附言」の前提的書入れであったとすることもできよう。(6) しかし頭注群のなかには「これについては「附言」をみよ」との注もある。(7) これは履軒が『畧』ならびに「附言」をまとめる段階で『雕題』に戻って付した頭注であるとの見方もできようが、「附言」の少なくともある部分に関しては『雕題』と同時に考案されていた、あるいはその要諦がすでに考えられていたとすることもできよう。

今ひとつ注意したいのは、『尚書雕題』が蔡沈（字・仲黙、一一六七〜一二三〇）『書經集傳』に書入れを施すものであること。『集傳』は後述する「偽書」とされる諸編にも分け隔てなく注を付すものであり、この『尚書雕題』と「偽古」（後世の偽作）箇所の徹底的糾弾を展開する「雕題附言」において呈出される認識との間には隔たりがあり、今後、懐徳堂文庫蔵の『伏生尚書』、「偽書目録」ではじまり「偽書終」で終わり、後出箇所のみを分出して「自抄並注解」を施す同文庫蔵『梅賾古文尚書』なども勘案しながら、これらの作成開始・終了時期の特定が必要であろう。(8)

また、履軒の『尚書』研究にはほかに、「堯典」編・「皐陶謨」編の本文に注解を付した「典謨接」がある。これは『書』典・謨編の経文を朱字で記し、その前後に同サイズの黒字の語を補って解釈を付すもので、懐徳堂文庫蔵（現大阪大学附属図書館蔵）の『七經雕題畧』（日本中井積徳撰　手稿本　水哉館遺書）の易三巻の末に付されており、安永二年（一七七三）の跋がある。(9)

本章では七八〜七九頁の付録1にて詳説するとおり、『雕題畧』「書」ならびに「雕題附言」については東京大学駒場図書館所蔵本（旧第一高等学校所蔵、桑名文庫、白河文庫の印あり）を懐徳堂文庫本と校合の上利用、『夏書逢原』は懐徳堂文庫本を利用、さらに同文庫蔵『伏生尚書』『梅賾古文尚書』を閲読、履軒の尚書研究を辿った。本章ではまず、（1）十八世紀日本における『尚書』研究について、当時の日本儒者が入手し得た宋〜明の諸書も踏まえながら整理を試みる。その上で、（2）履軒『雕題』『畧』『逢原』に引かれる宋〜元の『尚書』研究諸書を勘案しながら、履軒が『尚書』を研究するにあたって依拠し得た書物群を特定し、また彼の私塾であった水哉館の蔵書群の『書』関連諸書も検討する。その上で、（3）『畧』「書」末の「雕題附言」に展開される彼の原典批判自体を検討する。

（a）　十八世紀初頭までの日本の『尚書』研究と宋・元・明の『尚書』研究

履軒は、東晋以降通行の『尚書』に混在する伏生「今文」尚書部分を除き、「孔氏真古文」とされるものも含めすべてを「偽書」と断定した。これは十八世紀後半日本における原典批判の水準の一例を呈示する。[10]では彼以前の日本における研究水準はといえば、たとえば、十八世紀前半ではあるが、詩・書をとりわけ重視した荻生徂徠（字・茂卿、一六六六〜一七二八）においても、「古文」の諸系統本への意識はもとより、今／古文の相違への意識も希薄であり、「偽古文」諸編からの引用も散見される。徂徠の絶賛する太宰春臺（字・徳夫、一六八〇〜一七四七）『詩書古傳』は詩・書両書から他書への引用を周到に蒐集したものだが、のちに「偽書」と断定される編からの文言も分け隔てなく引いている。[11]

偽作箇所への疑念、あるいはすくなくとも〝気づき〟はすでに宋の朱熹『語類』の「書」、呉棫（字・才老、生没年不詳、一一二四年の進士）『書裨傳』（佚書、『朱子語類』他に多く引用）、同・呂祖謙（字・伯恭、一一三七〜八一）

『書説』、同・陳大猷（東陽の人。『宋代尚書学案』にある東斎陳氏とは別人）『書集傳或問』などにも明らかで、宋末・王柏（号・魯齋、一一九七～一二七四）『書疑』は「今文」の再検討も提言した書、宋末～元初・呉澄（字・幼清、草廬、一二四九～一三三一）『今文尚書纂言』（以下、『書纂言』）は、「偽書」の断定を試みる書である（後述）[12]。また同・郭守敬（字・若思、一二三一～一三一六）にも『書』の研究があるが、一六六六年生まれの徂徠、一六八〇年生まれの春臺に関する限り、これら重要な尚書研究に別段注意を払っていないようである。

　これに対し、一六九四年生まれ、春臺より十四歳年少の伊藤蘭嵎（名・長堅、字・才蔵、～一七七八）による『書反正』には、呉棫『書裨傳』の語、『書疑』、『書纂言』、さらにはこれも尚書研究の重要な書である明・梅鷟（字・致齋、生没年不詳、一五〇六～二一年の進士）『尚書考異』が引かれている[13]。また、蘭嵎の長兄東涯（名・長胤、字・元蔵、一六七〇～一七三六）は徂徠の四つ下、春臺の十歳年上だが、彼の『辨疑録』巻之四（宝永五年〈一七〇八〉）には「古文尚書其書晩出（すなわち東晋梅賾によるもの——筆者）。可疑者最多矣。先儒宋呉才老（棫）朱子趙南塘元呉臨川（澄）梅鷟郝敬帰有光呉延翰徐興喬等。皆言其可疑。最可信也」とある[14]。ここには「偽古」箇所の断定に重要な足跡を残した呉棫、朱子、呉澄、梅鷟、郝敬（字・仲輿、一五五八～一六三九）らの書が縦横に引かれ、これはまた蘭嵎『書反正』「序説」にそのまま長々と書写されている[15]。『書反正』の「堅（長堅＝蘭嵎——筆者）也何人而敢議此。今奉承朱呉之餘論。紹續父兄之遺志。併其不當分。去後之僞誤。復伏生舊本」との言にも[16]、十七世紀末～十八世紀初頭において伊藤家に醸成されつつあった宋～明の最先端の『尚書』研究と、それを継承発展させんとする蘭嵎の意志が読み取れる。

　東涯がこれらの書をどのようなかたちで閲覧するにいたったかの特定は容易ではないが、『古義堂文庫目録』上の「東涯書誌略」「慥庵詩艸」の項にある、「通志堂經解ヲ模セシ原稿用紙ヲ用ヒ二冊ヲ合綴セシモノ、全部ヲ通ジテ元祿五年ヨリ正德元年ニイタル作ヲ収ム」との文言は[17]、彼が一六八〇年刊の同『經解』を、一六九二年を迎えるまでにすでに目にしていたことを示唆しよう。同『經解』の日本への載来年や特定の儒者がいつ閲覧したかの確定は困難だが、これは、『尚書全解』『書疑』『書纂言』などを収める。加えて上述のごとく東涯は履軒が引いていない梅鷟、郝敬らの書にも触れているが、とりわけ梅鷟『尚書考異』は、明代までの尚書研究の重要な到達点である。

このほか播磨の出で京都にも長く定住、蓮池藩（佐賀支藩）の藩儒などをつとめ、岡島冠山などとも交流のあった岡（または岡田）白駒（字・千里、一六九二〜一七六七）には『尚書解』があり、[18]これもさきにあげた呉棫、朱子、呉澄、梅鷟、郝敬らの『書』研究への造詣を示す内容のものである。下郷次郎八（字・學海、一七四二〜九〇）『尚書去病』は「呉澄尚書纂言目録」（十一オ〜）が付された、『書纂言』から多くを引く書である。[19]また、赤穂藩校教授もつとめた赤松蘭室（字・大業、一七四三〜九七）は『書疑』に訓点を付しているが、これには寛政二年（一七九〇）に湯浅常山（元禎、字・之祥、一七〇八〜八一）の跋が付され刊行されている。[20]

『尚書』研究といえば清儒の研究、とりわけ閻若璩（字・百詩、一六三六〜一七〇四）『尚書古文疏證』、王鳴盛（字・鳳喈、一七二〇〜九七）『尚書後案』、江聲（字・叔澐、一七二一〜九九）『尚書集注音疏』が夙に著名であるが、上に略述したことを勘案すると、十八世紀日本における『尚書』研究を考えるには、宋〜明までの諸々の『尚書』研究が重要な役割を果たし、とりわけ履軒においては、元・呉澄『書纂言』が重要な書であったと筆者は考える（後述）。また、ここに略述した事例からは、ややもすれば看過されがちなこの時代の日本における『尚書』研究の活況が看取されることも付記したい。

（b）宋・元・明の『尚書』研究と履軒

さて、履軒にもどるが、彼がいつ頃より「偽作」箇所に関する確信をもっていたかを特定することは難しいが、前述したように『尚書離題』は「偽古」箇所も分け隔てなく収める蔡沈『書經集傳』に注釈を付すものである。これに対し『典謨接』においては「舜典」の編首二十八字が削除され「堯典」に接続せられ、「大禹謨」は梅賾の偽作として削除され、「皐陶謨」は「益稷」と一体のものとして考えられている。前述のとおり、これには安永二年（一七七三）の跋がある。『尚書離題』、『離題畧』と同「附言」、これらと『典謨接』各々の成立時期の特定は今後の課題だが、履軒においてはすでに一七七〇年代前半までに「偽古」箇所に関する一定の認識が形成されていたものといえよう。

さきに徂徠、春臺、伊藤東涯・蘭嵎兄弟における『尚書』への意識と、とくに伊藤兄弟の目にしていた文献について触れたが、翻って履軒自身は、どのような水準の尚書研究に触れていたのであろうか。まずは、『離題畧』「書」（巻之二―一、二）に引かれている、のちの「偽書」部分の特定にも重要な意味をもつ本格的な検証を行なった人物、書物を列挙すると、さきの宋・呉棫『書裨傳』、同・林之奇（字・少穎、一一一二～七六）『尚書全解』、呂祖謙『書説』、『朱子語類』「尚書」（巻七十八）、陳大猷『書集傳或問』、王柏『書疑』、郭守敬、呉澄『書纂言』、さらには清・呂治平（号・愚庵、海寧の人。書名が特定できないが恐らく『五經辨訛』の「書」）などがある。

また、とくに注目に値する『書』研究を残した人物ではないが、蘇頌（字・子容、一〇二〇～一一〇一）などが『書』の天文・地理関連の記述に関連して引かれるほか、楊升菴（字・用修、一四八八～一五五九）、陳新安（字・壽翁、休寧の人）のおそらくは『書集傳纂疏』、王炎（字・晦叔、一一三八～一二一八）、呉蘇原（字・崇伯、生没年不詳、一五二一年の進士）、薛敬軒（文清、字・徳温、一三八九～一四六四）、さらには蘇東坡（字・子瞻、一〇三七～一一〇一）、陳新安などの名もみられる。

単純に引用回数でみると、呉棫『書裨傳』、王魯齋『書疑』が多く（四回）、ついで林之奇『尚書全解』、呉澄『書纂言』、呂治平も複数回引かれる。

さらに履軒の『尚書』研究の基盤の特定に重要な意味をもつのが、懐徳堂文庫蔵の「中井積徳（履軒）手抄水哉館遺書『經解目録』一巻」である。『懐徳堂文庫図書目録』にあるように、これは『通志堂經解』の目録であるが、これの「書」の項目と『通志堂經解』の目録とは完全に一致するものである。したがってこれに手抄されているものに関しては履軒が『書』を考究するにあたってみていた可能性は極めて高い。さきに示したように、『書裨傳』『尚書全解』『朱子語類』『書疑』『書纂言』などは履軒『七經雕題畧』の「書」に傍捜博引されている。

呉棫『書裨傳』は佚書なので『經解』にもないが、この書は最も早い段階で「増多之書。皆文従字順。非若伏生之書。詰曲聱牙。夫四代之書。作者不一[21]」と、宋代に行なわれていた『尚書』がのちに複数の者による付加が施されたものであることを、字・句、文体の異質性に基づいて指摘した書であり、『朱子語類』にも多くが引かれている。

『尚書全解』は後学によって「偽古」とされる編も含めすべてに周到な注を施す大部の書、『書疑』は伏生口伝の経とされるものに疑義を呈した最初の書であり[22]、抜本的な「今文」の再検討も提言した書である[23]。「有宋諸儒。始疑古文後出。非尽孔壁之舊。然於今文。固未有擬議也。其幷今文而疑之。則自公（王魯齋――筆者）始」との納蘭成徳による序[24]もそれを示す。『通志堂經解』はこれらを収める。

一方、『雕題畧』の「書」、その「附言」などに清儒による名だたる尚書研究が引かれることはなく、履軒の旧蔵書ならびに懐徳堂の蔵書をみても、彼がこれらを見た形跡は確認できない[25]。大庭脩『江戸時代における唐船持渡書の研究』をみる限り、閻若璩『尚書古文疏證』の載来は案外遅く享和三年（一八〇三）、王鳴盛『尚書後案』は刊行（乾隆四五年〈一七八〇〉）から十一年後の寛政三年（一七九一）である[26]。両書とも履軒が晩年にみていた可能性は否定できないが、さきに触れたように彼の『典謨接』が一七七三年であることを勘案すると、彼の尚書研究の根幹の形成に寄与したものとは考えにくい。

一七三六年に山井鼎『七經孟子考文』が清にもたらされて以来、東シナ海をはさんでの書物の往来はめざましいが、同時に、わずかな生没年や生活領域の差が、ほぼ同時代を生きた江戸儒者たちの間での〝情報量〟に決定的な差異をもたらしている。十八世紀末時点での邦儒による尚書研究で最も注目すべき人物の一人は大田錦城（一七六五～一八二五）である。履軒は一七三二年生まれ、錦城より三十三歳年長だが没年は八年早いのみである。しかし、錦城は履軒がみていないと思われる清儒の著述物、すなわち顧炎武（字・忠清、一六一三～八二）『日知録』、胡渭（字・朏明、一六三三～一七一七）『洪範正論』、毛奇齢（字・大可、一六二三～一七一六）『西河合集』、江聲『尚書集注音疏』、そしてさきの閻、王鳴盛の著書を、多紀家の蔵書の恩恵によりみている。[27] さらにはこれらの書に対する同時代的評価に関しても敏感であったのは、たとえば『西河合集』を引くにあたって全謝山（字・紹衣、一七〇五～五五）『經史問答』の「西河好作僞。毎自捏造以欺人如此」などといった語を援引しているのに現れている。[28]

いうまでもなく清儒の尚書研究はその今・古、真偽を論定するにおいて決定的な意味をもつもので、とりわけ閻『疏證』が「増多」部分が東晋以降に付加されたものであることを周到に証明し、王『尚書後案』、江聲『尚書集注音疏』は『疏證』も含めた清初よりの清儒の尚書研究を集大成したものである。[29]『尚書後案』は、冒頭の「尚書後案。何爲作也。所以発揮鄭氏康成一家之學也」との語に示されるごとく、鄭注を軸に『尚書』を読むことを意図するものであるが、のみならず王鳴盛は、吉川幸次郎らが指摘する鄭注の特性、すなわち当代（後漢）儒者の傾向の反映でもある彼の呪術的注釈、さらにはとりわけ鄭注特有の法則的・数理的解釈[30]を適宜取捨し[31]、「案曰」として王注、孔伝と疏への反論・修正を施し、さらに「辨曰」として諸論の博捜に基づく持論を展開する。この書と『尚書集注音疏』、そして『疏證』は尚書研究の最重要なものである。

王鳴盛、江聲と履軒はほぼ同世代であり、履軒が『後案』『音疏』『疏證』をみていないのであれば、彼における『尚書』研究と清代尚書研究の達成との比較も重要な課題となる。また、履軒より一世紀以上前に生まれた閻若璩（一六三六生）は、「天下の学術は真と偽なるのみ。偽なる者苟も存すれば、則ち真なる者必ず蝕む所と為らん」と、その旺盛なる原典批判の精神を吐露する（『尚書古文疏證』第百二十二章）。履軒も実に辛辣な「偽書」批判を展開しており、この点の比較も興味深い。

さて、尚書研究における清儒の意義についてはすでに諸研究が示すところであるが、『朱子語類』巻七十八の「尚書注幷序、某疑非孔安國所作」との語に象徴されるように、「書序」ならびに孔安国「伝」、さらには注への疑義は早く宋儒によって呈されていた。とりわけ呉棫『書疑』は今文／古文の差異に着目、さらにはのちに「偽古」と断定されるにいたる諸編に対し具体的に疑義を呈するもので、『書纂言』は古文尚書の「偽古」部分を「断定」した最初の書といえ、とくに彼による①経文「増多」箇所二十五編が東晋梅賾による偽作であるとの指摘（呉澄『今文尚書纂言』五ウ〜六ウ）、②孔安国（孔子十一世の孫）の「真古文」は伝わらず、のちに張覇が「偽作」したものと混同されていること（「孔壁眞古文書不傳。後有張覇僞作」〈同、六ウ〉、「古經十六巻者。即張覇僞古文書二十四篇也」〈同、七オ〉）、さらに③伏生から欧陽生、大・小夏侯（夏侯勝・夏侯建）に伝わった「今文」（これすなわち「真古文」とほぼ同一なのはのちに王鳴盛、大田錦城などが指摘）が漢代以降途絶えたこと（「漢世大小夏侯欧陽氏所傳尚書。止有二十九篇者。廢不復行」〈同、七ウ〉）の指摘は注目されよう。[32]

さきにあげた呉棫『書裨傳』、林之奇『尚書全解』、『朱子語類』「尚書」、王柏『書疑』も重要だが、『書纂言』によるこれらの指摘、経文も含めた偽書の「断定」は重要で、大田錦城による「尚書増多二十五篇ノ僞書タルハ（中略）元ノ呉澄カ纂言ニテ刊《けず》リ去タリ」との指摘（『梧窓漫筆』後編・下、三十六ウ）が象徴的である。[33]履軒はこの書を、晩年の作である『逢原』ではなく『雕題畧』の段階で引用している。本章では、この点に留意しながら、さらには履軒とほぼ同時代に成立した王『尚書後案』、さらには閻『疏證』などとも比較しながら、履軒の説を検討する。

二　履軒の古文経「原典」批判

(a)『尚書』の生成過程、諸系統本についての基本認識

王鳴盛と履軒は見解を同じくするところも多いが、注目すべき相違点も散在する。「尚書後辨」は『尚書後案』の末尾に付加されたもので、「孔序」、『漢書』「藝文志」(「漢志」)ならびに「儒林傳」等の誤りを適宜正し、「辨曰」として展開する自説においては「偽古」箇所も忌憚なく摘発するもので、位置づけとしては履軒の『雕題畧』末尾に付された「雕題附言」がこれにあたるともいえよう。以下、この「後辨」とも比較しながら、履軒の見解をみる。

まず、履軒の『尚書』諸系統の相違に関する基本的な認識についてだが、彼は『尚書』今・古文の相違、さらには現在通行の「古文尚書」が司馬遷、班固、馬融らがみた漢代のものと異なる、東晋からのものであることを認識している。

(又)按。孔氏古文尚書。班馬皆言之。蓋非虛妄。但所謂古文。又與梅賾古文殊。夫史遷既問安國入其書。而其書所記録與梅賾古文。大不同。可以見已。自梅賾古文行于世。而歐陽夏侯之尚書廢矣。故堯典微子諸篇之異同。今不可考。但金縢一篇。本紀次序解説。大與梅賾殊。而班史稱史記金縢用古文之説。是不亦明證乎。

(「雕題附言」、二ウ)

(また思うに、孔安國の「古文尚書」については、班固、馬融ともども皆なこれについて語っているのであり、けっして虚妄などではない。但し所謂「古文」というものは、梅賾の(偽作した)古文とは殊なるものである。司馬遷は、彼が

『史記』に『書』を引くにあたっては、安國から既に直接話を聞いているが、その記事（『史記』に引く『尚書』からの引用文）と梅賾の古文とは大いに異なるものであることからも、これは歴然としている。梅賾による古文尚書が世に通行するようになってからは、欧陽、夏侯らのみていた『尚書』は廃れてしまった。故に「堯典」や「微子」といった諸編の異同について、今日考えることは不可能である。但し「金縢」編に関しては、（『史記』）「本紀」の次・序にあるものと梅賾のそれとは殊なる。『漢書』にある、『史記』には「金縢」の古文の説を用いたとするところのものも、これまたその確かな証左となろう）

ただし漢代通行の古文と現行のそれとの違いは『書疑』や『書纂言』にも明言されており、したがって『通志堂經解』をみていたであろう履軒におけるこれの認識は別段特記には値しない。一方、右の語には明言されていないが、「金縢」編を「偽書」とするのは管見では履軒ただ一人であり、これについては別途検証を試みたい。

つぎに履軒における諸系統本の伝承経緯に関する認識についてだが、「附言」冒頭で『史記』「儒林傳」、『漢書』「儒林傳」を引いたあと曰く、

按尚書論古今文。莫先於史遷。而言之可據。亦莫若史遷也。史遷言伏生壁蔵後亡数十篇（但し「今文二十九編」は存在——筆者）。然則孔序所云。伏生失本經而口授。及衛宏所云伏生使其女傳言教錯。皆横加誣誣耳。（「雕題附言」、二オ）

（思うに、『尚書』の古文、今文について論じたのは司馬遷が最初であり、また、その言は最も信頼するに足るものである。遷は伏生が（『書』を）壁に隠した後、そのなかの数十編を失ったことを言う。しかれば（これは、「しかしながら」であるのは後述）「孔序」のいうように、伏生は本経を（すべて）失い、伝承は口伝えのみによったとの説、及び衛宏が（伏

生の）娘に伝えせしめたとする説は、皆なでたらめを言っているに過ぎない）

伏生からの『尚書』二十九編（履軒がこれを二十八編＋偽太誓一編と認識していることはのちに触れる）伝承についての記述は、『史記』「儒林傳」、『漢書』「鼂錯傳」、「儒林傳」、『論衡』正説編、さらには『漢書』「儒林傳」注引の衛宏「尚書序」ならびに「楚元王傳」に引かれる劉歆「移太常博士書」などに見られるが、ここで履軒は、『史記』の、伏生が「壁蔵」後に書数十編を失ったものの、二十九編が残ったとの説（「伏生求其書。亡数十篇。獨得二十九篇」「列傳」第六十一）に鑑みながら、「孔伝」（孔安国の「真古文」）の本経がすべて失われ口授されたとする説、衛宏の口伝説をみな「横加詆誣耳」と否定する。いうまでもなく履軒が批判するのは、「濟南伏生。年過九十。失其本經。口以伝授」との「孔安國尚書序」（偽書）の語、ならびにその「疏」の「伏生壁内得二十九篇。而云失其本經。口以傳授者（中略）傳教既久。誦文則熟。至其末年。因其習誦。或亦目暗。至年九十鼂錯往受之時。不執經而口授之故也」である。[34]

本経亡佚説は陸徳明（？～六三〇）『經典釋文』にも「伏生失其本經。口誦二十九篇傳授」と記されている（巻之一）。王鳴盛は、徳明が東晋梅賾の『尚書』（梅本）を「古文」とする「無識」を批判する（「後辨」〈『後案』巻八、十四ウ〉）が、徳明が本経を「亡」としたのは梅本の「孔安國伝」（「孔伝」）を無批判にとったためであろう。

「附言」の語に戻ると、続けて履軒は「夫伏生以尚書教授于齋魯之間。固無本經不録之理」（伏生は『尚書』をもって齋・魯の国で教えていたのだ。本経が「録《そな》わっていなかった」との「理」があり得ようか）と述べ、「孔序衛宏之欺」の甚だしきが批判される（二オ）。この、履軒による「本經亡佚」説の否定は重要である。すなわち、履軒がみた『尚書』研究は、既述のとおり元・呉澄『書纂言』までで、『書纂言』は「錯所不知凡十二三。略以其意屬讀而已」との「孔伝」ほかにある語をそのまま引き、さらに「夫此二十八篇。伏生口授。而鼂錯以意屬讀者也」[35]と、今文はあくまで「口伝え」されたのみとの立場をとっている。中国における「亡佚」説の批判はあくまで清儒の研究を俟ち、履軒の同世代の日本儒者の説にも「亡佚」説批判はみあたらない[36]。

さて、履軒の説を王鳴盛「後辨」と比較すると、「本経を失った」との孔伝説が誤りであるという点で履軒と王は見解の一致をみるが、逆に衛宏説については、王は是としている。「後辨」所収の「孔安國序」に、顔師古の引く衛宏「尚書序」の言も含めて曰く、

孝文使朝（鼂）錯往受伏生書。顔注引（ママ）衛宏尚書序云。伏生老不能正言。使其女傳教錯。齋人語與潁川異。錯所不知十二三。畧以意讀。宏此言是也。（二ウ～三オ）

（孝文帝は、晁錯をして伏生に『尚書』について学びに行かせた。顔師古の引く「衛宏尚書序」には、「伏生は年老いていて正言することができず、その娘をして晁錯に教えせしめたが、斉人の語と潁川《えいせん》の言葉には違いがあり、晁錯が理解できない言葉が十に二、三あったので、憶測も交えながら読んだ」とある。宏のこの言は正鵠を射ていよう）

「後辨」ではこのように、伏生の年齢、斉語と潁川語との差異からよく伝わらない部分があったとする「宏此説」を「是」とするが、しかしその上で王鳴盛は、「僞孔則意謂。伏生失其本經。口以傳授。生縦耄。何至家無本經。僞孔特誤会衛宏之言。遂妄造此語。其實不然」（同、三オ）と、「縦《たと》え伏生が耄《お》いて」いたとしても、それ故「本経が亡佚」したとするのは衛宏説の誤解（あるいは曲解）に起因する誤り、偽説の「妄造」だとしている。さらにこれは「作僞者。特欲抑伏以自伸」ゆえであり、今文諸派を排斥すべく偽孔伝の作者が講じた策略であると、富永仲基「加上説」を彷彿させるごとく論難する（三オ）。

履軒は、『書』の編数についても以下の見解を示す。

按經二十九卷者。謂伏生書二十八篇。與僞泰誓一篇也。篇各為卷。故二十九卷也。古文經四十六卷。即孔氏家書。與伏生合有二十九篇。而憎（増）多逸書十六篇。及百篇之序者一篇。亦篇各為卷。故四十六卷也。顏師古孔穎達。皆泥梅賾之書。以此四十六卷。為五十八篇之書。謬甚。（「雕題附言」、六ウ）

（思うに、経二十九巻とは、伏生（今文尚）書二十八編に偽書「泰誓」編一編を加えたものであり、各編が各々各巻を為すので、二十九巻となる。「古文経」四十六巻とは即ち孔氏の家書であり、伏生の二十九編と合するに増多の逸書十六編、さらには「百編の序」なるもの一編があり、これらがまた各々巻を為す故に、四十六巻である。顔師古や孔穎達は、皆な梅賾の書に泥《なず》んでしまい、その四十六巻をもって五十八編の書としているのは大変な謬りである）

ここで履軒より三十三歳下、十八世紀末日本における『尚書』研究の泰斗、大田錦城の説をみよう。錦城はまず、『史記』に引かれるのは伏生今文二十九編と安国古文三十四編からのみであると指摘する。

遷已從安國受書。而其作史記。具載書文。然皆伏生二十九篇安國三十四篇之文耳。不載今之增多一言一句。則今之增多二十五篇。非後人僞作而何也。（『九經談』巻之七「尚書」、八オ）

（司馬遷はすでに安国に従いながら『尚書』について教授され、そして『史記』を作り、『書』の文を載せている。よって（『史記』にある）文は皆な伏生（今文）の二十九編と安國（古文）の三十四編からのものだけである。現行の「増多」諸編からは一言もまったく引かれることはない。されば、現行「増多」二十五編が後人による偽作でないわけがない）

この編数の相違については、王鳴盛『後案』にも、「三十四篇者。即二十九篇」とあり、「安國得古文。（中略）其中分盤庚太誓各爲三分。顧命爲康王之誥。故三十四也」（巻之一、一オ）と相違の根拠が述べられている。王はさらに、「至杜林衛宏賈逵及馬鄭。則用歐陽本」（「後辨」四ウ）と、鄭玄らが用いたものが「欧陽本」系統であったと特定している。また、『後案』に先立つ彼の『十七史商榷』では、「經二十九巻。班氏自注云。大小夏侯二家。此則指伏生今文也」（巻二十二、漢書十六、一オ）としており、この段階においては、王鳴盛は、欧陽生→大・小夏侯に伝わったものは「今文」であったと理解していたことになる。

錦城に戻るが、また曰く、

安國之得古文。蓋多不能讀。然其三十四篇。與伏生二十九篇同。故得比校以讀之。其佗二十四篇。及零碎文字。皆不明辨。故附載之耳。　（『九經談』巻之七「尚書」、十ウ〜十一オ）

安国の古文尚書は読み難いものが多いが、その中の三十四編は伏生の二十九編と同じなので、これと比較して読むことができ、その他の二十四編に関しては解読不可能なので、付載するのみにとどめているとしている。

また、「今文」にはない真古文十六編（逸書）に関しては、

史記殷本紀。載湯征文五十七字。載湯誥文百二十六字。劉歆三統曆。載武成文八十二字。載伊訓文二十四字。是皆安國古文。眞增益逸書十六篇二十四篇。而其湯誥武成。與今之增多湯誥武成。迥然不同。則今之增多二十五篇。非後人偽造而何也　（同）

（『史記』「殷本紀」には、「湯征」の文から五十七字、「湯誥」の文から百二十六字、劉歆「三統暦」、さらには「武成」の文から八十二字、「伊訓」の文から二十四字が載せられているが、これらは皆な安國の「古文」にあるものであり、失われた「真書」（十六編。「九共」を九編に分けると二十四編）である。しかし、（『史記』に引かれるところの「湯誥」なら

びに「武成」の文と、現行の「増多」編の「湯誥」「武成」の文はまったく異なるものである（迥然不同）。よって現行の「増多」二十五編が後人による「偽造」でないわけがない）

と、『史記』に引く各編の語と同じ編名の現行「増多」の語の相違から、後者が後人による偽作であることを指摘する。(37)

また、現行の（増多）「湯誓」の辞は「安国の見ざる所」であり（九オ）、同じく「泰誓」もまた然りである（同）ことを述べ、これらを根拠に、現行古文の「増多」十六編が、逸書である安国古文十六編とは異なるものであると断じている。その上で、「魏徴曰。晉世秘府所存有古文尚書經文安國眞古文附眞増益者。今無有傳者」との『隋書』「經籍志」の言を引いたあと、「於是乎王粛之徒。贋造今之増多二十五篇。以廢鄭玄所傳増益二十四篇。又僞作孔傳。以破鄭玄所注矣」（同、十一オ）とし、王粛を偽作者と断定、さらにそれは、鄭玄を「廃る」のが目的であったとしている。ただし錦城、『梧窓漫筆』では偽作者を皇甫謐だとするにいたっている（「後編」下、三十八オ）のは、王鳴盛「後辨」の「僞書。非王粛作。即皇甫謐作。大約不外二人手」（『後案』巻八、十三オ）との説、さらには「撰孔傳。蓋出皇甫謐」（『後案』巻一、一ウ）との説にのちに首肯するにいたったためとも考えられる。

さきにみたように、「斉魯の間」に「本経」が存在していたとする立場の表明においては『史記』の説を是とする履軒だが、後段では、「古文」尚書に関する限り、司馬遷も「偽書」しか見ていないとしている（五オ、後述）。この点に関し、宋・王柏『書疑』は、『史記』に引かれるところの『書』にはいくつかの系統のものが混在するも、伏生「今文」のものも少なくないとする立場をとる（「観史記所載。雅俚雑糅。雖多太史公妄加點竄。而伏生本語。亦不爲少」〈巻一、三オ〉）。ただ、今文尚書そのものは亡佚としている（「予欲獨求伏生尚書。已不可得」〈同、二ウ～三オ)」。

いわゆる「張覇百両編本」に関しては、すでに『漢書』「儒林傳」に、これが前漢の東萊張覇による別系統のもので、取るに足らぬ拙文が混在したものとの指摘がある（「世所傳百両篇者。出東萊張覇。分析合二十九篇。以為数十。(中略)為作首尾。凡百二篇。篇或数簡。文意浅陋」）。履軒はこれを引いたあと、次のように述べる。

按劉向所校中書。即安國所獻之古文矣。孔穎達乃謂。劉向班固之徒。不見安國古文。而以張覇之書爲古文。蓋孔穎達以梅賾之書爲眞古文。遂以劉向所校中書。爲張覇之書。誣甚。孔穎達又稱。張覇之書。為五十八篇。與儒林傳不合。亦不知何所據。

（「雕題附言」、六オ、現代語訳は省略）

孔穎達による、劉向、班固らのみた「古文」が実は張覇の別本であったとの批判を覆し、孔穎達こそが梅賾の偽書を「真古文」と誤解した張本人であると論難している。さらに穎達による編数の認識にも間違いがあることを指摘している。

履軒は、伏生より欧陽生、張生に伝えられ、その後児寛、大・小夏侯など三家に伝えられた所謂「今文」尚書と「古文」の相違のみならず、「孔安国」古文、壁中本（魯恭王本）、中古文（中書）本、河間献王本、張覇百両編本、そして杜林漆書古文本を識別している（「雕題附言」八オ、十オの図など）。

一方、諸系統本が各々特定の時代にどう認識され、また、真本がいつ、誰により偽書とされ、翻っては偽書が真本とされたかについての図式の呈示においては、十九世紀初頭の大田錦城の慧眼に一日の長があるといえよう。少し長いが、『九經談』「尚書」における彼の持論を以下に掲げる。

賈馬鄭王。古文宗師也。後漢書三國志。皆有明文。而馬鄭王三家注（ママ）。唐初猶存。隋志唐志釋文皆有之。至于唐初。以今之梅本增多及傳爲真本（ママ）。而立學官。無奈三家古文儼乎存世焉。於是孔穎達作正義。以鄭氏之書爲張霸百兩僞書。徵作隋志。以三家之書爲杜林漆書僞本。陸徳明作釋文。以三家之書爲伏生今文。三書皆成于同時。其言各殊。是謂後漢古文三冤矣。以假爲真。以真爲假（ママ）。其勢不得不然。夫子曰（『易』繫辭下――筆者）。誣善之言。其辭游焉。唐初三子之謂乎。

杜林以漆書古文傳衛宏徐巡。見于後漢書。夫杜林漆書古文。即安國科斗古文。後漢古文。即前漢古文。本無別本。又非異學。自隋志欲排賈馬鄭王古文。而僞以漆書爲別本。名儒如王伯厚。誤取焉。近世朱彝尊排梅本增多者也。毛奇齢佞梅本增多者也。其見大殊。然爲隋志所誤。皆以賈馬鄭王之學為漆書異學者。則一也。

（十二オ）

既述したように、錦城は王粛の「贋造」（十一オ）、梅賾による経文「増多」部分と「伝」の偽造を指摘するが、ここでは、『隋書經籍志』『（新）唐書藝文志』『釋文』の記述も斟酌しながら唐初期までは馬融、鄭玄の注が行なわれていたことを述べ、梅本が「真本」とされ学官に立てられたのはこの時としている。さらには孔穎達により鄭玄のものが「張覇偽書」とされ、魏徴により賈・馬・鄭・王の古文尚書の排斥が謀られるなか、彼らのものはすべて「杜林本」の「偽書」とされ、さらに『釋文』においては王粛本も含め「伏生今本」と看做され、「以假為真。以真為假」ごとくの混沌とした状況にいたったと批判する。

さきに触れたように、錦城は主たる清代尚書研究に触れている。しかし彼は、自分の「増多」箇所の摘発について、「後数年。得清人尚書集注尚書後案。皆略得吾意者也」（十三オ）と、これらはあくまで自分の独創的発見であって、王鳴盛らの知見は「吾が意を得たる者」とすら語っているのは金谷治も指摘するところである[38]。上の見立てについても、彼の独創か、はたまた清儒の知見の上に成り立っていたものかについては、『尚書後案』の舶来が『九經談』成立の十三年前であったこと（寛政三年〈一七九一〉）を考えると如何とも断定し難いが、たとえばさきの錦城の「湯誥」「武成」編の異同についても、「武成」編が「建武之際」に亡佚となったのはすでに閻が指摘、それを王も『尚書後案』より前の作である『十七史商榷』にて引いている（巻二十二、二オ）。

（b）「大序」の虚偽性についての基本認識

書「大序」が安国によるものではなく、魏・晋間につくられたものであることは、清儒の指摘を俟つまでもなく、すでに呉才老、朱熹らによる指摘があり、「伝」についても然りである。履軒も『朱子語類』巻七十八「尚書」の語を以下のように略挙する。


（朱子――筆者）又曰。書序。必不是安國倣（倣――筆者、後掲注39参照）。漢文粗枝大葉。今書序細膩。只似六朝時文字。小序断不是孔子倣（倣――筆者、同前）。

又曰。書序。細弱。只是魏晉人文字。陳同父亦如此説。

又曰。尚書註幷序。疑非孔安國所作。蓋文字善因。不類西漢人文章。亦非後漢之文（中略）書傳。恐是魏晉間人所作。托安國爲名。（「雕題附言」十ウ～十一オ）(39)

また、「大序」が後学による偽作であることは宋末の王柏『書疑』「書大序」に三つの根拠が示され、呉澄『書纂言』にても「偽作」とされる。ここでは、履軒が「大序」を偽作とする理由について、宋儒の説も念頭に、さらには錦城の説と比較しながら考察する。

まず錦城だが、『九經談』「尚書」において、「大序」に「巫蠱《ふこ》事」が述べられる（「書疏」では十六オ）が、この巫蠱の乱は征和二年（BC九一）、つまりは安国の死（錦城は「武帝中年」と推定〈七オ〉、実際はBC一四〇とされる）より後であり、この一点からだけでも「大序」が安国の作ではないこと明白であると論じる（『九經談』巻七、六ウ～七オ）。孔穎達『正義』にいたるまで繰り返されるこの過ちの元凶が、恭王「懐宅」と『書』の献上に関する『漢書』の説の誤謬にはじまり、とくに班固による「劉歆傳」の誤引がその主因であることを、『漢紀』、『文選』、王鳴盛「後辨」、朱彝尊（字・錫鬯、号・竹垞、一六二九～一七〇九）『經義考』の諸説を適宜引きながら論証する。曰く、

荀悦漢紀云。武帝末（『漢紀』ならびにそれを引く朱彝尊『經義考』「古文尚書考」では「時」――筆者）。孔安國家獻之。會巫蠱事。未列于（『漢紀』では「於」――筆者）學官。朱彝尊古文尚書考。宋版文選劉歆書云。天漢之後。孔安國（家）獻之。遭誣蠱倉卒之難。未及施行王鳴盛尚書後辨。藝文志劉歆傳誤脱一家字耳。蓋安國已死。天漢之後獻書者。安國家人也。此説自朱竹垞發之。足以證大序之僞造矣。（六ウ～七オ）

（荀悦『漢紀』に、「武帝末年において、孔安國の家人がこれを献上したが、巫蠱の一件があったので、いまだ学官に列せられることはなかった」とある。宋版『文選』所収の「劉歆書」に、「天漢の乱の後、孔安國（の家人）がこれを献上したが、誣蠱倉卒之難に遭って施行されるには及ばなかった」とある。「漢志」に載せられている「劉歆伝」には、「家」の一字が誤って脱落している。安國はすでに没しており、「天漢之後」に『書』を献じたのは彼の末裔である。この説は朱竹垞がはじめて明らかにしたものであるが、これのみでも、「大序」が「僞造」であることを証するに十分である）

続けて、「大序云。既畢會國有誣蠱事。（中略）夫誣蠱之亂征和二年也。天漢四年大始四年。然後爲征和。安國

没後不知其經幾年。獻書而遭誣蠱者。安國死後家人之事也。今安國口中乍為此言。非鬼語而何。大序僞造之述。至此昭然」（七オ）とする。

錦城は、朱彜尊『經義考』を手がかりに、『漢紀』と宋版『文選』所収の劉歆「移太常博士書」文言中の「家」の一字に着目、この、安国の「家人」を意味する一字が、それを引く『漢書』「藝文志」においては脱落していることを指摘、さきに触れた「誣蠱の乱」の勃発時期（「天漢」年間〈一〇〇～BC九七〉より後の「征和」年間〈BC九二～BC八九〉）が、錦城の推測する安国の没年（前述）から遥かに隔たることをもって、安国「自身」が『書』を献じたとする「漢志」の誤謬を指摘する。

ただし宋版『文選』、その六臣註版、李善注、そして「尚書後辨」所引「劉歆傳」（十九オ～二十オ）いずれに所収の劉歆書にもこの「家」の字はなく、よって上に引用した文の訳には括弧を付した。管見の限り唯一、『漢紀』孝成皇帝紀二巻・河平三年（BC二六）の記事とそれを引く朱彜尊「古文尚書考」に「家」の字をみるのみである[40]。また、右に指摘したように、『漢紀』と『經義考』では「献上」が「武帝時」となっているが、錦城は「武帝末」としている。もし『漢紀』の記述が正しく、さらに錦城の推測する安国没年（「武帝中年」）も是とすれば、安国「自身」による「献上」の可能性も残すこととなるが、やはり「誣蠱の乱」が征和二年で、それ故「未列于學官」との事実は動かないので、この可能性はないとみるべきであろう（また、朱彜尊『集外詩文』第三十九「與閻百詩論理古文尚書」にも「誣蠱の乱」に関する記述があり、「當依『漢紀』増家字為是」とある）。

ともあれ、錦城は朱竹垞の知見を勘案しながら、安国が有していた『書』の献上は彼の「家人」、末裔によるものであり、「安国その人」とすることの誤謬を指摘する。

そして、現在通行の大序「伝」、『孔叢子』、『孔子家語』の文の比較検討をもって、大序の「伝」、そして「大序」そのものが王肅一人による偽造であるとする。

蓋今之大序僞傳及孔叢子家語附録。皆出於一人之手。故其事與言。往往相符。則王肅之徒僞造何疑之有。學者比校三書。則知予言之不僞矣。（『九經談』巻之七、七ウ）

（けだし現行『尚書』の「大序」と「伝」、及び『孔叢子』『孔子家語』の「附録」は、皆な一人が書いたものである。であるからこそ、その事と言は往々にして相符合する。これ則ち王粛らによる偽造でないわけがない。学者は、これら三書を比校すれば、私の言っていることが嘘ではないのがよくわかろう）

一方、履軒は「大序」の偽作であることの根拠を二つあげる。まず、

按孔子序書者。次第之謂也。雅頌各得其所之類也。非序跋之序。若夫序跋之序。孔子之時無有也。僞撰家謬爲序跋之序。詩書皆爲之序。以托名孔子。可笑之甚。（「雕題附言」、七オ）

つまり孔子の時代とそれ以前においては、「序」とは「次第の謂ひ」のことであり、今日意味するところの「序」ではないとし、さらに「大序」は『史記』の文からの剽窃をもって作られたもので、これも「大序」が安国真古文ではないことを物語るとする。曰く、

梅賾之書叙。是剽窃（於――筆者）史記而作也。故其字句同者。不足爲疑。亦不特書。凡梅賾之書。有合于史記者。皆剽窃於史記也（中略）梅賾之書。非安國家書古文。明矣。（同、七ウ）

（梅賾による「書叙（序――筆者）」は、『史記』から剽窃して作られたものである。だからその字・句が同じであるのは、疑うまでもない。また、『尚書』のみならず、おおよそ、梅賾の書いたもので『史記』の文と合するものは、皆なこの書

から剽窃して偽作したものである（中略）梅賾の『書』は、安國が所持していた「古文」ではないのは明らかである）

さらには、「安國作書傳。絶無左證。今梅賾書傳。其解古文與解今文處。往々矛盾。是梅賾書傳。亦不出于一手」（同、八オ）とする。かく、梅賾の作った「書叙」すなわち「大序」は『史記』からの剽窃であること、安國が「伝」を作った証拠など存在しないことをあげ、これすなわち「梅賾本」と「孔安國本」が別個であることの証左であるとする。そして、「梅賾古文」中の「今文」箇所の解釈と「古文」箇所のそれとにまま矛盾が多いことをもって、ギリシャ古典『ホメーロス』よろしく梅賾古文尚書の「伝」が複数の者の手によることを指摘している。

(c)「壊宅」説と伏生「真本」の存在に関する見解——劉歆による偽作性の指摘

さて、伏生からの伝承説においては、「壁蔵」「壊宅」説の真偽、晁錯への伝承の「され方」の二点が常に問題とされてきた。これらは、漢初に伏生の「本経」を含め「真本」が存在したか否かの問題に直結するポイントとして重要である。

履軒はまず、恭王による壊宅説は『史記』にはなかった〈「史遷之時。本無是語〈壊宅——筆者〉」〈「雕題附言」、四ウ〉〉とし、これはまさしく劉歆による捏造であり、それが『漢書』にも無批判に引かれているとしている。「雕題附言」に曰く、

夫恭王懐宅之事。創見於劉歆移書。而班史取之又載之藝文。遂憎（懐徳堂版は「増」——筆者）入魯恭王傳。蓋史遷之時。本無是語也。治古文者之誇言也。（四ウ）

（恭王が孔子宅を壊し〈て『書』『論語』などの書物を得〉たとの説は、劉歆の「移太常博士書」において創《はじ》めてみえる。班固はこれをそのまま『漢書』「芸文志」に載せ、遂に「魯恭王伝」にも採入されるに至った。けだし『史記』にはもともとこのような語は存在しない。古文を治める者の誇言といえよう）

たしかに『史記』「儒林傳」には「秦時焚書。伏生壁蔵之。其後兵大起流亡。漢定。伏生求其書。亡數十篇。獨得二十九篇」と、伏生が秦の焚書の時に壁に隠した書物をのちに取り出したときには二十九篇のみだったことを伝えるだけ（儒林列傳第六十一）で、恭王による「懐宅」があったとの語はない。これに対し『漢書』「儒林傳」には「恭王懐宅」のことが述べられており、これを十八世紀後半の段階で「劉歆において創めて見ゆ」と断定しているのは管見の限り履軒よりほかにない。

そして実はこの劉歆、のちに「本経亡佚」説の端緒となることも「移書」に書いていた。履軒と王鳴盛が「本経を失った」とする「孔伝」の誤りを指摘したことは「第二節（a）」で述べた。『漢書』「楚元王傳」に引かれる「移書譲太常博士」（「移書」）をみると、「孝文皇帝。始使掌故晁錯。従伏生受尚書。尚書初出於屋壁。朽折散絶。今其書見在。時師伝讀而巳《ママ》」[41]と、「屋壁より出」た『尚書』は朽ち折れて散絶の憂き目にあい、これは「時師」が「伝読するのみ」であったと明言されている[42]。

履軒は劉歆が「本経亡佚」説まで偽作したとは語っていないが、「偽作」の端緒を新～後漢の歆に求めるのは、清末の康有為（字・廣廈、一八五八～一九二七）、呂思勉（字・誠之、一八八四～一九六七）といった常州学派の諸家を俟つ。とりわけ康有為『新學僞經考』において歆が徹底的に糾弾されるのだが、康は、秦の焚書や東晋における偽作よりも歆による偽作を重くみ、さらに『漢書』がこれをしばしば無批判に引くことを批判、たとえば『漢書』「律暦志」は、「漢書律暦志。全用劉歆三統暦。其引武成以逸周書考之。即世俘解也」と、そこに引かれる劉

歆「三統暦」はまさに『逸周書』「世俘解」であることなどを列挙する。(43)
しかし、この清末におけるかような動向のほぼ百年前、十八世紀末日本において、履軒が劉歆を偽作者と指摘し、さらには班固によるその無批判な引用を「班固の謬、彰、明なる哉」と手厳しく批判した点は、特記に値するものといえよう。
大田錦城も壊宅説に関し持論を展開、主に『漢書』「恭王傳」、王充『論衡』を引きながら、『漢書』「藝文志」の誤りを述べている。

恭王初好治宮室。壊孔子舊宅。以廣其宮。於其壁中。得古文經傳。恭王在位二十八年。其十五年在景帝之世。而其十三年。在武帝之世。（中略）藝文志誤言。武帝末魯恭王壊孔子宅。欲廣其宮。而得古文尚書。武帝末年。距共（恭――筆者）王之死四十年矣。四十年後壊孔子宅者。恭王之鬼乎。将再生乎。可笑之甚。特王充論衡云。孝景帝時。魯共王壊孔子教授堂。得百篇尚書。于墻壁中。此言得之。然則藝文志武帝。景帝之誤。不辨而明。

（『九經談』巻之七「尚書」、五ウ～六オ、現代語訳は省略）

「武帝末年」は恭王の死から隔たること四十年あまりであり、よって「壊宅」が武帝時に行なわれたとする「漢志」の説を、主に王充『論衡』に依りながら批判する。ただ錦城は、本経が存在したか否か、口授されるのみであったかには言及せず、劉歆の介在にも一切注意を払っていない。
つぎに、欧陽生、大・小夏侯に伝えられたものと伏生が伝えたものが同じものであるとする王鳴盛『後辨』の説にもどるが、これに関しては履軒も「歐陽生親受業于伏生。而授児寛及大小夏侯。非歐陽夏侯。徑晁錯之傳也」と、少々曖昧ながら晁錯経由での伝承も否定しない立場をとっている（二オ～ウ）。

（d）「古文書」の全面批判

これまで『七經雕題畧』「書」の末に付された「雕題附言」を中心に、日中の同時代の『尚書』研究との比較をしながら考察してきたが、履軒は、以下のごとく決定的な断定を行なっている。

按安國所獻古文尚書。今無其書。然亦僞書耳。劉向劉歆司馬遷班固之所見。此僞書也。茲諸人所援引稱說。可以見矣。（「雕題附言」、五オ）

（思うに、安國が献上した〈とされる〉「古文尚書」は、今は存在しないものだが、やはりこれもまた偽書である。従って劉向、劉歆、司馬遷、班固らの見たものも、やはり偽書である。よって彼らの〈「古文尚書」からとされる〉言を援引して諸人が述べるところの言説もまた然りである）

まことに大胆な指摘であるが、同時に大きな論争もよぼう。すなわち、履軒は、東晋以降通行の偽書（あるいは偽古諸編）はもちろんのこと、「孔安国」の「古文」尚書も「偽書」と断定、現行古文に混在する「今文」諸編を除き、劉向、司馬遷らがみていた「古文」もすなわち贋ものであったとする。その根拠として右に引用した語のあとに、孔氏の系譜が不確かであり、『孝経』『孔子家語』『孔叢子』といった書の「紕繆」もすでに先儒によって指摘済みであり、『逸礼』などについてもその「伝」が失われていることをいう（同、五オ）。あまり確固たる根拠ともいえないが、その上で、「孔氏子孫。及齊魯鄙儒。以孔子宅爲奇貨。杜撰妄論。自托孔氏。以售其詐耳。然古文尚書。亦不得以其出於孔氏而信之」（同、五ウ）と、かなり手厳しい語調で「古文尚書」の信憑性のなきさまを糾弾する。

ある面においてこれは、呉澄『書纂言』の「孔壁眞古文不傳」（六ウ、前出）もうけての判断であろうが、錦城の見解、あるいは康有為が「児寛受業於安國。歐陽大小夏侯學。皆出於寛。則皆安國之傳也。司馬遷亦縱安國」とし、「則今古文實無異本矣」（『新學僞經考』巻三上、十三オ〜ウ）とするところと大いに隔たる。

本章でみたように、錦城『九經談』「尚書」も「偽作」箇所の析出を詳密な考証をもって行なうものだが、「偽作」箇所の意味合いについては、履軒と根本的なところで立場を異にする。

古書引書之語。大抵湊集此二十五篇中善言嘉語。尽収不漏。（中略）故無違於道義者。蓋其精巧。非佗僞書之比。其作之者。卓然名家。非王肅爲之。則肅之徒高足者爲之耳。古尚書逸語。皆在此書。則此書。豈可廢乎。予故論增多諸篇。云其鼎則贋而其肉則美。豈不亦信乎。

（『九經談』「尚書」、十オ〜ウ、下の考察をもって現代語訳は省略）

さらに続けて、

眞僞之論與用不用殊。或曰。增多諸篇。多載嘉言。有裨補於治理。何以知其僞乎。（中略）辨眞僞與論用不用殊。增多之僞可辨。而其書之用不可廢。是天下萬歳之公論也。

（同、十ウ）

金谷治「日本考証学派の成立」でも言及されているが、錦城は、「道義」を教える「実用性」の側面での有用性の有無を基準に、「偽書」の全否定を忌避している。履軒との見解の相違をどう考えるべきか。

実はこれは、両者における「古書」の意味づけ、価値判断の基準の差異を呈出するものである。すなわち錦城は、後付けの文言であっても、「真の古文」の教説を敷衍する性質のものである限り有用であり、「偽文」は、

「此の数語を用ひて以て法と為」し、「統治の補助」となり、「其の鼎は則ち贋」であっても「其の肉」は「美」とすら語る。対し履軒は、「原典がどうであったか」にことさらこだわる。

錦城が偽書の有用な面を説くにあたって例示するのは、「有人引古舜典云。堯曰。咨。爾舜。爲君則仁。爲臣則敬。爲父則慈。爲子則孝。誰不知其僞乎」（同、十ウ）といった「原典」の意味を敷衍する言であり、偽作箇所や偽作者の割出しとは次元の違う意味での正当化であるとの見解もあろう。しかし、これは難しい問題で、『史記』『論語』『左傳』あたりに引かれる『書』『易』などの語、とくに原典を明記しての引用とはまったく別次元のことで、錦城は右の説明を、王肅らの偽作について語るなかで弁じているのであり、この限りにおいては、かような偽作の正当化は最も忌避されるべきことではないか。新〜後漢初の劉歆、あるいは王肅、さらには東晋の梅賾らの作るところのものを、「其の鼎は則ち贋」であっても「其の肉」は「美」としてしまうのは憚られよう。(44)

これと関連するが、吉川幸次郎も、「孔氏伝」（孔安國伝）は「魏晋の常識的解釈」をもって「彼此折衷」した結果であり、また、『尚書』という書物の解釈に最も適したその時代の解釈の産物であり、ある意味でこの書は「漢儒の『尚書』研究の集大成であ」り、「集注」にあたるものと位置づけている。極めて適確な「孔氏伝」の位置づけといえようが、増多諸編の扱いについては別途検討する余地があろう。(45)

履軒にもどるが、前述したように、劉歆「移太常博士書」記載の「壁中」本、「漢志」に言及される「中古文」本も含め、「古文」に関する限り、これらは「偽書」だとする立場を表明している。張覇百両編本の覇による「序」は「空造」（「雕題附言」、九オ）、安国が「書伝」を作したとの説は「絶無左證」（同、八オ）、これらはみな、「大抵小人之趨於利。猶蛾之趨於火」の行為であり、「爲文贋書。歴代不断」なものであるとし、いわゆる「古文」とされるものは経文、注文とも偽物ばかりであることを筆鋒鋭く糾弾する（同、八オ）。また、孔穎達ら孔子の子孫、そして斉・魯間の「鄙儒」らが「杜撰」をなし、「妄論」を好き放題に展開するのを手厳しく断罪

（同、五オ〜ウ、前出）し、『尚書』に関してはただ一つ、現行『尚書』に混在する伏生の「今文」のみを真としている。

総じて、「偽古」編の「断定」は元・呉澄を端緒とし、「偽古文」箇所の事例の具体的な列挙をもっての断定は閻若璩『疏證』においてであり、その後の清代諸儒もこれを基盤とする。王鳴盛『後案』も「若僞孔。則非古文。亦非今文也」と明言（『尚書後辨』十六ウ）、「偽孔本」は「東晋」に突如あらわれたもの（突出）との明・梅鷟『尚書考異』の表現も借りた見解を示すが、『史記』引用の「古文尚書」も含め「偽書」と断言するのは、履軒において特異なものといえよう。

小括　忌憚なき「原典批判」――中国の文献批判と比較して

本章にて考察した履軒、あるいはすこし前の伊藤蘭嵎、履軒の懐徳堂の先輩富永仲基（一七一五〜四六）らにおける辛辣な原典批判は、水田紀久の言葉を借りていえば、「斯道の始祖、聖人を絶対視せず、これらを、ただ後の立論者が権威と仰ぐ偶像と断じ、その超人格をも、思想発達の原則により、ひとしく相対的地位に定位し去る知的営みであるといえよう。」(46) 本章で示したように、履軒は、王粛、梅賾らによる「捏造」「剽窃」「誇言」の横行、孔伝などにおける「詆誣《ていふ》の横加」を指摘するのみならず、前節にてみたように、蘭嵎、錦城らも言及しなかった前漢末〜新の劉歆による偽作とその班固による無批判な引用なども析出している。

履軒のこれらの営為は、単なる「漢・魏回帰」とか「漢学の復興」ではない。なにより、彼の劉歆批判は、のちの康有為によるそれが多分に政治色の強かったものであったのとは異なり、価値中立的に一切の偏りを排し、純粋に文献的に「最適」と判断された「古典」とその「原解」のみを適宜客観的に析出、吟味・考究する営みであり、これすなわちまさしく「文献批判の方法」である。

かような原典批判、それを裏支えする客観性、批判精神は、「自由な学問」といった生易しい言葉で形容されるべきものではない。それは、再び水田の言葉を借用していえば、「実証主義をもって基本的条件となす近代科学研究と等質」の学問姿勢であり(47)、西欧の歴史家、そして科学者が長期にわたり、命がけで獲得していった知的基盤と比肩されるべきものである。

最後に、とくに大谷敏夫、木下鉄矢、濱口富士雄、井上進、吉田純らによる、注目すべき清代の経書研究(48)に関し、とくに本論と関連する限りにおいて触れておきたい。大谷の業績はこの時代の経世論を詳述するもので、木下のものも慧眼鋭くこれを論じ、さらには音韻の学にも及ぶものであり、濱口の著作は音韻に関する同氏の専論を収録する。これらの書はまた、清朝考証学に底流する儒学的な形而上学、明代学問の継承の様相などにも着目、これら各々の労作の詳察は本章の射程を遥かに超える。

その中において、吉田純の著作は、本章が主題とする『尚書』批判の姿勢に関することにも鋭意言及、とりわけ清代考拠家の多くにおいてみられる、いわば留保的とも形容し得る学問態度に着目、彼らにおける、極端な「弁偽」的姿勢への批判的傾向を指摘する(49)。吉田は、清初の顧炎武、あるいは本章でしばしば言及した王鳴盛、さらには閻若璩らも含め、彼らが経書の権威の全面的な剝奪を目指したと理解するのは誤りであるとする。これら清代考拠家研究の説を十全に引照しながら、清儒の営みが単純な文献批判ではなく、高度に政治的な判断や思想的な色合いを濃厚に反映させたものでもあったとする伊東貴之の指摘(50)も重要である。

翻って、履軒の忌憚なき原典批判は、「総ての」経書の権威の全面否定を目的としたものであったか。彼が『論語』・『孟子』、そして『中庸』を重視していたことはこれまでにも指摘があり(51)、現行『尚書』の「今文」箇所を偽書としなかったことからも、全面的な経書の否定が目的でなかったことは明らかである。そもそもそれが目的なら経学の精緻な考究という営為自体が自己矛盾であったといえよう。

しかし、「真書」の確定への努力の否定、経書の「無批判な」尊崇こそ、一方では妄信、排他性、自浄作用の排除を胚胎させる要因とはなるまいか。無論、木下、伊東らがそれぞれの次元で指摘するごとくの中国の学問環境における社会＝政治的状況が無制限な原典批判を許さなかった事実は看過できず、本論冒頭にて引いた履軒『雕題署』緒言の、「毀誉得喪を度外にお」き、「愛憎を新故に生ぜず」して「古経の未だ瞭かならざる」を「開明《ママ》」する営みは、ある意味では、異なる社会＝政治的状況下にあった十八世紀日本においてのみある程度可能であったものともいえよう。

もう一点、江戸儒者における文献研究を考える上で忘れてはならないのは、まず履軒や蘭嵎らの仕事は、宋末～元・王魯齋、同・呉草廬、明・梅鷟、郝敬らの批判的『書』研究を適宜参酌したものであったこと。そして、少しあとの錦城の研究には確実に清の閻若璩『尚書古文疏證』、王鳴盛『尚書後案』、江聲『尚書集注音疏』が反映されていたこと。ここに、「東アジア海域」をまたいだ実証主義的学問の発展的継承の足跡が認められるといえよう。

■付録1　本章で利用の中井履軒『尚書』関連著作・注釈書

○『尚書雕題』（履軒自筆、七經ノ内）。蔡沈『書經集傳』に頭注を中心とする書入れを施したもので、初頁の頭注に「尚書雕題」とあり。六冊、二七・五センチ×一九センチ、1-09-01 日本 SHI-C(2)。懐徳堂文庫蔵。成立年未詳（以下、履軒の著作については「典謨接」を除き未詳）。

○『尚書雕題署』（履軒手稿、七經ノ内）二冊、二三・〇センチ×一六・二センチ、1-09-01 日本 SHI-R(2)。懐徳堂文庫蔵。第二冊の末に「雕題附言」あり。

○『尚書雕題署』（七經雕題署二ノ一～二）二冊、二二・三センチ×一六・二センチ、旧一高文庫（現東京大学附属駒場図書館）蔵。「第一高等学校図書館」の印のほか、「桑名文庫」「白河文庫」の印あり。第二冊の末に「雕題附言」あり。

○『尚書雕題附言』（「雕題附言」のみ独立の冊）一冊、二四・〇センチ×一六・〇センチ。「雕題附言」との内題の次行に「尚書」とある以外は、懐徳堂文庫蔵、一高文庫蔵『雕題畧』「書」の第二冊末にあるものとまったく同じ。懐徳堂文庫蔵。
○「典謨接」（履軒手稿『七經雕題畧』一「易」三巻の末に収める。『懐徳堂文庫目録』には「尚書二巻付典謨接一巻」とあるが、実際には「易」の第三巻の末に収める。二四・〇センチ×一六・一センチ。1-09-01 日本 SHI-R(1)。懐徳堂文庫蔵。安永二年（一七七三）。
○『梅賾古文尚書』（中井積徳〈履軒〉自抄並傍注　水哉館遺書）一巻。1-03-00 正文 BAI。懐徳堂文庫蔵。
○『尚書』（中井積徳〈履軒〉訓点　安永年間刊本　皇都松梅軒蔵版　水哉館遺書）一巻。懐徳堂文庫蔵。
○『伏生尚書』（中井積徳〈履軒〉自抄並考定・訓点　水哉館遺書）一巻。1-03-00 前漢 FUK。懐徳堂文庫蔵。

■付録2　その他の日本儒者による『尚書』関連著作・注釈書

○伊藤蘭嵎『書反正』二冊、「序説」「堯典」のみ。本章では享保二十年（一七三五）版の蘭嵎手稿本（懐徳堂文庫蔵）を、明和二年（一七六五）の平安書林等版刊本（早稲田大学古典籍資料室蔵）と校合の上利用。なお、享保二十年写本と明和二年版の双方に「序説」があるが、前者巻之一巻首にある「書反正序」（「序説」巻の「書反正序説」とは別）が後者にはない。
○大田錦城『九經談』十巻（四冊）。文化元年（一八〇四）の須原屋茂兵衛等版の刊本と、秋田屋多右衛門等版（著者蔵）とを校合の上利用。
○同『梧窓漫筆』前・後編上下（四冊）。玉巖堂（和泉屋金右衛門梓）刊本（著者蔵）を利用。
○同『梅本増多原』四冊。写本、東京大学東洋文化研究所図書室蔵、国会図書館古典籍資料室蔵のものを利用。
○同『壁經辨正』三冊。写本、東京大学総合図書館蔵のものを利用。
○岡白駒『尚書解』一冊。享保二十年（一七三五）版（懐徳堂文庫蔵）刊本を宝暦二年（一七五二）版（早稲田大学古典籍資料室蔵）刊本と校合の上利用。
○下郷次郎八（學海）『尚書去病』一冊。安永四年（一七七五）写本（懐徳堂文庫蔵）を利用。
○赤松蘭室（訓点、序）『書疑』三冊。平安書林等版本、明和二年（一七六五）、早稲田大学古典籍資料室蔵。

〔注〕

（1）『七經雕題畧』緒言。書誌情報は付録1参照。武内義雄「懐徳堂と大坂の儒学」（『武内義雄全集』第十巻〈角川書店、一九八四年〉）、三五四頁に引用。

（2）同前。

（3）金谷治「疑古の歴史――元・明」（『集刊東洋学』第六九巻〈一九九三年五月〉、中国文史哲研究会）。のち『金谷治中国思想論集』下巻「批判主義的学問観の形成」（平河出版社、一九九七年）所収。引用の文言は後者の七五頁。

（4）これに関しては『懐徳』所収の湯浅邦弘、陶徳民らによる研究論文をはじめ、すでに多くの研究がある。

（5）武内、前掲注（1）「懐徳堂と大坂の儒学」。

（6）たとえば『雕題』十ウの頭注にある「劉向劉歆班固之徒所見。與司馬遷所見同。蓋安國家書十六篇古文是也。與梅賾之古文。張覇之百両異。而其書今亡」は、本章第二節でも引用する「附言」六オの「按劉向所校中書。即安國所獻之古文矣。孔穎達乃謂。劉向班固之徒。不見安國古文。而以張覇之書爲古文。蓋孔穎達以梅賾之書爲眞古文。遂以劉向所校中書。爲張覇之書。誣甚。孔穎達又稱。張覇之書。爲五十八篇。與儒林傳不合。亦不知何所據」（六オ）の「原案」といえるものであり、『雕題』十一オ頭注の「伏生書。無伊訓畢命。乃疑口受屬讀者非」との文言の、「本経」が伏生による伝授の際に存在していたか否かに関することも、「附言」二オの「夫伏生以尚書教授于齋魯之間。固無本經不録之理」とし、「然則孔序所云。伏生失本經而口授。及衛宏所云伏生使其女傳言教錯。皆横加誣耳」との説、すなわち「本経」は「亡佚」とする「孔序」、衛宏の説の「欺」の甚だしきことを批判するのと関連する。『雕題』十オの「安國作伝。絶無左證」との文言も「安國作書傳。絶無左證。今梅賾書傳。其解古文與解今文處。往々矛盾。是梅賾書傳。亦不出于一手」との「附言」に発展的に活かされている。

（7）たとえば『雕題』七オ頭注。

（8）これら履軒の諸書の書誌情報については付録1参照。

（9）同前。

（10）詳細は本章第二節以降にて考察。

（11）たとえば『辨道』第四条の「伏羲神農黄帝。亦聖人也。其所作爲。猶且止於利用厚生之道」との語の「利用厚生」、

第五条の「乃聖乃文」との語は「偽書」とされる「大禹謨」の語であり、『辨名』に「書曰」として引かれる語は、上巻にあるものは「堯典」（四ウ）、「臯陶謨」（八ウ、十七オ、二十八ウ）等「真書」とされる編からの引用が多いが、「咸有一徳」「説命」編あたりの文言も散見される。また、『書』に限らず「孔安国注」の引用がめだつ。春臺『詩書古伝』は諸々の書に引用される「偽古」諸編の文言も分け隔てなく含める。

(12) 本章では、『朱子語類』は大全和刻本（万暦三十二年刊本の翻刻の寛文八年版、第五冊に巻七十八「尚書」を収める）、『尚書全解』『書説』『書集傳或問』『書纂言』各々の書は『通志堂經解』所収版、『書疑』は『通志堂經解』所収版に加え、付録2に掲げた赤松蘭室が訓点を施した和刻本をあわせ用いた。

(13) ただし前掲の平安書林版刊本、懐徳堂文庫蔵刊本とも「堯典」までを収めるのみで、これ以降の諸編については未読。

(14) 関儀一郎編『日本儒林叢書』第十一巻所収の享保十九年（一七三四）刻本。同巻「例言」に、自序に「寶永五年（一七〇八）に稿本成り、享保十七年に刪定追補」したとあり。

(15) 同上『日本儒林叢書』第十一巻所収『辨疑録』、八一〜八三頁。付録2の蘭嵎『書反正』七オ〜十一ウに引く。ただし『辨疑録』に引く郝敬の語は引かず。

(16) 同前『書反正』、十一ウ〜十二オ。

(17) 天理大学附属天理図書館編、天理大学出版部、一九五六年。

(18) 書誌情報は付録2参照。

(19) 同前。

(20) 注(12)参照。

(21) この語は『朱子語類』「尚書」（巻七十八）にあり、履軒「附言」十一オ〜ウにも引く。なお、馬端臨『文献通考』では、「増多之書」ではなく、「安國増多之書」とされている。これを是とすれば、「詰曲聱牙」な「今文」諸編のみならず、「文従字順」な諸編も含めすべて孔安国古文であることとなり、東晋以降通行のものも含めすべて「真書」としていることとなる。馬端臨の父馬廷鸞は林之奇『尚書全解』も引くが、この書も、前述したように、「偽古」箇所も分け隔てなく注釈を付すものである。『文献通考』はこれを継承したものであろう。なお、『文献通考』における「安國」の語の所在については、東北大学大学院文学研究科中国哲学研究室の尾崎順一郎氏にご指摘いただいた。氏には他にもご批正をいただいており、ここに感謝の意を表したい。

また、古文の「真贋」の問題とは別に、文体の異質性指摘の端緒はいうまでもなく韓愈『進學解』である。

(22) ただし王柏の主張には多分に主観的判断が含まれるのは、金谷、前掲注(3)「疑古の歴史――元・明」にも指摘があり(同論文一二「書を以て伝わり書を以て晦矣し――王柏」)、筆者も同感である。一方、野村茂夫は、『書疑』こそが古文の「経」本文の批判の端緒であるとする。野村「疑「偽古文尚書」考」上(『愛知教育大学研究報告』第三四号〈一九八五年二月〉)、三七頁。

(23) 「伏生之所有。恐孔壁亦未必尽存。若以有無互相較数。密意所増者。未必果二十五篇也」(『書疑』「書大序」)。

(24) 『書疑』「王魯齊書疑序」。

(25) たとえば懐徳堂文庫に『尚書後案』があるが、これは皇清経解版であり、しかも昭和二六年に同文庫に寄贈されたものである。

(26) 関西大学東西学術研究所、一九六七年。

(27) 金谷治「日本考証学の成立――大田錦城」(源了圓〈編著〉『江戸後期の比較文化研究』〈ぺりかん社、一九九〇年〉、四九～五〇頁)。

(28) 大田錦城『九經談』巻之七「書」、五ウ。

(29) 清儒の『尚書』研究、とりわけ『疏證』については野村茂夫「疑「偽古文尚書」考」のとくに「中」(『愛知教育大学研究報告』第三五号〈一九八六年二月〉)に詳しい。『尚書古文疏證』は『皇清經解續篇』所収版(一八八八年)、『尚書後案』は乾隆四五年(一七八〇)の禮堂蔵版(早稲田大学中央図書館蔵)、『尚書集注音疏』は『皇清經解』所収版(一八二九年)を利用。

(30) 吉川「尚書孔氏伝解題」(『東方学報京都』第十一冊第一分冊〈一九四〇年四月〉)。のち『吉川幸次郎全集』第七巻(筑摩書房、一九六八年)所収、引用箇所は『全集』の二七二～七六頁。

(31) この典型例としては、吉川前掲書の二七三～七五頁にも引かれる「益稷」編の「萬邦黎献。共惟帝臣」に関する鄭注である。吉川も指摘するごとく、「孔氏伝」が「万国の賢者たち」との穏当な解釈を与えるのに対し、鄭注は実際に「一万の国」が存在したことを証明するための煩雑極まる説明を与える。『尚書後案』はほぼ毎条「鄭曰」として鄭注を付し、他の注を付し、その上で案語を付す体裁を保つが、「益稷」編のこの条のごとくの、ほとんど『聖書』の叙述を無批判に前提し、もって世界人口を一兆三千億としたり、アダムの寿命を九三〇歳としていた「普遍史的」聖書解釈を彷彿させるような鄭注はほとんど採らない。

(32) 金谷、前掲注(3)「疑古の歴史——元・明」にも王柏、呉澄が宋末~元初の博学の風潮、古書の真偽への意識を象徴する儒者としてとりあげられている。

(33) 近年の研究では金谷治、野村茂夫が「尚書の古文經そのものを偽とした」最初の人物として呉澄をあげる。金谷、同前論文書のとくに第十四節。野村、前掲注(22)「疑「偽古文尚書」考(上)」、三七頁。

(34) 『尚書正義』(阮元『十三經註疏附校勘記』、書疏一、十ウ、十一オ)。

(35) 前掲注(12)『書纂言』(『通志堂經解』所収版)、二ウ。

(36) 日本の儒者でも、たとえば久米邦武は幕末の儒者であるが、彼においても「亡佚」とはしていない(本書第四章「久米邦武と『尚書』研究」)。

(37) この点に関しては王鳴盛『尚書後案』「後辨」にも「孔壁眞古文。原有武成篇。至建武之際亡」(八十四オ。同様の言が八十四ウにも)とある。

(38) 金谷、前掲注(27)「日本考証学の成立——大田錦城」。

(39) 原文は以下のとおり。

「書序恐不是孔安國做。漢文麤枝大葉。今書序細膩。只似六朝時文字。小序斷不是孔子做。義剛。論孔序。漢人文字也不喚做好、卻是麤枝大葉。書序細弱、只是魏晉人文字。陳同父亦如此說。」

「尚書注幷序、某疑非孔安國所作。蓋文字善困、不類西漢人文章、亦非後漢之文。」

「尚書孔安國傳、此恐是魏晉間人所作、托安國為名。」

(40) 『漢紀』は中華書局版『両漢紀』評点本(二〇〇二年)を利用。朱彝尊『經義考』巻七十六(「尚書十四巻」)、九ウに『漢紀』のこの語が引かれ、つづけて「則知安國已逝。而其家献之」、「脱去家字爾」とされている。なお、『漢紀』における「家」の字の所在は前出の尾崎氏にご教示いただいた。感謝したい。

(41) 「移譲太常博士書」は『文選』「上書類」にも収める。

(42) ちなみに『文選』「六臣注」のこの語の注をみても、「翰曰。古書以竹簡為用。縄連之。故云。朽折散絶」と孔疏を敷衍するのみである。
(43) 『新學僞經考』全十四巻、巻三上、十四ウ（康氏萬木草堂版、光緒十七年〈一八九一〉刊〈著者蔵〉）。
(44) ちなみにこのたとえをもっての「偽古」箇所の評価は、若き日の著作である『梅本増多原』にもあり、また『梧窓漫筆』後編下、三十九ウにもその旨が記されている。
(45) 吉川、前掲注(30)「尚書孔氏伝解題」、とくに『全集』第七巻の二七二～二七三、二七五、二七六頁。ただ、朱子の「後漢人作孔叢子者。好作僞書」、あるいはまた「孔安國解經。最亂道」との指摘（『朱子語類』巻七十八「尚書」）も注目に値しよう。かような批判もまた朱子あるいは南宋という時代における旺盛な経学的批判精神の反映とのみかたもあろうが、やはり、新、後漢、さらには魏・晋～唐初の『尚書』増多諸編をめぐる諸々のことは安易に肯定されるべきものとは考え難い。
(46) 水田「富永仲基と山片蟠桃――その懐徳堂との関係など」（日本思想大系『富永仲基・山片蟠桃』岩波書店、一九七三年）、六六四頁。六四六～六四七、六七一～六七二頁ほかにも同様の主張あり。
(47) 同前、六五〇頁。
(48) 大谷敏夫『清代政治思想史研究』（汲古書院、一九九一年）、同『清代の政治と文化』（朋友書店、二〇〇二年）。濱口富士雄『清代考據學の思想史的研究』（国書刊行会、一九九四年）。木下鉄矢『「清朝考証学」とその時代』（創文社・中国学芸叢書、一九九六年）。吉田純『清朝考証学の群像』（創文社、二〇〇七年）、同「『尚書古文疏證』とその時代」（『日本中国学会報』第四〇号、一九八八年）。井上進『明清学術変遷史――出版と伝統学術の臨界点』（平凡社、二〇一一年）。
(49) とくに吉田、前掲「『尚書古文疏證』とその時代」。
(50) 伊東貴之「清朝考証学の再考のために――中国・清代における『尚書』をめぐる文献批判とその位相、あるいは、伝統と近代、日本との比較の視点から」（笠谷和比古編『徳川社会と日本の近代化』〈思文閣出版、二〇一五年〉）。
(51) 履軒がとりわけ『中庸』を最重視し、さらにこれもって忠・孝を宣揚、誠によるこれら二倫の実行を標榜していたことについては武内、前掲注(1)「懐徳堂と大坂の儒学」（『武内義雄全集』第十巻）、三五五～三五八頁にも指摘がある。

第三章　東條一堂の『論語』研究——權、道義と業務

はじめに

東條一堂（一七七八～一八五七、名は弘、字は子毅。通称は文蔵。一堂は号）は上総長生郡に生まれ、十二歳で京に出て以降十年間、皆川淇園（一七三五～一八〇七）に学び、帰府後は亀田鵬斎（一七五二～一八二六）に師事した。二十六歳で弘前藩督学となるも一年足らずで江戸に戻り、駒込、ついでお玉が池端に私塾「瑶池塾」を開き、門下の教育と経書の考拠を主とする著述に専心した。その一方で老中首座阿部正弘に月三回進講した他、沼津、盛岡、庄内、敦賀、長島各藩諸侯にも講説を行っていた(1)。

波多野太郎は「老子王注に対する東条一堂の文献学的研究の価値批判」にて、一堂は、王注を完全に復元するためにまず『釋文』を整序、その前作業として『永樂大典』、『文選』の李善注等をもって点勘を行ない、その上で王注の義例を擬定、さらにその完全復元版に拠って王弼の拠ったテキストを整理、さらには広く王注を引用する文献を渉猟し、訂補するという周到な作業を行なっているとする。「その精而確たること、易順鼎、陶鴻慶に相比肩し、簡而截たる論理の進め方と透徹さは、むしろ一堂が勝る」と、その考証の手続き、周到さを激賞する(2)。

また、『詩經標識』は「両漢以来　唐・宋・元・明にわたる諸書を渉猟」し、「あまねく先秦両漢の古書に関係資料を求め、傍捜博引、證左羅列して以て適解を得ようとし、名物訓詁は必ずこれを爾雅及び説文に本づけ」、

「正に清朝乾嘉の学風を受けるもの」と嵯峨寛氏は評する。(3)

『論語知言』[補注1]も先秦両漢の文献、とくに『爾雅』、『説文』、『釋文』、『國語』（とくに齋語）、『尚書大傳』等の博引に加え、毛奇齢、閻若璩、顧炎武、呉英、劉台拱らの清朝前期〜中期の考拠家の説、さらには乾嘉（一七三六〜一八二〇）の銭大昕『潜研堂文集』、阮元『皇清經解』までも引き、適解を得んと努めるものである。ただ、『論語知言』に限っていえば、清代考証、とくに乾嘉におけるその隆盛の方法論的屋台骨が文字学と音韻学にあったのに対し、(4)一堂の学（そして恐らくは淇園を除くほとんどの江戸後期〜幕末の儒者の学）に音韻学は反映されていない。また、文字学の面でも、字義研究が一堂学の重要な基盤の一であるも、字句の用例の羅列から帰納的に字義を導く姿勢が圧倒的で、(5)説文による傍証を行なっても、それにある字形や音声関連の記述にはほとんど言及せず、古代の字音、字形の吟味を通じて古人の考えにいたるといった学的態度は希薄である。清代説文学の到達点と目される段玉裁『説文解字注』の引用もない。一堂の著述の周密無比な考証のさまはすでに先学が指摘するところであるが、清代考証学、とくに乾嘉期のそれとの差異にも注意したい。

水上雅晴は、江戸後期の考証学の祖とされる大田錦城（一七六五〜一八二五）の学にみえる折衷的傾向を実証する一方、同学が考証を末、義理を本とする点を指摘、このような錦城の学が、表面的には義理の優位性を説くも訓詁考証を圧倒的に重視する銭大昕、戴震、方東樹ら乾嘉の諸学と趣きを異にすることを指摘する。(6)ただ、乾嘉においても銭大昕らの呉派は求詁の傾向が強く、戴段二王（戴震、段玉裁、王念孫・王引之）ら皖派の求是、哲学志向とは異なるとの見解もあり、また清学を文字と音韻・訓詁の考証に専心する学とみるか、あるいは古代漢語の文字や音韻原理の客観的で精細な考察の中に思想史的意義を読み込まんとする学とみるかもいまだ論争過程にある。(7)錦城の学の位置づけも、かような論争に鑑みて下されねばならないといえよう。

翻って一堂は、文政八年（一八二五）没の錦城と異なり、『皇清經解』にも通じ、字義の考証に関しては、錦城に比して乾嘉の文字学を多少継承する面もあるといえる。では、一堂の学は考証のみを専一とするものであろうか。これに関して、『論語知言』の、一堂がとくに重視した「學而篇」「子罕篇」において特徴的な一堂による論旨の展開がある。その一は、「子罕篇」の末にて權とは孔子が「極みを建つるの所以」とした「學の功」の、さらにその「極み」と論定し、さらに「權」が「非聖人不可用」とする朱子語を「尤非也」とする仁斎語を用い、權を格別賞揚すること。さらには「三人行」章にて「各人の行事に就きて、其の事の善なる処を択びてこれに従」うべしと、各人の「択定」を重視、また、「国家を裨益しむるの技術」としての「業務」は、「世運に従って私を以て革易すべき所あり」（ただしこの語は一堂の子息に付された論注）とするなど、独特の自律的判断の賞揚をみせている点である。以下、とくに權、道義・業務といった概念に着目しながら考えてみたい。

『論語知言』の權、道義と業務

まず、『論語知言』子罕編「可與共學」章における一堂の權論の特徴をみよう。

子曰可與共學章

按共。同也。共学同為此學也。是與適道対言。程朱皆不知與共之別。

按公羊伝曰。權者何。權者反乎經者也。反乎經然後有善也。反乎經。蓋基於孟子反經而已矣之辞。

韓詩外伝巻二。夫道二。常之謂經。變之謂權。懐其常道而挟其變權。乃得為賢。

茂卿曰。經者以持緯言。是道之大綱處。如為天下国家有九經是也。

原佐曰漢儒以經対權。謂反經合道為權。非也。權字当以禮字対。不可以經字対。

孟子曰。男女授受不親。禮也。嫂溺援之以手者。權也。蓋禮有一定之則。而權制其宜者也。故孟子以權対禮而言。不対經而言。漢儒蓋以湯武之放伐為權。故謂反經合道。殊不知經即道也。既反經焉能合道。天下之所同然之謂道。制一時之宜之謂權。湯武之放伐。蓋順天下之心而行之。誅一夫紂矣。非殺君也。及仁之至。義之尽。而非制一時之宜者也。故当謂之道。而不可謂之權也。先儒又謂權非聖人不可用。尤非也。夫權学問之至要。道之不可無權也。猶臨敵之将。應變制勝。操舟之工。随風転柁。若否則必覆師而致溺矣。故謂權不可輙用。則可矣。謂非聖人不可用。則不可也。孟子曰。執中無權。猶執一也。言学之不可無權也。

（按ずるに共、同なり。共に學ぶは同じく此の學を為すなり。是れ道に適うと対して言う。程朱皆な與と共の別を知らず。按ずるに公羊伝に曰く、「權とは何か。權とは經に反する者なり。經に反し、然る後、善有るなり。」經に反すとは、蓋し孟子の經に反するのみの辞に基づく。

韓詩外伝巻の二に、「夫れ道は二（あり）、常をこれ經と謂ひ、變をこれ權と謂う。其の常道を懐きて其の變權を挟す。乃ち賢と為し得る。」

茂卿（荻生徂徠）曰く、「經とは緯を持するを以て言う。是れ道の大綱の處なり。天下国家を為むるに九經有るが如き、是れなり。」（『論語徴』――筆者）

原佐（伊藤仁斎）曰く、漢儒は經を以て權に対す。經に反して道に合うを以て權と為すと謂ふは、非なり。權の字は當に禮の字に対すべし。經の字を以て対す可からず。

孟子曰く、男女授受するに親《みづか》らせざるは、禮なり。嫂《よめ》溺れ、之を援《たす》けるに手を以てするは、權なり。蓋し禮に一定之則有り。而して權（とは）其の宜しきを制する者なり。故に孟子權を以て禮に対して言う、經に対して言わず。漢儒蓋し湯武の放伐を以て權を為す。故に經に反し道に合うと謂う。殊に知らず、經即道なり。（漢儒は）既に經に反するは、焉ぞ能く道に合はん。天下の同然とする所、これを道と謂う。一時の宜しきを制す、これ權と謂う。湯武之放伐、蓋し天下之心に順じ而してこれを行う。一夫紂を誅する矣、君を殺すに非ざるなり。仁の至り、義の尽に及びて、一時の宜しきを制す者に非ざるなり。故に當にこれを道と謂うべし。而してこれ權と謂う可らず。先儒また謂う、權は聖人に非ずんば用う可らず。尤も非なり。夫れ權は学問の至要にして道これ權無かる可らず。猶ほ敵の将に臨むが如く、變に応じ勝ちを制す。舟を操るの工、風に随きて柁を転ずるが如し。若し否なれば則ち必ずや師を覆して溺れるを致さんや。故に權、輙ち〈たやすく〉用うべからざると謂はば、則ち可ならん。聖人に非ざれば用うべからざると謂はば、則ち不可なり。孟子曰く、中を執りて權無し。猶ほ一を執るが如し。学これ權無かるべからざるを言うなり」[補注2]

まず、程朱の「與共之別」の不認識を批判したのち、『公羊傳』權説について論じる。これは「桓公十一年九月」の伝文、「權者何。權者反於經然後有善者也」である[8]（「伝」原文では「乎」の字が「於」である）。一堂はつづけて『韓詩外傳』を引き、徂徠を引いたのち、『孟子』離婁章句上の淳于髠章からの引用文を含む伊藤仁斎の語を長々と引く。それをもって、まず反経合道を權とした漢儒に対し、「孟子以權対禮而言。不対經而言」と論駁し、さらに漢儒が経に反して道に合うとする理由は、ことに経がすなわち道であると認識しない故との仁斎説を付す[9]。いうまでもなく反経合道は、伊川をはじめ宋儒の多くが非を唱えたところである[10]。『公羊傳』は權に他の経伝にない積極的評価を付与するとは日原利國の指摘だが[11]、一堂もこの章を、「夫權學問之至要。道之不可無權也」との仁斎の語を用い、この点、両者は一致をみるが、同「伝」において權が道に「反する」とされている点には仁斎と違い非を唱える。

ところで一堂は、「湯武放伐」は「天下之心」に準じた行為であり、君殺しではなく、「一時之宜しきを制す」行為でもないとし、それは「経」ではなく「道」であるとする仁斎語を採用するが、仁斎は「一時の宜しきを制す、これ權と謂う」とした一方、後段にては「将これ敵に臨み、變に応じ勝ちを制す。舟を操るの工、風に随て柁を転ず」るを權とする。これらの行為は明らかに、一時の緊急避難的措置ではなく随時の適宜判断である。なお「湯武放伐」とも異なるといえようが、この点の権の位置づけの曖昧さを無批判に引いた一堂は、権の行為範型の措定に不明瞭な点を残す(12)。

徂徠は「湯武聖人也。聖人者。道之所出也」（湯武は聖人なり。聖人とは、道の出づる所なり）とし、道の制作者の行ないを道とするは「大いに然らず」とし、「漢儒以為權。仁斎以為道。皆僭妄已」（漢儒は権を以て為し、仁斎道を以て為す。皆な僭妄なるのみ）と、『論語徵』にて痛罵する。

この徂徠説の是非はともかく、ここでは、「先儒又謂權非聖人不可用。尤非也」との仁斎の語の採用に注目したい。ここでの批判の対象は、「權則非聖賢不能行也」（聖賢に非ざれば則ち権を行なうこと能わずなり）との『朱子語類』巻第三十七の語と思われる(13)。一堂は、権は「反経合道」に非ずという点では程朱に違わない。しかし、一堂が、仁斎語をもって「權非聖人不可用。尤非也」とするは、朱子に真っ向から異を唱えているといえよう。

かく、一堂は「可與共學」章にて、程朱、公羊伝、韓詩外伝、徂徠、孟子語にある権説を羅列する。しかし、『論語知言』の他の箇所や、波多野が詳析したごとくの『老子王注標識』における傍捜博引の本格的展開、爾雅、説文等の傍引をもっての証左の作業などはここでは影を潜め、諸説をめぐったのち、仁斎説を長々と引き、個々人の自律的判断としての権を賞揚する。これは、経学史上の権説からの逸脱ではないにせよ、独自の権説の展開への意図が読み取れる。では一堂は、各人の自律的判断を無制限に宣揚したのか。何を主張すべく仁斎説を用いて聖人に非ずとも権《つか》うべしとしたか。これに関し、増補本に所収の學而編「欲學孔子有道」と題される論注に着目したい。

按道義宇宙人事之祖也。奉天處人。孔子之所主唱。然則可不稱孔子曰宇宙道義之師哉。然人為有二義焉。一則道義。是也。一則業務。是也。道義檢束身心之規矩。而使與禽獸異之標的。是也。業務建立衣食住之事。

而使身有稗益於國家之技術。是也。故道義不可以私意變。而業務従世運有所可以私革易。然欲以孔子言行悉倣之。却非學孔子之道。徒擬之者也。與偶人何擇焉。所謂千羽之舞。為可以解平城之圍者。欲無扞格。可得乎。要之。務本不走末。基於之仁義。對於修身齋家治國安民。而施諸言行不差。則是以孔子道義之心為心者。則是孔子拡張之本意也。況三人行必有我師。擇其善者従之乎。若夫基於其道行權義。亦不妨也。(14)

（按ずるに、道義は宇宙人事の祖なり。天を奉じて人を處するは、孔子の主唱する所なり。然らば則ち孔子を稱して宇宙道義の師とは曰わざるべきなり。然るに人為るに二義有らんや。一則ち道義、是れなり。一則ち業務、是れなり。道義は身心検束の規矩にして、禽獣と異ならしむるの標的、是れなり。業務は衣食住建立の事にして、身に國家を稗益しむるの技術有らしむる、是れなり。故に道義は私意を以て變ずべからずして、業務は世運に従いて私を以て革易すべき所あり。然らば孔子の言行、以て悉くこれを倣《まな》ぶを欲しても、却って孔子の道を學ぶに非ざり。徒らにこれを擬す〈のみの〉ものなり。偶人と何ぞ擇《たが》わんや。所謂千羽の舞、以て平城之圍を解くべしと為すとは、扞格無きを欲す。得るべけんや。この要、本を務めて末に走らざる。これ仁義に基づき、修身齋家治國安民に対して而して諸の言行を施して、差《あやま》ず。則ち是れ孔子の道義の心を以て心と為すとは、則ち是れ孔子の拡張の本意なり。況や三人行なへば必ずや我が師あり。其の善なる者を擇びてかこれに従わん。若し夫れ其の道に基づきて權義を行なうは、亦た妨げずなり）

「人為るに二義有」るとした後、「宇宙人事の祖」「身心検束の規矩」とはあくまで「道義」そのものであり、これは、「私意を以て變ずべからず」ものとする。その上で、「衣食住建立の事」「身に國家を稗益しむるの技術」である「業務」は、「世運に従いて」、そして「私を以て革易すべき所あ」ると論定する。さらに孔子個人を「宇宙道義の師とは曰はざるべし」と、個人崇拝を否定、「孔子の言行」を「悉く倣ぶ」、あるいはそれを「擬す」のみでは「偶人」と違わず、それは「却って孔子の道を學ぶに非ざる」ものと、強く否定する。学びの対象を聖人、孔子に限定せず、続けて述而の「三人行なへば必ずや我が師あり」の語をひき、「其の善なる者を擇びてかこれに従」うべしと敷衍している。

その「三人行」章に関する『論語知言』の論注をみると、「各人の行事に就きて、其の事の善なる処を擇びてこれに従」うべしと、各人の「擇定」を重視、さらに「其の善を擇ぶとは、必ずしも一人を定むるに非ざり」「善を擇ぶに主在り」と敷衍する。つまり、学ぶ対象の全能性の否定とともに、各人の、人それぞれの長所の択定能力、さらにはその選択する主体の側の選択能力の重視を論じる。

ここでさらに増補本所収の學而編「學習字義及其變転」をみると、学の階梯のみならず学ぶ「対象」選択における一堂の思惑が看取できる。

按伏生之尚書大伝。學效也。可取。學善人所為。即其為文爻手□子。可知也。今又考之。學之為言。效也。習之為言重也。效係依彼得。修道之名也。習係独得之。練熟之名也。凡為子弟者。效父兄之善言美行。是子弟入時之效也。已就師正焉。汎接天下之人。又效其言行。是子弟出時之效也。故總謂之學。已學之。又不可不熟之。於是。数重襲所效。故謂之習。

（伏生の『尚書大傳』を按ずるに、学とは效なり。取るべし。善人の為すところを学ぶ。即ち其の手□子に爻《なら》いて文（かたち／すじみち）と為す。知るべきなり。今又たこれを考ふ。学の言為る效なり。習の言為る重なり。效とは彼の得るに依るに係る。道を修めるの名なり。習とは独りにてこれを得るに係る。練熟の名なり。凡そ子弟為る者、父兄の善言美行を效す。是れ子弟入（門）時の效なり。已に師に就きて正す。汎く天下の人に接し、又た其の言行を效す。是れ子弟出でたる時の效なり。故に總じてこれを学と謂う。すでにこれ学びて、又これに熟さざるべからず。是こに於いて数を效す所を重ねて襲う。故にこれを習うと謂う）

一堂がここで、誰に学ぶべきと論じているかに注目したい。「父兄」も学びの対象とし、その「善言美行」を効《いた》し、「汎く天下の人」の「言行を效す」を主唱する。なお大伝の「學とは效」に対し「善人の為すところを學ぶ」と敷衍し、子弟たるものはまず、「父兄の善言美行を效」し、そして「汎く」天下の人に接し效すべしとしている。ここでは学ぶ「対象」の多様を言い、さきの「欲學孔子有道」では「善なる者」を「選定」するを言い、「道に基づきて權義を行う」べしとしている。

ここまでの一堂の主張を整理すると、彼において、道義は「宇宙人事之祖」、不可変の「規矩」である。しかしこの道義を学ぶに際して個別崇拝は排除し、学ぶ対象の「択定」における個々人の裁量性を厳然と主張する。さらには「國家を稗益しむるの技術」としての「業務」を「道義」の対概念として設定、これについては、「私」をもって「革易すべき」、「權義」すべしと、各人の自律性を賞揚している。これが、一堂の策定するところの各人の「自律的判断」の及ぶ範囲といえよう。

この点を意識しながら、「可與共學」章に続く「唐棣《とうてい》之華」章の考察に移ろう。この章、朱子は「先儒誤以此章連下文偏其反而為一章」（先儒、誤りて此の章を以て下文に連なる一片〈かたがわ〉とし、其れ反って一章と為す）とし、あらためて二章とし、別々に注を付した。これは、「朱子従笵蘇二氏。分唐棣以下為別章。是也」（朱子は笵蘇二氏に従って唐棣以下を分ち、別章と為す。是なり）と安井息軒に指摘されているように、朱子は笵蘇両氏にならい、このように構じた（『論語集説』子罕 案語。息軒も二章に分けて注を付すが、この案語に関しては、息軒は二章に一括して付す）。これに一堂は批判的であり、古注にならい、「唐棣之華」章の考察を前章と一括で行う。これは、一堂が朱子説をとらないことを示そうが、根本的な理由は、たとえば皇疏（南朝梁・皇侃『論語義疏』）の「此章明權道之難也」（此の章、權道の難きを明らかにするなり）との語のごとく、古注は「唐棣之華」章を前章の權論の続きとし、一堂もその立場をとるからである。曰く、

前章説學至於可與立。未可與權而止。權也者學問之極耳。夫既可與立矣。尚未可與權。則學之至於其極。（『論語知言』「唐棣之華」章）

（前章は學を説くに、與に立つ可くに於て至るも、未だ與に權《つか》う可らず、而して止む。權也る者、學問の極みなるのみ。夫れ既に與に立つ可からん。尚ほ未だ與に權う可らず。則ち學これに於て其の極みに至る）

しかし、たとえば皇疏の「樹木之花。皆先合而後開。唐棣之花。則先開而後合。譬如正道則行之有次而權之為用。先反後至於大順」（樹木の花は皆、先に合して〈蕾になり——筆者〉後、開く。唐棣の花は則ち先に開きて後、合す。正道は則ち、これを行うに、次有りて、權これを用と為すが如くに譬ふ。先ず反して後、大順に至る）との語のように、古注は「反経合道」の立場をとる。何晏『集解』は「唐棣移也。華反而後合。賦此詩者。以言權道反而後至於大順」（唐棣とは「にわうめ」なり。華ひるがえって後、合う。此の詩に賦されるは、以て權とは道に反して後、大順に於いて至るを言う）と付す。

一堂は前章で、「經即道」とし、反経合道とする漢儒説を否定しており、この点では古注の權説と相容れないことは論を俟たない。翻って仁斎『論語古義』は朱注と同じく、二章を別々に注し、また、「唐棣之華」章を前章の權論の続きとして論じることはしない。前章で仁斎を長々と引用した一堂であったが、「唐棣之華」章では仁斎とは立場を異にする。

安井息軒『論語集説』をみると、その「可與共學」章、「唐棣之華」章においても、公羊の「反於經而後有善」が引かれ、さらに嫂論を展開し權の位置づけがなされる。各々の章についての『集解』、『集疏』の各説を付したあと、両章について一括して論じる「案」を設け、以下を論じている。

犯男女不授受之過軽。立視嫂死之罪重。權其軽重援之以手。所謂反經合道也。故權不可預設。而亦不可廢。唯能通常道。然後可臨変以制權。乃學問之極功也。故載之編末。以終孔子盛徳之事焉。

（男女授受せずの過ちを犯すは軽し。立ちて嫂死すを視ゆ、この罪重し。其の軽重を權《はか》り、これを援くるに手を以てす。いわゆる經に反し道に合うなり。故に權、かねて設けるべからず。而れども亦た廃すべからず。唯だ能く常道に通じ、然る後、変に臨みて以て權を制すべし。乃ちこれ學問の極功なり。故にこの編の末に載せ、以て孔子、盛徳の事を終わらんや）

息軒はここで、「男女不授受」を犯すは「軽し」とし、嫂瀕死の状態においてこれを看過するは「罪重」、よって權《つか》うべしと説く。しかし、嫂に対し「援之以手」を「反經合道也」とする。この点、息軒の見解は一堂と異なるし、よって宋儒の「反經合道」説の是非についても、両者は袂を分かつのはいうまでもない。

しかし、息軒は「唯能く常道に通じ、然して後」、「変に臨みて以て權を制す〈つかう〉べし」としている。これは一堂が『韓詩外傳』の語をもって「其の常道を懐きて其の變權を挟す」と説いたのに相同的といえよう。さらに一堂が「可與」章において「權は聖人に非ずんば用いる可からず」を「尤非也」とする仁斎語を採用していたのは述べた。実は息軒も、右に引用した案語の後半において、「或至有云自非聖人權不可行者」（或は聖人に非ずんば自ずから權を行う可からずを云う者有るに至る）と前置きし、これに対し、「若常人不得行權。是嫂溺而立視其死也。而可乎」（若し常人權を行うを得ずんば、是れ嫂溺れ而して立ちて其の死ぬるを視る〈のみ〉なり。而るべきか）と、一堂と同様の主張をする（『論語集説』子罕）。さらに、一堂の「權也者學問之極耳」との主張と同様に、息軒も權を政治とは切り離し、「学問之極功也」としている点も注意すべきである。程朱の説への見解において両者は微妙な違いをみせるが、「可與共學」章ならびに「唐棣之華」章における權の位置づけ、その賞揚においては、一致した見解をもつといえよう。[15]

さて、聖人とは学んで成るべきと明言したのは大田錦城である。『九經談』巻之五「論語凡七十七条」に曰く、「近世古学の言の、古へに学びて聖人と成れるものの無きとの説、此の言最も愚謬なり」と、聖人は学んでなるものに非ずとの徂徠の説を痛罵する。[16]ただ、錦城はこの痛言の前段にて、「制作とは聖知の事にして聖は作者の称に非ず」とし、その証左として中庸、左伝、孟子、梵語、尚書、史記、韓非子における用例を羅列、「皆な禮楽制作の人に非ざりて、聖を以て称す。則ち聖は作者の称に非ざるなり」とする。つまり、「作者」たる聖人に学んで成るべしとするものではないが、顔子、孟子、荀子の語をひいて、孟・荀の説には一定の距離を置きながらも、「是れ皆な学びて聖人を造すの明證なり」とし、さらに「学びて聖人を造すは是れ夫子の為す所なり。後の夫子を学ぶ者、又何ぞ夫子の為す所を為さざらんや」と強弁する。

一堂と異なる点は、錦城は「夫子の為す所を為」すべしとする点。錦城がこれを、前段の「學びて聖人たる」孔子の行為のみに限定して、これをまねるべきとしたのか、孔子の言動を周く效すべきとの意を示唆せんとしたのかは判断しかねる。後者の意であれば、徒らに擬するのみでは「却って孔子の道を学ぶに非ざる」とした一堂と袂を分かつ。いま一つは、錦城が聖人を「作者に非ざる」としたのに対し、一堂はそれを「道義の出ずる所」とするのは指摘した（「総説」最終章、前出。諸写本にはこの論注なし）。彼において「道義」とはすなわち「身心検束の規矩」であり「宇宙人事之祖」である。一堂は徂徠の如く学んで聖人となるを不可と明言するものではないが、「道義の出ずる所」たるべくを主張しているとは考え難い。この二点において、両者の見解には違いがある。しかし一方では、詳密なる考証をもって念慮、練熟し、それを積んで至高にいたるべしとした点は、両考証学者に共通の基盤とも考えられる。

小括

一堂は『論語知言』「可與共學」章にて、程朱、公羊伝、韓詩外伝、徂徠、孟子語などにある権説を引用するが、他の多くの章におけるような概念の周到な考証、傍証とその経学史における位置づけといった作業にはむかわず、「敵の将に臨」んで「變に応じ勝ちを制す」、「舟を操るの工、風に随きて柁を転ず」といった仁斎語を媒介に、個々人の自律的判断の賞揚としての権論を展開する。無論、個々の判断を無制限に賞揚することはなく、自律的に権義されるべきは、ⓐ学ぶ「対象」ⓑ学ぶべき人それぞれの長所、そしてⓒ上述の対概念のうち「業務」の範疇のことと限定しているのは十分に留意されるべきであろう。また、聖人の迹への盲目的固執は強く拒否し、「汎く天下の人」の「言行を効す」こと、「父兄の善言美行」を効すことを提唱する。一堂のこの主張は、師の鵬斎、吉田篁墩、そして懇意であった朝川善庵の師山本北山の三者の共通の師であった井上金峨の、「学問の道は自得に在り」(『師辨』)との言とも共鳴しよう。

それにしても、緻密な考証を身の上とする一堂における権説の〝飛躍〟をどう考えるべきか。これは本章の守備範囲を超える設問であろうが、江戸後期より幕末にかけての知的気候はその要因の一端を物語ろう。たとえば三浦秀一は、一堂の師である淇園は、学問勧奨ではなく民衆統治の必要から、牧民論のなかで性論を展開したとする。仁斎、徂徠らにより「中国伝統の性論から自由な思考を展開させうる素地が、学者たちのあいだで形成され」ていた上に、かような淇園による性論の展開があったとする。(17) 前田勉は、朱子学本来の「理」を逸脱する意味転換が横井小楠や尾藤二洲、古賀侗庵らの思想にみられ、基準としての「理」の問い直し、その産物としての万国公法としての「理」の鼎立を指摘する。(18)

これら「定準」自体の問い直し、読み替えを可能せしめた基礎的要素が、「問い直し」を可能にする豊穣な

「知識」であり、概ね徂徠以来発展を続け、十八世紀後半に大いなる発展をみた考証・文献研究のレベルの高さにあるのはいうまでもない。加えてとくに天保期以降は対外情勢の変化に対する認識の増大、それと相俟っての社会秩序の動揺なども加わり、儒者の世界も、これらによる既定の判断基準の再考、世界観の変化を強いられたといえよう。経学史上の權の位置づけより、応機応変を夙に賞揚する一堂の權論も、彼一流の豊穣な考証学的素養と幕末の社会変化と思想世界の動揺の化合的産物であると解することも可能ではなかろうか。

〔補注1〕『論語知言』は、一堂の曾孫東條卯作氏の所蔵本を底本に、内藤湖南博士の所蔵本をもって安井小太郎氏が校訂した刊本が『日本名家四書註釋全書』論語部六として刊行されている。また、諸橋轍次氏を校訂顧問に原田種成氏によって校訂が施されたものが『東條一堂著作集』（書籍文物流通会）の一として一九六五年に刊行された。しかしこれら刊本は、無窮會圖書館蔵の二写本、青淵論語文庫、大分県臼杵市立図書館蔵の写本、そして、茂原市立美術館蔵の東條家からの寄贈本、関西大学蔵の旧内藤博士所蔵の写本と比較すると、とくに緒言の部分（刊本では「總説」と題される箇所）、「學而篇」「子罕篇」を中心に、一堂の子息哲によるものと推測される大幅な増補が施されている。増補は、『論語字義』『一堂助字新釈』『助字解』といった一堂の字義研究の周到さを呈出する彼の他著書からの引用文のほか、『五辨』『字義考』『論語筆記』など、弟子が一堂の口述をとどめた書にある文言に酷似するものも多い。逆に上の諸写本間には、引用諸書からの文言の位置と一堂の按語に多少の出入はあるものの、大きな違いはないのを筆者は校合をもって確認した。この点に関する詳細は、拙著『武士／士族の責任意識と行為――武人性と儒学の相生的素養とその転回』（御茶の水書房、二〇〇八年刊行）第九章として所収の論文を参照されたい。本章はこれらの点に注意し、引用は特記のない限り東條家からの寄贈本を使用し、安井氏が「家蔵本」とする写本（すなわち大幅な増補が施されたもの）と内藤本との対校ののち翻刻された刊本は「増補本」と称し、引用の折にはその旨を適宜注記することとする。

本章では引用原文と訓読文、漢籍書名、さらに「」『』をもっての短い引用字句等には正字体を、その他には略字体を用いた。ただし本章の鍵概念である「權」は、すべて正字体とした。

〔補注2〕　本章に限り、一堂の主張のニュアンスをより重視するため、現代語訳ではなく読み下しを付した。

〔注〕

（1）老中阿部への講説は、同『事蹟』に記述あり。一堂の家は長生郡の豪農であったが、父親は医を生業とし、江戸に出た。一堂の著述物は多く、『論語知言』十巻、『論語字義』一巻、『大学知言』一巻、『大学講義』一巻、『中庸知言』一巻、『中庸講義』一巻、『孟子知言』七巻、『孟子字義』、『易経解』、『書経解』、『詩経解』、『春秋左氏伝解』、『古文孝経弁偽』、『孝経孔伝弁偽』、『今文孝経鄭氏解補証』、『孝経両造簡孚』、『漢以降訓詁説』、『宋名臣言行録標箋』（すべて一巻）のほか、『近世漢学者著述目録大成』、『漢学者伝記及著述集覧』、『日本教育史資料』巻二に計五十八種の著書名が確認される。

（2）同論文は『東洋学論集』（内野熊一郎博士還暦記念論集、漢魏文化研究会編、一九六四年）所収、引用箇所は一一四、一二一頁。

（3）前掲補注1『東條一堂著作集』『詩經標識』解題。

（4）清代考証学の方法論と理念については、とくに濱口富士雄『清代考拠学の思想史的研究』（図書刊行会、一九九四年）の第一編「考拠学の形成および解釈理念の思想的背景」が詳しい。

（5）『論語知言』のとくに「學而篇」における縦横無尽な傍捜博引のさまは一堂学の特徴といえる。

（6）錦城学を江戸後期～幕末期考証学の祖と位置づける代表は金谷治「日本考証学派の成立――大田錦城を中心として」（源了圓編著『江戸後期の比較文化研究』〈ぺりかん社、一九九〇年〉）。これに対し水上「大田錦城の経学について――江戸の折衷学と清代の漢宋兼採の学」（日韓共同シンポジウム「18―19C東アジア思想空間の再発見報告レジュメ」は、金谷の日本考証学の祖としての錦城学の位置づけに同意しつつも、清朝考証学との違いを強調、その折衷的傾向を指摘する。

（7）近藤光男『清朝考証学の研究』（研文出版、一九八七年）は呉派と皖派の明確な違いを提示する。濱口、前掲注（4）『清代考拠学の思想史的研究』は、とくに乾嘉期にピークをむかえる清学は、古代漢語の文字や音韻原理、とくに古音分部と、儒学の原理の道との相関に注目、明学の主観的思弁偏重を批判しつつもその理義尊重の姿勢を継承し、精密な経書の考察のうちに思想史的意義を析出せんとする学問であるとする。

（8）［経］九月宋人執鄭祭仲
［伝］祭仲者何、鄭相也。何以不名、賢成。何賢乎祭仲、以為知權也。其為知權奈何。古者鄭國處于留、先鄭伯有善于（檜）公者、通乎夫人、以取其國而遷鄭焉、而野留。莊公死、已葬、祭仲獎往省于留、塗出于宋、宋人執之。謂之曰、為我出忽而立突。祭仲不従其言、則君必死、國必亡。従其言、則君可以生易死、國可以存易亡。則突可故出而忽可故反。然後有鄭國。古人之有權者、祭仲之權是也。權者何。權者反於経然後有善者也。

（9）仁斎は『孟子古義』巻の四に「先儒謂反經合道為權。或謂權以済經之所不及。俱非也。據此章。權当以禮対之。而不可以經対之也。蓋禮有時而窮。則權以通之。及其合于道。即一也。豈反經而有道之可言哉」と付す。荻生徂徠も『弁名』「經・權　四則」權論の冒頭で、「權。漢儒以經対言。程子非之。是矣」としており、両者とも權を「反經」とするを否定する立場を共有、しかし徂徠は、伊川がさらに「聖人則是權衡也」、「權只是經也」とすることにはまったく相容れない（たとえば『辨名』『論語徵』）。

（10）『集注』論語「子罕」「可与立、未可与權」章に引用の諸説参照。

（11）日原『春秋公羊伝の研究』（創文社、一九七六年）。

（12）仁斎は『語孟字義』權第四条においても、伊尹、湯武の営為について同様の見解を示す（「如湯武放伐。可謂之道。不可謂之權」）。これに対し徂徠は、「湯武放伐」は道の「出づる處」そのものである「聖人の事」とし、權でも道でもないとし、仁斎説を「妄なるかな」と痛罵する（『辨名』）。徂徠の「權」の位置づけは、『辨名』「經・權　四則」第四条の「經者国家立制度大綱領。夫經而可反。豈可以為經乎。礼節目甚繁。故至其末節。則変而従宜已」（經なる者は国家を立つる制度の大綱領なり。夫れ経に反す可きは、豈に以て経と為す可けん乎。礼は節目甚だ繁し。故に其の末節に至りては、則ち変じて宜しきに従う已み）との言、さらに（權とは）「如舜不告而娶是也」（舜が告げずして娶りしが如き是れのみ）との言に集約される。
これは『孟子』離婁章句上(26)「孟子曰、不孝有三。無後為大。舜不告而娶、為無後也。君子以為猶告也」、ならびに萬章上(2)を孟子新釈が同書の「權」論と位置づけたこと（これは内野熊一郎が『新釈漢文大系』四、二七四頁で指摘）に首肯して述べたものであろうが、徂徠において「不告而娶」とは「末節」のことに過ぎず、「權」とはそこで

「変じて宜しきに従う」行為を指すに過ぎない。

　桓公十一年の公羊の「伝」が、「國可以存易亡」すべく、国家の安危と君主の生命（あるいは「利害」）の二者択一の極限状況での判断を「権」とした（注8参照）のとはまったく次元の異なる「権」の位置づけである。公羊伝には「君可以生易死」ともあるが、あくまで最優先事項は国家存続であり、「然後有鄭國」に結実する行為、そのための例外的措置の実行が、権を経に優先させること（日原、前掲注(11)『春秋公羊伝の研究』、二一六、二一七、二三〇頁）であり、「末節」の臨機応変のみを「権」としない。

(13) 問。「經權不同。而程子云經即權也。曰固是不同。經是万世常行之道。權是不得已而用之。大概不可用時多。又曰。權是時中。不中則無以為權。賜或問。反經合道之説。程先生不取乃云。不必説權。權即是經如何。曰某常以為。程先生不必如此説是多説了。經者道之常也。權者道之變也。道是箇統体貫乎。經與權。如程先生之説。鶻突了。所謂經衆人與学者。皆能循之。至於權則非聖賢。不能行也。」（『朱子語類』巻第三十七）

　これに対して「權非聖人不可用。尤非也」と明言したのは、管見の限り、仁斎が最初である。仁斎はさらに「夫權学問之至要。道之不可無權也」と『論語古義』において極言している。ただ、「權非聖人不可用」との文言は、『語類』にはあるが、『晦庵先生語録類要』にはない。仁斎はこの『語録類要』しか読んでいないとの貝塚茂樹の説を是とすると、仁斎は『語類』そのものからこの説をとったのではなく、この説を引用した『性理大全』、その他の書より得たと考えるのが妥当であろう。この点はさらなる検討を要す。なお、仁斎の「權」論については、荻生徂徠研究会の丸谷晃一氏（故人）の報告から多くを学んだことをここに表記したい。

(14) 『學範初編』は一堂の口述を弟子の佐藤簡元、瀬山益子が筆録（天保十二年〈一八四一〉筆と奥書きあり）したもので、ここに「始終本末カハル、ナシ。是ヲ經ト云（中略）聖人タヾ其經ノミヲ説キタマヒテ。緯ヲ語ラズ。故ニ經ト云フテ緯トイハズ。何トナレバ。天下ノ博キ。古今ノ異ナル。是ヲ織物に譬ヘバ。ソノ藻カラノ区ニシテ別ル。千品萬彙ニシテ一定ナシ。苟モ經ニ従テ緯ヲ施サバ。縦ジマナリ。横ジマナリ。格子ジマ。碁盤ジマ。唐草。花形。スベテ織人ノ意匠ヲ以テ文ヲ成ス」とある。道義を「不変」とするは『學範初編』の「始終本末カハル、ナシ。是ヲ經」との語、そして業務は「世運に従」って「革易すべき」とは、同「天下ノ博キ。古今ノ異ナ」り、「千品萬彙ニシテ一定ナ」き中、「スベテ織人ノ意匠ヲ以テ文ヲ成ス」との語に相応、かような対置的論法をもって、変ずべからずものと各人が

「意匠」をもって変ずべきものについて、一堂が弟子に語っていたことが推知される。ただ、『論語知言』刊本以外で「欲學孔子有道」とまったく同一の語は未見である。

(15) もっとも息軒は、程朱を奉ずるも、その「權只是經也」との説には正反対の主張をもつ。

(16) 徂徠は『辨名』聖四則にて「古之學而為聖人者。唯湯武孔子耳」とし、「仁四則」にて「聖人也者不可得而學矣」と明言する。このスタンスは、『辨道』ほか諸著においても堅持されている。

(17) 三浦「皆川淇園『名疇』の『牧民』論とその射程」（日本思想史研究会〈東北大学〉四月特別例会報告〈二〇〇七年四月七日〉報告用レジュメ）。

(18) 前田『近世日本の儒学と兵学』（ぺりかん社、一九九六年）、同『兵学と朱子学・蘭学・国学』（平凡社、二〇〇七年）。

〔付記〕 本章の一部は、日本中國學會第五十八回全國大會（二〇〇六年十月九日）にて報告の機会をいただき、大会報告前には荻生徂徠研究会の末木恭彦氏、丸谷晃一氏（故人）に、大会報告においては司会の土田健次郎氏、近藤正則氏に多くの有益なるご教示をいただいた。また、荻生徂徠研究会（二〇〇七年三月十日）でも報告の機会をいただき、末木、丸谷両氏ならびに高山大毅氏、相原耕作氏、ケイト・ナカイ氏に貴重なご教示をいただいた。両会出席の諸学に対し、ここに感謝の意を表したい。

第四章　久米邦武と『尚書』研究——清代考証学と宋・元・明経学の兼採の様相

はじめに——久米と『尚書』研究

近代日本の歴史学、国史学の創始者の一人である久米邦武（一八三九～一九三一）[1]は、佐賀城下八幡小路に、佐賀藩士久米邦郷の三男として生まれる。幼時より文武の教育をうけたのち、安政元年（一八五四）に十六歳で藩学弘道館入学、首席の成績を残し、同館を訪問した藩主鍋島直大に『論語』の御前講義も行なった。[2]文久二年（一八六二）には江戸に出て、昌平校にて同郷の儒者古賀謹一郎、そして安井息軒、吉野金陵らに学んだ。

久米の昌平校での就学の様子、彼が何をどのように学んでいたかについては『久米博士九十年回顧録』（以下、『回顧録』）上に記述がある。[3]久米の漢学の素養についてもいく人かの研究者による指摘があるが、彼の漢学がどのような性質のものであったか、のちの史学の研究手法の確立の基盤としての意義も含め、その具体相に立ち入って研究したものは皆無である。[4]本章はこの点の考察を試みるものである。

『回顧録』上には彼が小学（文字学）、音韻学に造詣があったこと、それを基盤に昌平校での字義に関する輪講での論戦を優位にすすめたこと、[5]それを支える学問的基盤として、弘道館時代における清代考証学の学習があったことが述べられている。久米みずから「考證復古學の權威であつた」と言及する阮元（一七六四～一八四九）による「千八百二十九年に這般の新著百八十餘種千四百巻」、すなわち『皇清經解』が佐賀藩によって天保初年（一八三〇）に購入され、それを久米が、「萬延年中（一八六〇——筆者）閑叟公の文題に、尚書今古文の是非を問はれ、彼の書（『皇清經解』所収『尚書注疏校勘記』——筆者）に依つて尚書から讀み始めた」(6)のだが、これを詳らかに語る史料が久米美術館にある。彼による書入れが多数なされた元弘道館蔵、のち久米家蔵の蔡沈『書經集傳』である。(7)いうまでもなく『書集傳』とは蔡沈による注が付された『書經』、すなわち朱子学徒の用いる『書』であり、清代考拠家のごとく「增多」部分の真偽について辛辣に糾弾することはなく、注も朱子の解釈を基調とする。久米家蔵の『書集傳』は、これに古注のみならず、宋・元代の、偽書に疑義を呈する端緒となった諸説、そして明末清初～乾嘉期の考拠家の説がふんだんに書入れられたものである。

書入れはとくに「堯典」「舜典」「大禹謨」「皐陶謨」「禹貢」において綿密に施され、引かれるのは鄭玄、馬融らの注、伏生『尚書大傳』の語、のみならず劉向、王充（『論衡』）、元・呉澄、明・梅鷟、さらには清の顧炎武、閻若璩、毛奇齢、銭大昕、恵棟、朱彝尊、戴震、段玉裁、王引之、王念孫ら考拠家の諸説である。つまり、前述のように久米は自身における清代考証学の受容をいうが、清学にとどまらない彼による諸説の傍捜博引をもっての考証学的・書誌学的研究の様相を如実に物語るのが、この史料である。

久米の弘道館入学は十六歳であったが、彼が『尚書注疏校勘記』に依りつつ清代考証学を学びはじめたのはその約五年後、二十一歳頃よりである。『皇清經解』は、天保初期（一八三〇年代）より松崎慊堂（一七七一～一八四四）、安井息軒（一七九九～一八七六）ら昌平校中の考証学の大家のみならず、市井の儒者、たとえば東條一堂（一七七八～一八五七）らもふんだんに引照しており、それに遡る『十三經注疏』にも所収の阮元『尚書注疏校勘記』は化政期の大田錦城（一七六五～一八二五）、狩谷棭斎（一七七五～一八三五）らの業績にもすでに大いに反映されていることから、(8)万延元年時点での久米による受容は新しいものではない。しかし、歴史学、日本史学の学的基盤として大きかったと久米みずから語る幕末考証学の、久米における受容の様相の考察は、岩倉遣米欧使節団の一員として随行する[9]以前に培われた知的基盤がどのようなものであったか、また、久米における考証学的素養がどのように実証史学の方法と関連するかの解明にむけて極めて重要な基盤研究であると思われる。

一　「尚書日知禮記」にみる久米の『尚書』理解

『久米邦武文書』「四」に収められている「尚書日知禮記」も、久米の『尚書』理解を呈出する重要な史料である。本章は、久米の書入れのある久米美術館蔵『書集傳』、とくにその冒頭の「古今文聚訟」の考察に力点をおくが、まず、「尚書日知禮記」にみえる久米における『尚書』の基本理解について考える。

同書の前半部分では、偽古文への疑義の端緒、真偽の峻別過程とそれにかかわった歴代儒者の説についての整理がなされている。

晩出古文。余竟不能信。此書大行。實昉於隋劉焯劉鉉。成於孔穎達等正義。穎達本学鄭注尚書。而於撰正義。遂排鄭氏。回獲孔伝。亦可以見。当時之勢。不得主孔伝也。其後宋呉機（呉棫――筆者）始疑孔書。然不過言古文平易。今文聱牙。朱子亦疑之。猶為調停之説。以越元至明。蔡氏集伝盛行。呉澄郝敬梅鷟二三輩。雖不信之。百口解説者甚多。至清。閻若璩出。作古文疏八巻。明細辨孔之妄贋。同時有恵棟古文疏證二巻。単刀刺偽孔之心腹。於是尚書三十四篇。外篇非帝王之言。遂暴著於世。独奈其書之行。既歴千歳。而蔡氏集伝。為官閣之（――筆者）定本。世間排偽孔之説。即以為斥朱子嫉憎怒恚。是以（――筆者）至今。売欺豈可勝嘆乎。

古文之偽。恵閻二家之書詳矣。眞古文之消息。與漢儒世伝之古文説。則江聲音疏。王鳴盛後案。孫星衍今古文注疏。段玉裁撰異焉。已尽矣。[10]

まず、梁・費氏の『尚書義疏』が隋・劉鉉らにとりあげられたこと、一方、一部の考証学的業績を残していた碩儒以外にはあまり疑義を呈されることのなかった孔穎達『尚書正義』は鄭注を排して偽孔伝に依るものであることがいわれ、偽古文にはじめて疑義を呈した人物として呉棫（才老、生没年不詳、一一一八～一九年の進士）の名があげられている。これは、のち宋／元・呉澄（草廬、一二四九～一三三一）の『書纂言』、明・梅鷟（致斎、生没年不詳、一五〇六～二一年の進士）の『尚書考異』にも最も早い段階で偽作を指摘したものとして引かれ、『文献通考』にもある『書裨傳』の著者のことである。[11] 後述するが『朱子語類』のとくに巻七十八「尚書」一にも呉棫のこの書が頻繁に引かれ、胡氏の「才老於考究上。極有工夫」との語も付されている（同十二ウ）。ただ、右の「尚書日知禮記」では呉による疑義は今古文間の文体の難易のみによった判断であるとされるが、これは閻若璩『尚書古文疏證』第一百十三言「疑古文自是才老始」の、同様の趣旨の説に依ったものであろう。[12]

次に「朱子亦疑之」も、「猶為調停之説」とされるが、これも閻『尚書古文疏證』第一百十四言「朱子於古文猶為調停之説」との小題そのものである。[13] また、「越元至明」と元代が等閑視されるが、実は元・呉澄『書纂言』が、久米の尚書研究の、少なくともある段階において大きな意味をもつものであったことは後述する。続けて蔡沈『書集傳』の明代における盛行、元・呉澄、明・郝敬、梅鷟らの偽書への疑義が触れられるが、この「尚書日知禮記」上で彼らに積極的評価は与えられておらず、久米は、同書においては、偽古文の本格的な摘発はあくまで清代考拠家の登場をまつとの立場をとる。

清儒への言及では、「閻若璩出。作古文疏八巻。明細辨孔之妄贋。同時有惠棟古文疏證」と、考拠家の名とその著作名が少々誤ってあげられている。整理すると、ここで「古文疏」というのは閻『尚書古文疏證』、惠棟「古文疏證」とは『古文尚書考』のこと、久米が「古文疏」とするのは後段にて触れている孫星衍の大著『尚書今古文注疏』であろう。久米美術館蔵『書集傳』の本文への久米の書入れは、閻、惠、孫らの書に加え、江聲

『尚書集注音疏』、王鳴盛『尚書後案』、段玉裁『古文尚書撰異』『説文解字注』などからのものが多い。

さて、「増多」の真偽については第二章においても略述したごとく宋の呉棫、朱熹らにはじまり、元・呉澄、明・梅鷟らの具体的な論証を経て閻、孫、王鳴盛らの緻密な考証をみるにいたった(14)。本章の後半で精査を試みる元・呉澄は、野村茂夫の研究が指摘するように東晋・梅賾を「増多」の端緒とし、明・梅鷟は皇甫謐を「偽作者」と断定する(15)。ちなみに阮元『校勘記』は、「増多」二十五編の梅賾偽作説を付すにとどまり、大田錦城は『九經談』の時点(一八〇四年)では魏の王粛を偽作者としたが(16)、のち『悟窓漫筆』にいたって清代考拠家の説を踏まえながら「多分皇甫謐ノ作ナルヘシ」とした(17)。

野村は、偽書の論定に決定的であった閻若璩『尚書古文疏證』は、必ずしも特定の偽作者をあげることはせず、「魏晉の間に何人かの手によってこれが作られ、鄭沖によって後代に伝えられ、五十数年を経て東晉の初めに梅賾によって献上され」たとの立場であったとする(18)。それを端的に語るのは、同書第二十三言の「余然後知。此晩出於魏晉間之書。蓋不古不今非伏非孔。而欲別為一家之學者也。嗚呼。悠悠千年。學者如林。乃復曾無一人焉」との文言であろう(19)。閻『尚書古文疏證』の第一言「両漢書載古文篇數與今異」にも、「東晉元帝時。豫章内史梅賾忽上古文尚書」(20)とあるのみで、梅賾を「偽作者」と特定してはおらず、野村の説は頷けよう。

野村はさらに、黄宗羲が閻若璩の影響で偽古文の偽を認識したこと、顧炎武が「泰誓」編を魏晋間の成立としたこと、朱彝尊は逆に二十五編も「古典籍に散在する尚書の断片を集め」「もとの形に復元を試みた」ものであり、棄却すべきに非ずとしたことなど、清代諸家の偽古文観の整序を試みる(21)。

久米「尚書日知禮記」に戻ろう。上に引いた文言のあと、「尚書諸家解」と題され伏生『尚書大傳』、馬融『書伝』、鄭玄「注」、王粛「注」があげられ、「右四書曾亡失。清人拾之」と付される。つづけて『尚書正義』、さらには蘇軾『書伝』、林之奇『尚書全解』などの宋代諸家の著作が列挙され、清代考拠家の諸作まであげられる。

『尚書』に関する歴代の著作を列挙したあと、以下のように述べられる。

馬廷鸞曰。林氏謂。昔在者。篇首起語之辭。書序。自為一篇。故以昔在帝堯起於篇首。今案。堯典之後。接舜典則曰。虞舜側微云云。接禹謨則云。皋陶失（矢——筆者）厥謨。禹成厥功云云。益足證。古序。自為一篇。而相續之辭。如此。蓋史氏。旧文也。又案。維昔黄帝法。天則地（——筆者）云云。此太史公五帝本紀序文。與書序堯典之説一也。邦武案。此説極是。試貫書序一篇。見之言厥言。●虚字承接。脈絡貫通。不可離析。（四オ）

馬廷鸞（一二二二～八九）には『碧梧玩芳集』『六經集傳』等の著書があり、前者は『四庫全書』集部別集類に収められるが、この書に右の語はない。おそらくは亡佚の『六經集傳』（『四庫提要』の記述）にある語ではないかと思われるが、ここで「篇首起語」に関して馬氏が引くのは、林之奇（一一一二～七六）『尚書全解』「堯典」にある記述である。「相續之辭」に関する馬氏の按語にも林氏「舜典」「皋陶謨」の説が反映されている。「堯典」「舜典」の成立・改廃過程の問題は複雑であるが、「虞舜側微」以下「歴試諸難。作舜典」までの二十字は後代に付加された箇所である。これと「愼徽五典」以下の語との間にある「若曰稽古」から「乃命以位」までの二十八字については、前半の十二字、後半の十六字の真偽の問題も含め判断が分かれる[22]。これらを踏まえながら、馬廷鸞の引く林氏語を考えよう。

之奇は一一二四年の進士である呉棫の少し後、朱子（一一三〇～一二〇〇）の少し前の人物。『尚書全解』は全四十巻で『四庫全書』經部二「書類」第五十五冊を占有する、この時代の尚書の注釈書としては突出して大部の書であり、『朱子語類』巻七十八「尚書」一にも言及される[23]。四庫提要にこの書は「舛誤」が多く、「眞贋錯雑」

するとされる一方、「頗多異説」とされ、「如以陽鳥為地名。三俊為常伯常任準人。皆未嘗依傍前人」と、独創性の一例が示される。さらに「至其辨析異同。貫穿史事。覃思積悟。實卓然。成一家言」と高く評価されている。(24)

さて、馬廷鸞による林氏語の引用は僅少であるが、『尚書全解』をみると、偽作箇所の特定の基盤となる指摘も含め、一考に値する説が散見される。右にある「篇首起語之辭」の問題に加え、「舜典」では「終始相因之辭」の問題について語り、さらには「若曰稽古」から「乃命以位」までの二十八字について以下のように述べる。

伏生以舜典合於堯典。愼徽五典而下合於堯典帝曰欽哉之文。共為一篇。至孔安國纂壁中書。始釐而為二。加乃命以位上二十八字。由是始為二篇。雖釐為二篇。然愼徽五典之文與帝曰欽哉之文。辭意相接。其實一也。

（『尚書全解』巻二、四ウ）

ここで之奇は、「舜典」に分けられた編にある「愼徽五典」にはじまる文と、「堯典」末尾の「帝曰欽哉」で結ばれる文との文・辭の性質に着目し、「意、相接し」て「その實一篇なり」と明言、伏生の伝えた「今文」の体裁を示す。続けて、二十八字（「帝曰欽哉」と「愼徽五典」との間）については、梅賾など個人名には言及せぬものの、「至孔安國纂壁中書」、すなわち古文尚書出現にいたって「釐《あらた》めて」付け加えられたもので、これもって「為二」、すなわち新たに「舜典」が立てられたとする。青木洋司は『尚書』の「編題」の付加が後代の史官によるものとする之奇の見立てを論証するが、(25)「舜典」分離の問題はこれとの整合性も有する。

閻も『尚書古文疏證』第六十五言にて、「舜典」は「魏晉間始析為二。然愼徽五典。直接帝曰欽哉之下」としている。(26)しかも直後に、これらを連続させると「文氣連注如水之流」と、文・辞の視点からの整合性をあげるのは、之奇の説とも相通じようが、閻は自説としてこれを述べている。ちなみに皮錫瑞は、『經學通論』で『尚書古文疏證』の十三の誤りを指摘、そのなかで、「謂伏生時。未得小序。其誤十二也」と閻の説を批判、さらに二十八字が「魏晉間」に出現したとする点も批判する。(27)

之奇『尚書全解』は、「堯典」と「舜典」、さらには「大禹謨」を独立させて考察を加えており、のちの清代考拠家のように偽作箇所や編目の改変の告発を目的とするものではない。これは、青木が指摘するごとく、自己の意をもって聖人の経を改変するのは孔子の「愼言闕疑」にも悖る行為であるとの之奇の基本的立場故であろう。(28)しかし、「増多」の指摘、さらには文体、文意の相同性に立脚しての「其實一」との明言は、この時代においては随一であったといえよう。

「皐陶謨」に関しては、之奇は『史記』の「帝舜朝。禹皐陶相與語帝前」との語、揚子雲の「皐陶以之為帝謨。不曰為禹謨也」との語を引き、この謨は「雖與禹相答問。其實陳於帝舜之前。此其所以謂之謨」との説をたてている。(29)蔡注の「典。主記事。故堯舜皆載其實。謨。主記言。故禹皐陶則載其謨」との説に比しても、(30)之奇の説は口述する主体が誰か、言説のやりとりの状況はどうであったかなどを踏まえた説を採りながら自説を展開するものである。

久米が『尚書全解』を頻繁に引かないのは、四庫提要の「眞贋錯雜」との評価の故か、あるいは清儒・皮錫瑞『經學通論』の「據宋人以斥孔伝。則不可」との言に象徴的な清代考拠家の基本姿勢を尊奉するためか、いくつかの理由があろう。(31)しかし、上にみたように馬氏、林氏らの語を適宜採用し、彼らの説をもって編目どうしが「脈絡貫通。不可離析」ものであったとしている。久米は「尚書日知禮記」で「漢唐」と「宋明」の「両者固不可廃」をいう（一オ～ウ）が、適解を兼採するに分け隔てのない彼の姿勢の証左であるといえよう。

二　元・明代『尚書』研究と久米

「尚書日知禮記」に明らかなように、久米は偽書の論定に決定的な意味をもった清代考拠家の諸説を高く評価すると同時に、林之奇、馬廷鸞といった宋代諸家の説も適宜採用していた。久米は、元・明代の諸説も採っていたが、これを示すのが、久米美術館蔵『書集傳』冒頭の、『書經』と題された表紙の裏に貼付けられるかたちで付された「古今文聚訟」と題される書入れである。

これは、『尚書』今文・古文について、孔穎達『尚書正義』の正・伝文、伏生『大傳』の説、朱子説などを引き、その真偽について元・呉澄、明・梅鷟の説、さらには『校勘記』に引かれる清代考拠諸家の説をもって正すというかたちで展開される。清代嘉慶期までに蓄積された『尚書』今古文間、真偽古文間の差異に関する諸見解を、久米自身が書き留めたものである。ただしこの「古今文聚訟」は、諸説を雑多に書き留めたもので、典拠を明示しないものが混在する。そして実は、典拠不明のものも含め、元・呉澄『今文尚書纂言』（以下、『書纂言』）[32]から多くを引くものであることを筆者はつきとめた。本節ではこの点に注意しながら、「古今文聚訟」の文言と諸説との比較検討を行う。

まず、八行目の「東晉元帝時。豫章内史梅賾。増多伏生書二十五篇。稱為孔氏壁中古文」との語は、元・呉澄『書纂言』の「至晉。梅賾始増多伏生書二十五篇。稱為孔氏壁中古文」[33]と比べ、「古今文聚訟」が「東晉」と限定していること、「古今文」には呉氏語にある「始」がないことをのぞけば相同的である。なお、閻若璩は、「東晉元帝時」にいたって梅賾が偽古文を「奏上」したとの指摘は、元・呉澄による孔穎達『正義』の疏（孔疏）に従ったものとする（「又按。東晉元帝時。梅賾上書者。草廬之言。實従穎達舜典疏」）[34]。閻は続けて、「但穎達又於虞書下。引晉書云。前晉奏上其書而施行焉。前字疑譌」と、『晉書』の「前晉」との記述に疑義を呈し、これを引く孔疏の不適当を指摘する。[35]

梅賾をもって偽作者と明言したのは呉澄にはじまるというのは野村茂夫の研究も指摘するところだが[36]、久米も呉澄にならって梅賾を偽作の端緒と断定していたかは、右にあげた呉氏語の「始」の字が意図的に外されたか否かの確定が必要であろう。しかし、右の文をみる限り、彼がこの時点で、呉澄の説に依りながら、二十五編を「壁中古文」と「為した」のは梅賾であったとの立場をとったことになろう。

ちなみに偽作は「東晉から」と断定したのは明・梅鷟『尚書考異』である。ただし前述のように、彼は皇甫謐を偽作者としている（「東晉之古文。乃自皇甫謐而突出」）[37]。

また、久米「古今文聚訟」後段には、「伏生時」に「書序無し」《ママ》（十六行目）、そして「孔伝」もまた「魏晉間人作」とする記述が引かれている（十七～十八行目）が、これはさきに偽作が出たのを「東晉」と限定したのと少しく矛盾し、さらには彼がこれを呉澄あたりからとったのか、清の考拠家の説かは明記していない。

この問題も含め、今古文尚書の真偽、その成立時期について詳密な考証を試みた日本儒者は中井履軒、山本北山、そして大田錦城であるが[38]、錦城もこの問題を「是疑案也」とし、以下のごとく述べる。

（尚書は——筆者）於前晉奏上。而施行焉。前晉似是西晉。是疑案也。然考之荀□伝。偽書孔伝。建學官者。東晉元帝之時也。其書之出。則在于西晉。故皇甫謐郭璞。在于東西晉間。皆引用之。西晉方出而東晉立學者。有證驗之可據者焉[39]。

錦城はすなわち、偽書の出現は西晋（前晋）であり、それが「奏上」されたのは「學官」が建てられた東晋元帝の時点であるが、「奏上」以前から皇甫謐らが引いていたとしている。錦城はこの『九經談』では皇甫謐らが偽書を「引用」したとし、偽書を出回らせた張本人は王肅の徒らとの立場をとっているが、のち『悟窓漫筆』の段階にいたっては（梅鷟『尚書考異』の説をとったためか）皇甫謐を疑うようになったのはすでに触れた。

三　『書纂言』序文と「古今文聚訟」

さて、実は久米「古今文聚訟」は、呉澄『書纂言』の序文から多くを引く。また、とくに文体の相違に基づく偽作への疑義に関する指摘は『朱子語類』、さらには宋・呉棫の説に基づくものであるのは後述する。たとえば「古今文聚訟」の六行目からの文言は、『書纂言』の「書今文」と題された編目の直後にある総論的な序文であり、その三分の二強を引く。以下に照合すると、

漢考文（時）。求能治尚書（者）。天下無有欲召生時。年九十餘（矣）。不能行詔太常。常救晁錯往受（之）生老言。不可暁使其女伝言。（教錯）齊人語多。與潁川異錯所。不知凡十二三。略以（其）意屬讀而已。[40]

〔（　）内の字は『書纂言』にあって「古今文聚訟」にないもの。以下同じ〕

このあと『書纂言』には存在する「夫此二十八篇。伏生口授而晁錯以意屬讀者也」の十九字を欠き、「其間闕誤顚倒固多。然不害其為古書也。漢魏數百年間。諸儒所治。不過此耳」が引かれ、さらに二十一字を欠いたあと、さきに示したように「東晉元帝時」と限定の上、「梅（賾）増多伏生書二十五篇。稱為孔氏壁中古文」の文が引かれる。[41]

このあと偽古文伝承の経路を語る文言、すなわち鄭沖から蘇愉、梁柳を経て皇甫謐にわたった一方、柳から臧曹を経て梅賾にわたり、ここにおいて元帝に奏上されたとする語が引かれる。

このように、「古今文聚訟」には、『書纂言』の「真古文」と題される編目の後の序文三五七字のうち、一部上に示したような相違はあるものの、計二五三字が引かれている。

『書纂言』には右の序文のあとに梅賾増多の二十五編の編目が付され、さらに総論的な序文がつづく。この第二序文からも多くが引かれる。以下に照合すると、

書有古今文之異[42]。何哉。晁錯所受（伏生書）。以隷寫之。隷者當今通行之字（也）[43]。故曰今文。魯恭王壊孔子宅[44]。得壁中所蔵。皆科斗書。科斗者。蒼頡所制之字也。故曰古文。然孔壁中眞古文（書）。不伝後有張覇偽作。

『書纂言』にはこれに続けて『尚書』の編目の具体的統廃合の事例をあげる三十九字があるが、「古今文聚訟」ではこれが省略され、「二十四篇目。為古文（書）」とのみ引かれる。さらに続けて、

漢藝文志云。尚書經二十九篇（古經十六巻二十九篇者）。即伏生今文書（二十八篇）。及武帝時（増）偽泰誓一篇也。古經十六巻（者）。即張覇偽古文（書二十四篇也）。漢儒所治。不過（伏生書及偽泰誓共）二十九篇。而張覇偽古文雖在[45]。而辭義蕪鄙不足取。重於世以售其欺。及梅賾（二十五篇）之書出。（則）凡伝記所引書語。諸家指為逸書者。収拾無遺。既有證驗。而言率依於理比張覇偽書。遼絶矣。

このあと伏氏の二十八編に新出の三十三編が付加され、書序の追加と統廃合をもって五十九編とされた旨の四十一字が略されたのち、「世遂以為眞孔壁所蔵也」とされ、「唐初諸儒。従而為之疏義」、そして、「有二十九篇者。廢不復行」にいたったことが引かれる。

総じて、唐代以降は真偽混然一体となったものが疑われることなく注疏が付されたことなど、あとに清代考拠家によってより緻密に実証され糾弾される事象の端緒となった呉澄『書纂言』に呈された説が引かれている。

第二序文からさらに引かれるのは、呉澄による文体の相違に関する指摘であるが、以下のごとく、これに関する呉澄の語、さらに彼が引く朱子語は、ほとんど漏らさず引用されている。

密嘗讀之。伏氏書。雖難尽通。然辭義古奥。其所[46]上古之書無疑。梅賾（所増）二十五篇。體製如出一手。采集補綴。雖無一字無所本。而平緩卑弱。殊不類先漢以前之文。夫千年古書最晩（乃）出。而字畫略。無所脱誤。文勢略。無齟齬。不亦大可疑乎。呉氏（棫、才老――筆者）曰。増多之書。皆文従字順。非若伏生之書。桔[47]屈聱牙。夫四代之書。作者不一乃至一人之手[48]。而定為二體。其亦難言矣。朱子曰。書凡易讀者。皆古文。豈有數百年壁中之物。不訛損一字者。又曰。伏生記所[49]。難而易者。全不能記也。又曰。孔書。至東晉方出。前此。諸儒（皆）未見。可疑之甚。又曰。書序。伏生時無之。其文甚卑弱。亦不是前漢人（文字）。只似後漢（末）人。又曰。小序。決非孔門之舊。安國序。亦非西漢文（章）。又曰。先漢文字。重厚。今大序。格致極輕。又曰。尚書孔伝。是魏晉間人作。托（孔）安國。為名耳。又曰。孔伝（幷）序。皆不類西京[50]。文字氣象。與孔叢子同是一手[51]。偽書蓋其言（多相）表裏。而訓詁亦多出小（爾）雅也。夫以呉氏及朱子之所疑者。如此[52]。

そして、『書纂言』にある「顧澄何敢質斯疑而斷」の九字を略したあと、「斷然不敢信（此二十五篇之為）古書」との語の引用をもって終わる。

「朱子曰」以下は『朱子語類』巻七十八「尚書一」からの引用だが、以下照合すると、「書凡易讀者。皆古文」との見解は『語類』「尚書一」の第五項ほか頻出、「字畫略。無所脱誤。文勢略。無齟齬。不亦大可疑乎」「豈有數百年壁中之物。不訛損一字者」との疑義も同第五項にある。

その中で注目したいのは、「孔書。至東晉方出。前此。諸儒（皆）未見。可疑之甚」「尚書孔伝。是魏晉間人作。托（孔）安國。為名耳」との語である。『語類』では各々第三十三、第二十八項の語。後者には「尚書孔安國伝。此恐是魏晉間人所作」とあり、別人による偽作を断定するものではなく、また、出現の時期を「東晉」としたり「魏晉間」としたり曖昧だが、孔安國による伝文に関しては後代の作とされている。また、偽作箇所は「其文甚卑弱。亦不是前漢人（文字）。只似後漢（末）人」とか、「非西漢文（章）」、さらには「先漢文字。重厚。今大序。格致極輕」と、文体の問題から疑義を呈示するところは、朱子と呉澄は軌を一にする。

しかし、両者の決定的な違いは、朱子が偽作と疑っていたのが「書序」と伝文に限られるのに対し（たとえば「尚書注幷序」は「不類西漢人。文章亦非後漢之文」〈第二十六項〉）、呉澄は経文をも疑っていたことで、さきの野村は、これについては彼が端緒であったとする。(53) また朱子は、梅賾など個人名をあげることはせず、偽作者の特定には及んでいない。

「古今文聚訟」と『書纂言』の関係に話を戻そう。さきに引いた第一序文をあわせると、「古今文聚訟」の全文の約四分の三弱が、『書纂言』からの引用であること、そしてそれには『朱子語類』からも多くが引かれるものであるのがわかる。梅賾を偽作者としたのは呉澄であったのは指摘したとおりである。

呉澄は、伏生のものは、難読で通じ難いものがあるが、辞義が「古奥」であり、上古の書であることは疑う余地がなく、逆に梅賾二十五編は、一人の手によるもののようで、文章も「平緩卑弱」で、「先漢以前」の文とはかけ離れたものであると指摘する。

前頁にも引いた「古今文聚訟」十五行目の「呉氏曰。増多之書。皆文従字順。非若伏生之書。桔屈聱牙。夫四代之書。作者不一乃至二人之手。而定為二體。其亦難言矣」は、『書纂言』に引かれる呉棫の言だが、これは明・梅鷟『尚書考異』古文二十五編にも引かれる。

安國所増多之書。今篇目具在。皆文従字順。非若伏生之書。佶曲聱牙。至有不可讀者。夫四代之書。作者不一乃至二人之手。而遂定為二體乎。其亦難言矣。(54)

今古文の「文体」の相違、難易からの真贋の判断、上古の書物の作者が一人や二人ではなかったとの指摘は、呉棫がその端緒であったとの野村の見解はふれたが、野村は、これは韓愈に導かれたものであったとする（佶曲聱牙―もとは「周誥殷盤。佶屈聱牙」との韓愈の語――筆者）(55)。久米が「尚書日知禮記」では「不過言古文平易。今文聱牙」と、疑義の根拠を文の難易のみに置いていることに否定的であり、さらに呉澄、梅鷟らも「百口解説者」に過ぎないとあまり評価していなかったのに対し、「古今文聚訟」で呉澄を多く引くのは指摘した。ただ、いずれにおいても呉棫への韓愈の影響は言及されていない。

「古今文聚訟」にもどると、呉澄『書經叙録』の「略」から「略曰。書二十八篇。漢伏生所口授者。所謂今文書也」との語が引かれ（六行目）、「今文多難渋而古文反平易。或者以為今文自伏生女子口授」とされる（三行目）。これに関しては、錦城も偽二十五編は「文辞ハ魏晉人四六ノ体ニテ讀メ易ク解シ易ク、人事治道ニ切實ナルコト多ク、人君ナトノ學問心得ニ奇妙ナリ。真書ハ讀ミ難ク解シ難シ」とする(56)一方、「サテ偽書モ初ノ内ハ力ヲ用タル故、禹謨五子之歌ナトハ大出来ナリ。周書ノ末ニ至テハ文章卑俗ヲ露シ」(58)、「西漢人ノ文章ニモ入カタシ」とする(57)。偽古文が、魏晋交代期の文とするのは閻若璩、顧炎武らの指摘でもあるが、逆に偽古文二十五編中の文辞の差異の指摘を根拠とする批正は清代考拠家にもあまりなく、今古文の文体の違いを指摘したのは宋～元代の前出の諸儒であった(59)。

野村は、顧炎武『日知録』が「五子之歌」を偽作としておらず、これは彼の真偽に対する「あいまいな態度」をあらわすとするのに対し(60)、錦城は「五子之歌」を含む『書』前半部の編を「偽作」と断定した上で、然れどもこれらは「大出来」で「大ニ後代ノ亀鑑ニナ」るものとしており好対照である。[61]錦城のスタンスは、さきの朱彝尊が偽古文も散逸した尚書の断片の復元とし、尊重すべきとしたのにも通じよう。

小　括――幕末考証学と実証史学の「基底的態度」

右に考察したように、久米「古今文聚訟」は、『尚書古文疏證』『尚書今古文注疏』といった清代の書のみならず、宋・元・明・清初と発展してきた偽古文論定の枢要であった諸書の周到な渉猟を基盤とする、久米における考証学的知見を蓄える様相を語るものである。江戸後期までの『尚書』研究の代表は第二章にて考察した中井履軒による『雕題』、そして大田錦城『九經談』であり、金谷治は錦城のこの書において展開される考証の精密、とくに「五経について、これほど網羅的にしかも細密な突込んだ議論を展開したものは従来皆無であ」り、「なかで『尚書』の考証が最も精密」であると評価する。[62]これ以降は松崎慊堂、狩谷掖斎、松沢老泉、安井息軒、東條一堂らにおいても、清代諸説を引きながらの精緻な検証がある程度一般化する。

久米の『尚書』研究は、かような幕末考証学の緻密さを受け継ぎ、さらに積年の中国における『尚書』研究も適宜兼採するという彼の姿勢を示そう。国史学者久米が、歴史学的研究手法を確立するにあたり、『尚書』研究のどの手法を具体的にどう応用したかについての検証は、今後の課題である。

本章で指摘したいのは、久米が右に回想したごとくの思想空間において、宋・元・明諸儒の説を兼採する姿勢のもつ意味である。特定の説に偏ることのない兼採の姿勢は、ともすれば無味乾燥とした事実主義、主義主張を欠いた学問姿勢とも誤解され得る。しかし、考証学を奉じる一方で久米は、「史学考証の弊」と題される論にて、「たゞ考証に止ま」り、「只後世の朱子の新注を破るばかり」の、「一向に精神のない」、「自分の見解と云ふものが磨き出され」るもののない学問は「極く下劣」な、「いけすかない学問」と批判している。[63]

その上で久米は、「儒学が宗教の模擬の様に落込んで」いた時勢においては、「考証学といへば学問の謀反人の様になつて居」り、[64] かような状況下において久米自身が考証学的研究を遂行することは、尋常ならぬ自律性と抵抗精神が必要であったと述懐する。曰く、「私も其宋学の中で育ち、随分老輩の呵責もうけ、公然と道徳を離れて独立に歴史を論ずる口を嵌制せられたことも久し」く、[65] このような環境のもと、宋・元・明・清諸説の「兼採」を実践するには、強固な意思力、そしてなにより、客観的真実、公平性への矜持を保持することが必須であったのである。

田中彰は、「いわゆる久米事件[66]をひきおこした久米の論文にみられる合理主義的発想は、明らかに明治初年に米欧各国回覧の体験をも」ったことと関係する、[67] つまりは「西洋経験」が久米の学問の「合理性」「客観性」の基盤であったとするが、その前に、「實事求是」の学問方法の実践が重要であったことを、筆者は強調したい。これぞまさしく、単に事実を追うことを自己目的とするものではない、真理の追究のための客観的実証主義の精髄であり、近代歴史学の確立における精神面での屋台骨であったといえよう。

〔注〕

（1）久米の他、日本の近代的歴史学、国史学発展の先駆けとされる人物に重野安繹（一八二七～一九一〇）、星野恒（一八三九～一九一七）らがあり、ともに明治二年（一八六九）設置の史料編輯国史校正局、その後は同局内修史館において実証主義史学の確立に尽力する。いうまでもなく重野、星野はともに清代考拠学・幕末漢学の泰斗である。久米の漢学への造詣についてはまだ専論はなく、本章が主題とするところである（注4参照）。永原慶二は清朝考証学派とランケ流西洋史学の「ある程度の共通性」を指摘する（『20世紀日本の歴史学』〈吉川弘文館、二〇〇三年〉、三五頁）。久米も、清学とそれを摂取した幕末漢学の実証性、客観性とランケ史学との共通性をいうが、むしろ前者、とりわけ幕末漢学における書誌学的、文献学的精度の高さ、実証の精密さを主唱していたのは、第一章にて論じたとおりである。

（2）久米の事跡については、久米『特命全権大使米欧回覧實記』（初版は博聞社、一八七八年）の、田中彰による校注が付された岩波書店版（一九七七年）の田中による「解説」、田中『岩倉使節団「米欧回覧実記」』（岩波書店、一九八四年、二〇〇二年再版）などを参照。

（3）早稲田大学出版部、一九三四年。ただし「例言」にあるように、この書は久米の口述を中野禮四郎が筆録しまとめたもので、史料としての利用には注意が必要である。昌平校での勉学の様相については「第一〇二項　文久頃の江戸聖堂書生寮」、とくに五二八～五四九頁に記述あり。

（4）杉谷昭「久米邦武と佐賀藩」（大久保利謙編『久米邦武の研究』〈吉川弘文館、一九九一年〉）は、久米の「漢学の素養」こそが彼をして「西欧文化の理解」を可能せしめ、「実証的歴史学者」としての基盤を培ったとし（七、九六頁）、大久保は、久米の「ナチュラルフィロソフィー」（モラルフィロソフィーに対する）への関心の高さは、「正統派的な漢学者」としての規範を有した者による西洋受容の象徴と指摘する（同書「はじめに」、八頁）。芳賀徹は、『米欧回覧実記』の記述の「簡にして要をえる」様は久米の漢学の素養故であり、「西洋文明の導入・摂取に際して、漢学がいかに効率の高い用具」であり、久米の記述は「徳川末日本における漢学教育の水準の高さ」を示すとする（「久米邦武と『米欧回覧実記』」〈同書〉一五五頁）。しかしいずれの論考も、久米の漢学の素養がどのような性質のものであり、どう役立ったか、史料的典拠をもって分析的に解明していない。

（5）小学（文字学）への通暁については、前掲注（3）『久米博士九十年回顧録』上、五四二～五四三頁、音韻について、さらにそれに疎い朱子学者を批判するさまは同五三四～五三九頁に記述がある。ただし前述のようにこの資料は久米の口述を筆記したものに過ぎず、彼の小学、音韻学の水準については別途精査したい。

（6）同前、五四五～五四六頁。『回顧録』には「天保初年」の購入とあるが、『久米邦武歴史著作集』第三巻「史学・史学方法論」第一編「史学の独立と研究」第七「余が見たる重野博士」には『皇清經解』がはじめて「長崎に舶来」したのは天保五年（一八三四）とある。どちらが事実か要検討であるが、本章の主題は一八六〇年以降における久米の同書を介しての『尚書』研究であり、ここではこれ以上立入らない。また、いずれの年の購入にせよ、佐賀藩による購入は全国でも最も早いものといえよう。

（7）現在は久米美術館蔵。嘉定二年（一二〇九）己巳の序文が付された二六×一八センチの一冊本。旧弘道館蔵。後述するように、裏表紙の「古今文聚訟」も含め久米の書入れが多数付されたもの。なお、この書ならびに「尚書日知禮記」〈久米美術館編『久米邦武文書』〈全四巻、一九九九〜二〇〇一年〉第四巻所収）の原本の閲覧、さらには久米家蔵の漢籍全般の閲覧には、久米美術館の伊藤史湖学芸員に便宜をお図りいただいた。ここに感謝の意を表したい。

（8）日中間の書物流通、学術交流の視点からこれと関連するが、狩谷棭斎や吉田篁墩の説が書入れられた掛川文庫（慊堂の書庫）旧蔵の山井鼎『七經孟子考文』が、東京都立中央図書館諸橋文庫にある（諸橋123-MW-85)。これは、嘉慶二年に『四庫全書』に採入された刊本である。阮元の『校勘記』が山井の『考文』なしには成立し得なかったのは、すでに狩野直喜（『支那學文藪』〈弘文堂書房、一九三五年〉）、吉川幸次郎らの指摘するところだが、この版が語るのは、山井の校勘の清代考拠学者による評価、その発展への寄与と、日本考証学者によるその再評価、つまりは十八世紀東アジア海域、とくに日本海両岸の交流をとおして展開された学術発展の重大な一面である。

（9）一八七一〜七三年の二年弱にわたる米・欧歴訪の記録が、前掲注(2)『特命全権大使米欧回覧實記』である。田中彰による解説、注が付された前掲の岩波書店版のほか、Graham Healey (editors-in-chief), Martin Collcutt, Peter Kornicki らの共訳による英訳版も、*The Iwakura Embassy : 1871-73 : A true account of the ambassador extraordinary & plenipotentiary's journey of observation through the United States of America and Europe* と題され、The Japan Documents より二〇〇二年に刊行されている。

（10）引用箇所は「尚書日知禮記」久米美術館所蔵原本、一ウ。『久米邦武文書』四に翻刻されているものは略字体を用いるが、本稿では原文のとおり正字体に改めた。以下、この書からの引用時には本文に（ ）付けで原本における丁数を示す。また、『久米邦武文書』四の翻刻版は句読の誤りが多く、誤った漢字もあてられている。本章ではこの修正も行なった。なお、句読については無窮会図書専門委員の三澤勝己先生のご教示をいただいた。ここに感謝の意を表したい。このほか、久米の漢籍研究の足跡を語る史料に、「讀漢書筆記」（久米美術館目録には「讀漢書手記」とあるが「筆記」の間違い）、「雑考稿」がある。前者は『史記』『漢書』等からの久米による抜粋、後者は助語辞、実字について『説文』『顔氏家訓』『公羊傳』などの用例を用いて整理、文字の象形については段玉裁の注を多く引く。

（11）『書裨傳』は亡書だが、朱子『語類』巻七十八に引かれるほか、『宋元学案』『宋史藝文志』、そして『書集傳』に多く引かれる。

(12) 第一百十三言にて閻は、呉（そして朱子）による今・古文間の文体の難易にのみ依った真偽の峻別を、未だ十全ではないとしている（「観其體制之迴殊。則可疑其彼何独難。而此何独易矣。若是者。自朱子呉才老固已獻疑」〈一ウ〉）。本章では『皇清經解續編』所収版を利用。『續編』では第一百十三言は巻第三十六に所収。上の丁数はこの版でのもの。

(13) 第一百十四言は同前、三ウ～十オ。引用の語は三ウ。

(14) ちなみに清代考証学の知見を踏まえ、王粛による偽作を主唱、日本において偽古文の摘発とその是正の流れを体系的に祖述した最初は大田錦城『九經談』といわれる（たとえば金谷治「日本考証学の成立——大田錦城」〈源了圓編著『江戸後期の比較文化研究』ぺりかん社、一九九〇年〉）。しかし、錦城に先んじる先進的『尚書』研究が中井履軒によってなされており、さらには十八世紀後半には幾つかの注目すべき研究が存在するのは第二章にて論じた。

(15) 野村茂夫「疑「偽古文尚書」考（上）」（『愛知教育大学研究報告』第三四号〈人文科学編〉、一九八五年）。これと野村「疑「偽古文尚書」考（中）」（『愛知教育大学研究報告』第三七号〈人文科学編〉、一九八八年）は、偽古文が「偽であること」が定論となるまで、どの時代の誰が、どのような説をもってどこまで特定したかについて事細かに実証する。『全釋漢文大系』版『尚書』（明治書院、一九七六年）の池田末利「解説」以降あまりなかった諸説の整序を正面から試みた、有用な論考である。

(16) 錦城『九經談』巻七収「尚書」。

(17) 後編・下、三十八オ。ただし前述したように、明代の梅鷟がすでに皇甫謐を偽古文経文の作者としてあげているのは、野村、前掲注(15)「疑「偽古文尚書」考（中）」に指摘されている（三五頁）。錦城の見解の変化が、彼が『尚書考異』を見たためであるのかの解明は、今後の課題である。

(18) 野村、同前、三二～三四頁。

(19) 前掲注(12)『皇清經解續編』所収版巻二十九、二十七オ。

(20) 同前、巻二十八、一ウ。

(21) 野村、前掲注(15)「疑「偽古文尚書」考（中）」、三六～四〇頁。

(22) ちなみに『書集傳』の蔡注にも二十八字の増減の曲折が整理されているが、「堯典」「舜典」を「其實一也」とは断定せず、別の編であった根拠でもある二十八字については「其の僞を疑ふは過論なり」と結ぶ。『書集傳』は著者蔵の六巻本（慶安初頃の写本）を、久米美術館蔵の『書集傳』と校合の上利用。ここで引用の文言は「虞書巻一」「舜典」冒頭の注。

(23) たとえば同巻二ウ、五ウ、十三ウなど。また、朱子による引用とも関連しようが、蔡注にも林氏語の引用が散見される。

(24) 本章では『四庫全書』版を利用。

(25) 青木「林之奇『尚書全解』初探——史官の解釈を中心として」（『東洋文化』〈無窮会東洋文化研究所紀要〉第一〇八号、七七〜八一頁）。なお、この論文も含めた『宋代における『尚書』解釈の基礎的研究』が二〇一四年に明徳出版社より刊行された。氏からは宋代経学研究に関する有用な学術情報をいただいた。ここに感謝する。

(26) 前掲注(12)『皇清經解續編』所収本巻三十一、一ウ。

(27)「論偽孔經傳前人辨之已明閻若毛奇齡兩家之書互有得失當分別觀之」。

(28) 青木、前掲注(25)「林之奇『尚書全解』初探」、八一〜八三頁。

(29)『尚書全解』全四十巻、「皐陶謨」の注語。本章では『四庫全書』經部二「書類」第五十五冊所収版を利用。

(30)「虞夏書（蔡伝では「虞書」）巻二」「皐陶謨」の注語、三十二ウ。

(31) 皮錫瑞、前掲注(27)「論偽孔經傳前人辨之已明閻若毛奇齡兩家之書互有得失當分別觀之」。

(32)『書纂言』は四巻本、呉澄（草廬）の撰。『四庫全書』『通志堂經解』などに収む。『四庫全書』は久米が在籍した佐賀弘道館にあり（現在は佐賀県立図書館蔵）、さらにはこれに収められる閻若璩『古文尚書疏證』、梅鷟『尚書考異』にも本章で引用の『書纂言』の語を含め多くが引かれる。本章では『通志堂經解』所収のものを利用。

(33)『通志堂經解』版、巻之一、三オ。

(34)『尚書古文疏證』第二言「古文亡於西晉亂故無以證晩出之偽」の按語、巻之一（前掲『皇清經解續篇』巻之二十八所収）。

(35)『尚書古文疏證』第一言の按語、巻之一（前掲『皇清經解續篇』巻之二十八所収、四ウ）。

(36) 野村、前掲注(15)「疑「偽古文尚書」考（上）」、三七頁。

(37) 注(15)であげた野村「疑「偽古文尚書」考（上）」の指摘。引用の文言は『尚書考異』「孔安國尚書註十三巻」の項

（巻之一、二十ウ）。また「伏生今文書二十九篇」の項（十一ウ）にも同様の指摘。本章では四庫全書珍本九集所収のものを利用。
(38) 金谷、前掲注(14)「日本考証学の成立——大田錦城」参照。
(39) 『九經談』巻之七、三オ〜ウ。
(40) 『書纂言』では「常救」が「遺掌故」となっているが、久来がなぜ「常救」と記したかは後日検討したい。
(41) 『書纂言』では「數百年」が「四百年」。
(42) 同前、「古今文」が「今文古文」。
(43) 同前、「當今」が「當世」。
(44) 同前、「恭」が「共」。
(45) 同前、「而」が「爾」。
(46) 同前、「所」が「為」。
(47) 同前、「屈」が「曲」。
(48) 「不一乃至一人之手」はのちに引くように『尚書考異』には「二人之手」とあり、この誤りであろう（同書十二ウ〜十三オ）。
(49) 『書纂言』では「伏生」と「記所」の間に「所伝皆難讀如何伏生偏」が入り、「記其所」とする。
(50) 『書纂言』では「西京」が「西漢」。
(51) 「古今文聚訟」では「同是一手」が「一般之」となっていると思われるが、虫食いで判別不能。
(52) ここに引いた『書纂言』の語は、多少の字の異同はあるが、梅鷟『尚書考異』「古文二十五篇」にもほぼ全文が引かれている。
(53) 野村、前掲注(15)「疑「偽古文尚書」考（上）」、三七頁。
(54) 引用箇所は十二ウ〜十三オ。なお、『朱子語類』巻七十八「尚書一」第八項にも「大概伏生所伝。許多皆牙。難暁」とある（四ウ）。ちなみに閻も、『尚書古文疏證』第一百十三言にて、「夫四代之書。作者不一乃至二人之手。而遂定為二體乎。其亦難矣」（一オ〜ウ）との呉棫の語を引く。しかし、呉氏があくまで文体の相違のみに依って今古文を峻別したことに否定的である。
(55) 野村、前掲注(15)「疑「偽古文尚書」考（上）」、三四頁。
(56) 『悟窓漫筆』後編・下、三十六ウ～三十七オ。
(57) 同前、三十八オ。
(58) 野村、前掲注(15)「疑「偽古文尚書」考（中）」。
(59) 野村、前掲注(15)「疑「偽古文尚書」考（上）」、三四頁。
(60) 野村、前掲注(15)「疑「偽古文尚書」考（中）」、三八頁。
(61) 前掲注(56)『悟窓漫筆』後編・下、三十七ウ、三十八オ。
(62) 金谷、前掲注(14)「日本考証学の成立――大田錦城」。
(63) 大久保利謙（編）『久米邦武歴史著作集』第三巻「史学・史学方法論」（吉川弘文館、一九九〇年）所収、第一編「史学の独立と研究」第四「史学考証の弊」、六五頁。
(64) 同前、六二～六三頁。
(65) 同前、第一「史学の独立」、六頁。
(66) 一八九一年『史学会雑誌』に掲載の「神道は祭天の古俗」論文の『史海』への転載を契機に、これを神道家、国体論者が難詰、久米の帝大教授辞職につながった事件。
(67) 田中「岩倉使節団とその歴史的意義」（『思想』七〇九〈一九八三年七月〉）。

第五章　思考様式醸成要素としての儒学テクスト読解の作法

——「練熟」「組織セル念慮」の醸成装置として

はじめに

江戸時代の儒学／漢学の学習と近代日本の知識層における知的基盤との相関の問題については、これまでもさまざまな分野の研究者の指摘するところであるが[1]、とくに江戸後期以降の儒学の学習過程で実践された「素読」の重要性について、R・シャルチェ、F・リンガーなどの提唱する近代知性と読書人論などを援用し、明治知識層の学習過程に関する回想などと相関させながら指摘したのが中村春作である[2]。素読の効用についてはもとより異論の余地はないが、本章ではさらに、素読も含めた近世の儒学学習過程の諸相に注意を払い、具体的にどのような教育施策の諸々が、いかなる効用をもたらしたかを考察することを目的とする。〔補注1〕

特定の専門儒者ではなく、ある一定の人口層において幕末までに醸成された「知的基盤」、あるいは「共有されている知的習慣」とその「集合的意味」[3]の考察には、どのような方法が有効だろうか。歴史社会学的研究の多くは、一定の人口層において「慣習・制度により恒久化させられていった〝隠然たる〟知的習慣」[4]への注意を促すも、学習過程の諸側面の詳細な実証的考察をともなわないものが多い印象をうける[5]。一方、日本教育史の研究に、藩学、郷学の教育制度、学規などを考察し、これらの教育機関における学習課程、とりわけ儒学学習の実際における素読、聴講学習、会業（会読）、試業おのおのの実相の詳細を明らかにするものがある[6]。とりわけ武田勘治の研究は、醸成された知的習慣の特定に重要な意味をもつ聴講学習、具体的には「下見」すなわち予習、「聴講・聞書」、さらには「返り視」すなわち復習、質講といった、習熟を十全たるものとするための細かい学習手法の考察に傾注する。(7) 翻っては学習課程の一つである会読に水平的討論機会の萌芽を認め、幕末の処士横議、さらには明治の自由民権の議論の下地となった可能性を見いだす研究もある。(8)

しかし、教育史研究の多くは、藩学教育の培った共有の知的習慣の、後世に有用な知的基盤としての意味づけが一面的におわっている傾向があり、(9) また、儒学諸学派の思想的差異、特徴に関する専門研究の知見にもあまり注意を払わず、結果、どの学派の思想的、学問方法的特徴が、どのように教育過程に影響したか等の記述において雑駁な様相を呈していることも否めない。(10) 一定の人口層における「〝隠然たる〟知的習慣」を考えるには、右にあげた教育制度・規則に関する諸研究の成果も適宜勘案しながら、学習者が、何を、どう学習すべきかについて具体的に語る史料の綿密な考察を行ない、その上で有効な方法的枠組をもって史料を照射することが必要と筆者は考える。

本章は、歴史社会学的教育史の多くにみられるような、思想史外在的な方法を〝下敷き〟に史実・史料を読み解くことを目指すものではなく、あくまで史料に則しての考察を主とするが、その上で、然るべき知見、視角をもって、どのような知的習慣が醸成されたかを読み解くことも試みるものである。

したがって本章ではまず、①下見、講釈、輪講、後見といった学習課程における学習の仕方を事細かに論じた書を、先行研究にも鑑みながら検討し、その上で②「被」教育者のかような学習課程についての記述を検討、これをもって、企図された学習方法がどの程度実践され、それが、どのような方向の知力、知的習慣の醸成に寄与したかを検証する。さらに、③儒学学習の方法は幕末～明治初期の英学学習の課程にも大いに反映されており、(11) 平沼淑郎が洋学の学習過程は「漢學修習の遺風」であったとする（第三節にて考察）のもその証左であろうが、漢学学習のどのような側面が洋学学習に継承され、それがいかなる知的基盤の醸成に寄与したかについても考察する。

歴史という分野における教育過程の実際の考察は、資料的な制約をともなう。すなわち、教育学研究における教育実習調査にあたる検証作業は不可能であるし、藩学、郷学の教育制度、学規の記述を、『日本教育史資料』の記述あたりから拾う作業も、「〝隠然たる〟知的習慣」の形成要素の一側面の特定にのみ有効であるにすぎない。

一方、江戸中〜後期の学習過程の実相を呈示あるいは示唆する史料が存在するのも事実である。とりわけ特記すべきものに、布施維安（蟹養斎）『読書路径』〔補注2〕、平山潜兵『実用館讀例』、古賀侗庵『讀書矩』、林述斎（撰）佐藤一斎（編）『初学課業次第』、市野迷庵『讀書指南』、平賀晋民（撰）『学問捷径』、江村北海『授業編』、鈴木善教『經世学論』、田中知周『讀書準縄』などがあげられよう。[12]

その中でも、どの書を、どう読むべきかを事細かに指南するのは『讀書準縄』『学問捷径』『授業編』である。とりわけ崎門儒者で上州伊勢崎藩儒であった田中知周（浦野神村、一七四四〜一八二三）による『讀書準縄』（一八一三年）は、聴講前の予習（下見）の仕方、聴講時の聞き取りにおける要点の押さえ方について、大枠の方法から注意点の微細まで記し、復習（返り視）、質問（質講）、さらには講釈の仕方などについても細かく指南する。江村北海（一七一三〜八八）による『授業編』（一七八三年）は、これに比すれば大雑把ではあるが、受講、復習の要点を綴る。これらのテクストは武田勘治、石川謙らの教育過程に関する諸研究（注(6)の文献参照）でもとりあげられている。

一　田中知周（述）『讀書準縄』

山崎闇斎を始祖とする崎門派の厳格な学習方法は夙に有名であるが、そこでの講学の実際における学習方法について綴ったのが『讀書準縄』である。これは、上州伊勢崎藩藩儒をつとめた田中知周の口述を門人宮崎有成が刊行（梓行）したもの。田中は村士玉水に学び、藩校学習堂教授をつとめた人物である。村士は崎門三傑の一、佐藤直方に師事した稲葉迂斎の弟子で、伊勢崎藩儒である。慶應義塾図書館には、文化十二年版の、「讀論語孟子法」が巻頭に付されたものがある（以下、「慶應本」とする）[13]。

武田勘治が『近世日本学習方法の研究』で利用した筆写本には以下の小目録（項目）がある。それらは、下見（予習）、聴講・聞書、返り視、質講、講釈の仕方、講釈七則である。最後の「講釈七則」とは、知周の師、村士玉水の手によるものであり、慶應本にも「七則」と題され、後半部に付されている。しかし、その他の上にあげた小題目は、筆者が利用する慶應本には付されていない。また、両者の間には字句の異同も存在、慶應本には判読不明な箇所があり、引用箇所の不明字句に関しては武田の用いた筆写本をもって筆者が適宜校合の上、用いた。以下、この双方の版の異同にも注意しながら、知的習慣醸成に関連する事項の検討を試みる。

『讀書準縄』をとりあげる理由は、第一に、この書が、学習「制度」のみならず、学習課程の諸側面、学習の「仕方」を事細かに綴った史料であると同時に、あとに検討する江村北海『授業編』、さらには先行研究に例証されるごとくのいくつかの藩学の教則に説かれる内容と共通するものが多く、同時代における学習の「仕方」の具体相を集約的に呈示するものだからである。逆に、本章はあくまで「共通の知的基盤の醸成要素」が何であったかという問題意識からこの書に着目し、考察するものであり、崎門の学問性向云々とこの書との関係の検討は射程外である。

第二に、『讀書準縄』に綴られる学習の「仕方」の諸側面は、幕末〜明治初期の英学塾の学習課程の実際にも相通じる面を多くもつ。本章の後半にて論じるが、『讀書準縄』に提唱されるところの学習法は、「闇斎学派」の学問的教義的特性とは別次元で、「学派」「儒学」という枠を超えた汎用性が認められるものである。以下、学習の第一段階である「下見」に関する記述から検討する。

(a)「下見」(予習)の方法

崎門の教授法を綴った『讀書準縄』をみると、講釈そのもの以外の学習課程についても仔細な指南が施されているのがうかがえる。さきにあげた同書の小目録の諸事項はそれを示すが、ここではまず、聴講前の予習段階での指示がどのようなものであったかをみる。

偖《さて》、師ノ講釈ヲ聞ント思ハヾ、講日一両日前ヨリ下見ヲスベシ。其シカタハ講セラル、章ヲ數遍復讀シ、先ツ一字云云ノ文義ヲ明ラメ、能語勢ヲ看テ一字一句ノ軽重ヲ認得テ、某ノ句ハ某ノ句ヨリ生シ、某ノ字ハ某ノ字ト照應スルヲ看。偖一章ノ大意ノアル所ヲ求メ、後、全躰ノ文意ヲ看ルベシ。文意トハ聖人ノ思召ニテ一章全躰ノ意味氣象ヲ認得ル、尤大切ノコトナリ。集註ヲ看ルモ亦此通リ。集註ニテハ、是迄ハ文義ヲ解キ、是ヨリハ章旨ヲ解スルヲ先ツ見ワカウヘシ。某ノ字ハ經文某ノ字ヨリ来ルヲ考ヘ、經文ノ字ノ軽重ヲワカツテ後、集註ノ字ノ軽重ヲ分ツヘシ。集註ノ中、何レノ句カ緊要ナルカヲ認得テ、集註全躰ノ説キマハシカタヲ領會スベシ。(四ウ〜五オ)

上ではまず、「一字云云ノ文義ヲ明ラメ」ること、「一字一句ノ軽重ヲ認得」ることが重要であるとし、すべての字義に通ずべしとする。その上で、特定の字同士の照応関係に細かく目配せをするべしと指示する。つづけて圏外語(注釈)の経文に対する位置づけ(「正意ナルカ正意ニ違カ」/「經文ノ評論ヲナシタルカ、經文ノ由テ来ル処ヲ説タルカ」など)の特定、何条かの注がある場合、それらの軽重の吟味が必要なことなどが説かれる(五オ)。この

あと受講の際に携帯すべき筆記用具についての細かな指定がつづき（五ウ）、さらに、

二三條挙タルトキハ、第一條ハ何ノコトヲ説、第二條ハ何ノコトヲ説、第三條目ハ何ノコトヲ説ナドヲ能看分ツベシ。又二三ケ條ノ前後ノ次序アルヲ看ルベシ。又緊要ハ何ノ條、何ノ句ニアルヲ認得テ、經文集註ヲク、リアゲテ其意味氣象ヲ領會スベシ。（五オ〜ウ）

と、読解における注意事項が事細かに記されている。

この「下見」についての細かい指南の前には、「素読ノ法」として『小学』外篇「嘉言第五」より呂舎人の言が引かれる。「學業則須是嚴立課程。不可一日放慢」「讀取二三百遍。字字句句須要分明」といった、『讀書準繩』において敷衍される類の指導のほか、この『小学』外篇「嘉言第五」には読書法の詳細が述べられている。それを受け、『讀書準繩』ではさらに事細かな読書の方法が述べられる。

読声ハ高クナク低クナク、早カラス遅カラス、声ノ臍ノ下ヨリ出ル様ニ読ムヘシ。字指ヲ用テ、文字ノ真ン中ヲツイテヨミ、一字モ略スヘカラス。一字々々、一句々々ノ慥カニ聞ワカル様ニヨムベシ。一句ノ末ノ字ハ、シツカリト読切ル様ニ讀ムヘシ。也ノ字ナルタケ読ヘシ。而ノ字シッカリト字ヲツクベシ。其外助字ハ意ヲ以読ミ、是モナルタケハ字ヲツイテ読ベシ。遍数ハ暗誦ノナル迄ヲ度トスベシ。假令暗誦能出来タリドモ、必此準則ヲハヅスヘカラス（中略）書ハ、其読ント思フ書斗リ一冊出シ、外ノ書ハ堅ク禁ジテ出スヘカラス。（二オ〜ウ）

音読における抑揚等の要領の細かい指示につづいて、ここでも、「一字モ略」すことなく、「一字々々、一句々ノ慥カニ聞ワカル様ニ」読むべきと、すべての字への意識の集中がいわれる。さらには「句末ノ字」、「助字」すなわち「也ノ字」「而ノ字」なども「シッカリト読切ル様ニ讀ムヘシ」と、助語辞への注意が喚起される。

(b)「聴講学習」について

講学課程の大枠が「素読」と「聴講」であり、ことに十九世紀を迎えるまでには多くの藩校がこれに準じた学習課程を作り上げているのは教育史諸研究に明らかである。会津藩などはさらに「素読」課程を四等から一等まで四分類し、制度的に、年齢、習熟度に応じた学習を奨励するしくみをつくっている。[14]

また、この時代の「講釈」とは、今日の「講義」とは異なり、「読む書の意味内容を講究(考究)すること」、「経史等の意味内容について学習する(義を講ずる)」といった意味をも含むものであった。[15] これには、質講(質疑)、会講(あるいは輪講、会読)を含み、それらは、(a)で示したような師の授講の前に聴講者が行なう予習作業(下見)、受講後各自が習得した題材を持ち帰ってする作業(復読、返り視、(c)で考察)と一体で考えられる性質のものであったのは、武田勘治ほかが指摘するところである。

ここではまず、『讀書準縄』の聴講に関する記述を考える。「聴講・聞書」の項に曰く、

> 師ノ講席ニ就ヲ待テ、静ニ拜シ、講釈スル処一々録スベシ。師ノ講ズル処ヲ少シツ、巳《(ママ)》ノ書ヘカキ入ルレハ、巳《(ママ)》ノ意ヲ録スルニナルシ大ニ宜シカラズ。禁ズベシ。講終リ得ト考ヘ見テ後、静ニ問ヘシ。遽然トシテ騒ナルベカラス。知レザルコトハ勿論ノコト、得ト呑込カ子タルコト迄問テ質《タダ》スベシ。其章ノ緊要ニアヅカルコトハ心ニ能合点シタルコトヲモ問テ正スベシ。苟且ニシテ其儘ニサシヲケハ、巳《(ママ)》ノ氣質ナリニ聞受ル故、學

術ノ大本ニ於テ違フコトアリ。恐ルベシ。（五ウ）

静粛に洩れなく師の講述を記録し会得すべきことを説くのみではない。まず注目したいのは、「講釈スル処一々録スベ」き理由、「師ノ講ズル処」を「少シツ、巳ノ書ヘカキ入レ」ることを厳しく戒める理由を、それがすなわち私意を入れる（「巳ノ意ヲ録スル」）こととなるからとする点である。この、自己判断の忌避の強調は『讀書準縄』の枢要であり、学習課程の指南の各論に入る前段階で「素読」における注意点を論じるところでは以下がいわれる。

文義ヲ済スハ書ニヒツタリト引付テ、今日巳《（ママ）》ノナスベキ當然ヲ求ムベシ。書ヲ以テ我身ニ引付ル様ニスベシ。如此ナレハ、書カ主ニナリ準縄ニナリテ、此身ニ定規ヲアテルコトガナシ、吾心吾身ヲ書ニ引付ル様ニスベカラズ。如此ナレハ、巳《（ママ）》ノ氣質ガ主トナリテクル故、自分ハ是テ道ノナリト思フテモ、他人ヨリ見レバ大ニ道ニ背クモノアリ。厳ニ恐レ謹ムベシ。（四オ）

素読を行なうにあたっての基本的な姿勢として、あくまで「書」が「主」であり、それを「準縄」「定規」として「我身ニ引付ル」ことが肝要との訓戒である。崎門の学習方法が、しばしば「鋳型にはめる」学習性向を助長し、自律的思考を阻害する強圧的かつ紋切り型の知識の強要につながる可能性を秘めるのはすでに多くの論者による指摘がある。その一方、この訓戒は、十分な習熟を経ない初学による私意／恣意の強弁を忌避せしめ、独りよがりの暴論を戒めるものでもあること、さらには、テクストの精確な理解という、学問の根本を支える要諦であったことも注視されるべきであろう。

また別の箇所では、「其看ル書ノ外、堅ク禁シテ傍ニ置ベカラズ。参考シタキ書アラハ、其所斗リヲ看ルベシ。外ヲ見テ心ヲ分ツベカラズ。凡テ論孟讀法ニ少モ背カヌ様ニ心ガクベシ」（三ウ〜四オ）とある。この語も、とにかく私意を棄却することを徹底させる学習法の一端のあらわれといえよう。

（c）「復読」「帰り（返り）視」

さきに指摘したように、「聴講・聞書」とは時間的に講義時間そのもの、行為として講義を受けることのみにとどまるものではなかった。『讀書準縄』では、聴講と復習が学習事項の習熟にむけた作業として一体的に捉えられているのは、聴講に関する上述のごとくの指南に続けて、以下が記されていることからも明らかである。

扨《さて》私舎ニ返リ、其夜ヘカケテ帰リ視ヲスベシ。其シカタハ録スル処ノ筆記ヲ読ンテ、文字ノ誤リヲ改メ録シ、誤リト慥ニ覺ヘタル所ヲナヲシ、浄写シテ、他日師ノ朱批ヲ請フベシ。偖下タ視ノ時、我存寄ト師ノ講スル処ト違タルコトアラバ、其侭捨テ置クベカラズ。何処デ違タト得ト心ニ反リ求テ、爰デ違タル処ヲ慥ニ極メヲクベシ。一章ノ肝要ニアヅカルコトハ別ニシテ謹ンデ右ノ如クスベシ。疑シキコトハ勿論ノコト、得ト呑込兼タル処モ別ニ一小冊子ニ録シテ再問シテ理會セズンバ、三度モ四度モ問テ止マザルヘシ。扨又師友ニ請テ質講ヲ精出スベシ。（六オ〜ウ）

まず、講義当日の夜までに復読を開始すること、「録スル処ノ筆記」の誤字脱字を丁寧に訂正することが指示される。ここまでは個人レベルでの習得の十全性確保のための努力の指南である。さらに続けて、訂正浄写したものの批正を師に請うことがいわれ、疑問点を「其侭捨テ置クベカラズ」、「何処デ違タト得ト心ニ反リ求」めること、すなわちまず自省的に間違いを問い詰め、その上で、疑問に思う点はもちろんのこと、「得ト呑込兼タル処」、すなわち十全に体得していない箇所についても「別ニ一小冊子ニ録シテ再問」すべしとされる。この「復読」過程はすなわち、「輪講」での質疑応答と一体の、有機的な学習課程と位置づけられている。「聴講」の項でも「呑込カ子タルコト」を「問テ質《タダ》スベシ」とあり（六オ、前出）、ここでも「再問」がいわれる。それでも「理會セズンバ、三度モ四度モ問テ止マザルへシ」とされる。直後に「質講セザレバ」「学問ニ力ラノ付コト甲斐ナシ」、（質講は）「大切ニ敬ミ重ンシテ」「激励奮發シテ精神ヲ尽スベシ」とことさら重視され、さらには「師友」への「質講」も推奨される（六ウ）。

質講への「激励奮發」は「婦女ノ衣ヲ洗フ」ことに譬えられ、「灰汁ヲ煎ジテコレニ漬シ、足ヲ以蹈ミニヂリ手ヲ以数度揉」み、「垢ヲ去リ汚水ヲ絞リテ後、再三清水ヲ以洗ヒ濯《ス丶》ギテ、垢ノ氣ノナキヲ度トス」べく専心すべきこととされる。続けて「是ト同ク我腸ヲ師友ノ前ヘマケ出シテ、腸胃ノ臓垢ヲ尽ク除キ去テ潔々浄々タランヲ期スルコトナレバ、眞劔勝負ニナリテ、巳（ママ）ノ病ヲ遺サズ暴シ出シ、師友ニ痛ク戒メラル、様ニスベシ」と述べられる（六ウ～七オ）。「灰汁」をもって足で踏みつけ揉みしごき、「垢ヲ去リ」清水で濯ぐごとき要領で、己の「腸胃ノ臓垢ヲ尽ク除キ去」るべく「師友ニ痛ク戒メ」られるようにと、極めて激烈な譬えをもって学問努力が力説されるが、それが「質講」のやり方についてであることに注意したい。逆に「人ノ聴ヲ飾ル」ような質講、「師友ノ批誨少モナキ様ニ読ヲ、セタイト思心ニテ講ジテハ、大ニ宜カラズ」（七オ）と、批判を避け、事勿れ主義に陥ることを訓戒する。

かような激烈な表現をもっての学習指南は崎門門弟ならではのものとも考えられるが、質講が「眞劔勝負ニナ」るのは崎門の専売特許ではなく、幕末期の藩学、漢学塾、さらには洋学塾における学習指南の特徴でもあるのは後述する。

二　江村北海『授業編』と『讀書準繩』——学習方法の相同性と差異

『讀書準繩』に語られるところの学習指南を踏まえながら、本節では江村北海『授業編』（天明三年〈一七八三〉）を検討する。(16) これは、「幼學」「學書」（以上、巻之一所収）、「讀書」（三則、同巻之二所収）、「訓點」「四聲五音」「唐音」（同巻之三所収）、「教授」「講釋」（二則）「講談」（同巻之四所収）、「歴史學」（同巻之五所収）、「作文」（七則、同巻之六所収）、「詩學」（十四則、同巻之七、八所収）、「壽賀」「地名」（同巻之九所収）、「姓氏」「稱呼」「臧書」（同巻之十所収）からなる十巻本で、本章の問題とする学習過程の実際、読書習慣の醸成と関連する記述は、「學書」「讀書」「教授」「講釋」「講談」といった項に、比較検討すべき記述が多い。また、荻生徂徠『譯文筌蹄』「題言十則」を念頭に置いた記述、太宰春臺『倭讀要領』への言及も、とくに「學書」「讀書」、そして「訓點」「四聲五音」「唐音」（同巻三収）などの項に多くみられ、彼らの古文辞主唱への北海の見解もこの書全般に散見される。これらの点については、徂徠、春臺の原語への視線、言語研究に関する論と関係づけながら別に検討したい。以下、『授業編』における学習の仕方についての記述を考察する。

(a)　精確な筆録の重視

『授業編』に「下見」「予習」との項目はないが、まず「讀書第三則」に以下がある。

（サルニテモ）書ヲヨムニ聲ヲアゲテヨムガヨキヤ、黙シテヨムガヨロシキヤト問フ人アリ。コレハ各得失アリテ一方ニ定テハイヒ難シ。聲ヲ揚テヨムナラバ、字音ヲ正シ、句讀ヲ分チヨムベシ。字音ノ疑ハシキハ、打ステ、オカズ、ソノマ、字書ニテ吟味スベシ。（中略）既ニ一二扁モヨミタル書ヲクリ返シテ讀、意義ヲクハシク求ムルニハ、黙シテ書ヲミルガヨシ。何レニモ一部ノ書ヲヨマントナラバ、其開巻ヨリ終リマデ一字ヲモ残サズ、一句ヲモ略セズ、讀テ讀シマイタルトコロニシルシヲツケテ、又（ママ）其次ヨリ讀ベシ。此ヲ讀カシコヲ讀、コノ書ヲ見カノ書ヲ見ルコトセサルガヨシ。左ナケレバアシク癖付、卑諺ニイフ喰サシ學文ト云ニナリテ、一部ノ書ヲ通シテ讀事ナラヌモノナリ。

（巻之二、五オ～ウ）

音読、黙読各々の効用に触れ、前者は句節・文節の理解のために重視され、後者は「意義」の詳細の理解に有効とする。また、いくつもの書の併読は「アシク癖付」き「卑諺ニイフ喰サシ學文」に陥ると批判する。一書の通読を力説し、一字の遺漏もない読み込みをいうが、これは、さきに引用した『讀書準縄』の「読ント思フ書斗リ一冊出シ、外ノ書ハ堅ク禁ジテ出スヘカラス」（二ウ）と相通じる。また、「開巻ヨリ終リマデ一字ヲモ残サズ、一句ヲモ略セズ」読めとの記述も、『讀書準縄』の「一字モ略スヘカラス。一字々、一句々々ノ慥カニ聞ワカル様ニヨムベシ」（二オ）との指南と同じである。『讀書準縄』は「句末ノ字」、「也」「而」も含めた助字への意識もいうが、『授業編』にはこれらへの言及はない。

つぎに聴講についての記述であるが、「講釋第二則」の冒頭に、「前條（「講釋第一則」）ハ講釋ヲスル事ヲ論ス。此章ハ講釋ヲ聽事ヲ論ズ」とあり、専ら効果的な聴講の仕方について記される。

サテ講釋ヲキクニハ、一冊子ヲ携エテ席へ出、其師ノ一言一句トイヘトモ遺脱ナキヤウニキ、書ヲスルガヨシ。今ニテモ書生輩ノ中ニ聽書ヲシツケタルハ、一語ヲモ残サズ、達者ニ書モアリ。聽書ヲセントスレバ、書ニ心ユキテ聞ク事ソマツニナルト云人アリ。是ハキ、書ヲスルヲメンドウニ思フヨリ言ヲカザリテ説ヲナスニテ、左様ノ理ハナキコトナリ。（中略）遅筆不達者ニテ悉ク書トル事ナリガタシト思ハヽ、心ヲトメテ遺忘ナキヤウニ聴取、講釋スギテ宿ニカヘラバ他事ヲサシ置、其マ、書付置ベシ。此二ツニアラザレバ、講釋ヲキ、テモ益スクナシ。（巻之四、十二ウ）

「其師ノ一言一句トイヘトモ遺脱ナキヤウニキ、書ヲスルガヨシ」、「一語ヲモ残サズ」に筆録すべしとは、『讀書準縄』の「講釈スル処一々録スベシ。師ノ講ズル処ヲ少シツ、巳《ママ》ノ書ヘカキ入ルレハ、巳《ママ》ノ意ヲ録スルニナルシ大ニ宜シカラズ。禁ズベシ」（五ウ）との訓戒に通じる。無論これは、『讀書準縄』後半に記載の村士玉水による読法「七則」、ならびに「辯終十忌」に象徴的な、聖人説の絶対視と先学の指導への盲従、ほとんど求道的次元ともいえる精緻な読書・筆記の要求とは異なる。しかし、十分な習熟を経ない初学による私意／恣意の暴走をおさえるための精確な学習の奨励は、北海『授業編』にも明らかであり、精確な筆録を重視する姿勢は共通する。その場での逐字筆録が難しい場合は「宿ニカヘラバ他事ヲサシ置、其マ、書付置ベシ」と、事細かに指示する。

（b）　多読を重視

北海が複数の書を同時に読み進めるのを「喰サシ學文」として退け、「開巻ヨリ終リマデ」「讀シマイタル」ことを推奨したのは指摘した。しかしその一方、「腹中ニ文字ノ蓄」えをすべく多読をことさら強調する。「作文第二則」に曰く、

腹中ニ文字ノ蓄出来ル時ハ、詩ニテモ文ニテモ自然ト書ル、モノナリ。其時ヲマチテ、詩ヲモ文ヲモ作リ習フベシ。イマダ腹中ニ其蓄出来ヌウチハ、タ、ヒタスラ書ヲ讀ヲ以テ業トシテ、詩文ヲ作ルベカラズ。腹中ニ文字ノ無ウチニ詩文章ヲ無理ニ作ラントスルハ、畢竟無益ノ暇ヲ費シ、讀書ノ業ヲ廃ス。大イナル損ナリ。

（中略）詩文章ヲ早ク作リオホエントスル事、初學ニアリテ大イナル損ナリ。今ノ書生輩、僅カニ四書ノ素讀ヲ仕舞フト、ハヤ唐詩選ナドヲトリマワシテ、詩ヲ作リオボエントシ、僅ニ詩ノ作リカタヲオボユルニ、ハヤ文章ヲ作リオボエントスル。是詩文章ノ出来ヌ基ナリ。

（巻之六、三ウ～四ウ）

読書量が飽和点に達するまでは「タ、ヒタスラ書ヲ讀ヲ以テ業ト」すべきだと説き、四書の読了後ただちに詩づくりに励むのを批判する。では北海は、どの程度の読書が適切と考えていたのであろうか。「讀書第二則」に曰く、

太宰春臺ノ和（倭）讀要領ニ、ヨムベキホドノ書目ヲ擧、コレヲヨム前後ヲモ次第セリ。見合スベシ。

（巻之二、五オ）

ここに言及される太宰春臺（一六八〇～一七四七）による『倭讀要領』の「書目」とは、同「學則」（『倭讀要領』巻下所収のもので、徂徠『學則』ではない）に列挙されるものである[17]。ここで春臺は、まず、『孝經』『論語』『毛詩』『尚書』の四部の書の、訓点に頼らない句読を推奨する。続いて「四部ノ書既ニ誦讀習熟シテ、暗記スルニ至ラバ、古註ノ三禮、周易、幷ニ春秋ノ三伝、國語ヲ取テ讀コト四五遍スベシ」とする。つまり、『孝經』『論語』『毛詩』『尚書』にはじまり、続いて古註三禮（儀禮、周禮、禮記）、『周易』、『春秋』三伝（左伝、公羊、穀梁）、『國語』すなわち春秋外伝、さらに『文選』の十三の書物の徹底した通読、しかも「直読」によるそれを要求する。さらに『史記』『漢書』の熟読が必須とされ、加えて『資治通鑑』をはじめとする一連の書物が推奨される（『倭讀要領』巻下）。

北海が、春臺のようにこれらすべての完璧な読了を厳格に要求したかは、北海門下における指導の様相を記録した史料などを使っての解明が必要であろう。しかし、「書く」ことにいたる以前に、「文字」を「腹中」に貯めるべく、相当量の読書を要求する。これは、「其看ル書ノ外、堅ク禁シテ傍ニ置ベカラズ。参考シタキ書アラハ、其所斗リヲ看ルベシ。外ヲ見テ心ヲ分ツベカラズ」とし、さらには原則として「凡テ論孟讀法ニ少モ背カヌ様ニ心ガクベシ」（『讀書準縄』三ウ〜四オ、前出）と、読むべき書物、そして読み方までも厳格に限定する崎門の教えとは些か異なる主張である。

さきに引用の「作文第二則」の「ハヤ唐詩選ナドヲトリマワシテ」「文章ヲ作リオボエント」することは、「詩文章ノ出来ヌ基ナリ」との批判に続けて曰く、

學徒ノカヽル志ヲ窺ヒテ、書肆ノ賈人、此カシコノ先生ニ相謀リテ唐詩礎、明詩礎、詩筌、詩聯、何ノカノト詩ノキリツギヲスル小冊子、近年ニ至リテハ、イヤカ上ニアリテ、ソレラノ書ヲアチコチトリ合セテ詩ト云フヤウナルモノ出来ルユヘ、文章モ左様ノ仕方アルベシ。時師ニ問ヒ尋ネタランニハ利口ナル捷径モアラン。（巻之六、四ウ〜五オ）

詩作の参考書が出回り、それらの「書ヲアチコチトリ合セテ」「詩ノキリツギ」を行なうことを批判している。これは明らかに、蘐園の諸学による古文辞つぎはぎ批判を主眼としたものであり、これは春臺が同学のこの営みを執拗に批判したのと軌を一にする。(18)

この文に続けて「書肆ノ賈人、此カシコノ先生ニ相謀リテ」参考書を乱造、結果「手引ニスベキ小冊子頗ル多ク、コレラヲ便リニワケモ聞エヌ尺牘ナドツヾリテ時師ニ潤色ヲ乞トイヘドモ、ハカバカシク正削モ出来ズ」と、

詩作を試みるも遂げずにいる滑稽を揶揄する。「尺牘」の流行についても触れるが、周知のように『滄溟先生尺牘』は服部南郭（一六八三〜一七五九）の校訂によるものが多く出回った。上の文章の「此カシコノ先生」「時師」の一人は南郭であったろう。北海は、「キリツギ」「アチコチトリ合セテ」の詩作を忌避し、作詩、作文にかかる以前に、「腹中ニ其（文字、文章――筆者）蓄出来」るまで周到な読書に従事することを主唱した。「作文第四則」で北海は以下のように述べる。

今、漢土ノ文ニナラヒテ書カラハ、漢土ノ人コレヲ見テモカヽル事ト合點スルニテナクテハ、本意ナラザルニ似タリ。然レバ我邦ノ假名又俗文ナラバ、箇様ニ書ク事ナレドモ、漢土ノ文ニテハカヤウニ書トイフ、其カキ方ヲ覺ユルヲ、文章ノ地ヲ學ブト云ナリ。其地ヲ書覺ユルマデハ何レノ書、イツレノ文ニテモ去嫌ヒナク漢土人ノ書タルニテサヘアラバ、其書カタハ皆吾ガ文ヲ學ブ手本ナリト思ヒテ書ナラフガヨシ。

（巻之六、七オ〜ウ）

「漢土ノ文」の「カキ方ヲ覺ユルヲ、文章ノ地ヲ學ブト云」、「去嫌ヒナク漢土人ノ書タル」を「皆吾ガ文ヲ學ブ手本」とすべしとは、北海における原語への意識の高さを示唆する。ただし、つづけて「両漢ノ散文ノ四六ノ韓柳（中略）李王ノ古文ノ古文辞ノ何ノカノトイフ」ことには頓着するなと述べており（巻之六、七ウ〜八オ）、特定の時代の特定の文筆家の文体・文法への固執は忌避すべしとしている。

しかし、また一方では、『授業編』には「四聲五音」「唐音」との項目があるのは触れた（巻三所収）。これらの項目も含め、徂徠『譯文筌蹄』「題言十則」、そして春臺『倭讀要領』などの吟味を通じての、外国語としての古代中国語の認識、原音、原語序に通暁することの重要性の指摘が散見される。『授業編』は一七八三年の刊であり、すでに徂徠学が敬遠されて久しい時期の書といえる。また、徂徠、春臺以降は蘐園の諸学の間でも原語そのものに迫る「言語研究」が振興したとはいえない。かような時代に北海は、一七一一年刊の『譯文筌蹄』、一七二八年刊の『倭讀要領』にあらわれる原語重視に焦点をあてている。

三　『讀書準縄』『授業編』、そして洋学学習の実相

前節、前々節でみたように、田中知周『讀書準縄』と北海『授業編』における諸々の指導要領は、「何を」読むか、参照すべきかのみならず、読み方の「形式」、議論の内容、さらにその「仕方」、「形式」を規定する。これらの書は、学習者に広汎に共有されるべき知的習慣とその集合的意味を呈示するものである。[19]「本を読む」過程で実現される「意味の創出作用」は「本そのものとは別」であり、「読み手」に備わる理解の「形式」「形態」は特定の時間、場所、そして集団の性質により「歴史的に」決定されるとはR・シャルチェの言であるが、[20]『讀書準縄』に指南される「独看」における精確な読みの要求、「会読」「質講」における精緻で辛辣な討議は、相乗的有機的に個々の読み手の読書習慣を醸成するものといえよう。そしてこれは、武田勘治、石川謙らの研究が示すところの藩学の諸学規にあらわれる素読、聴講、質講、会業の仕方とも大いに共通するものであることが推知される。

さらには、これら素読から輪講（会読）までの教授法は、そのまま幕府の洋学学問所、すなわち蕃書調所、その後の開成所の教授法となっている事実は、茂住實男の一連の研究に詳細に実証されている。[21]茂住の研究を要約すると、「先ず句読教授につき、個人教授で、文法教科書の句読＝読み方を学」び、続いて「英文を素読」、「何十回となく反復練習」し、文法、訳読の力を蓄積した後「会読課程」にすすむ。この課程は、独力での英文理解のための入念な下調べ→輪講における発表→質疑への回答→間違いの訂正と復読を含む課程である。[22]この、茂住によって描かれる学習課程は、まさしく『讀書準縄』、藩学の「学規」にある学習の「仕方」に関する規定その

ものであり、これが、江戸後期の宇田川塾、安懐堂、象先堂といった蘭学塾、さらには箕作秋坪の三叉学舎、萌芽期の慶應義塾など英学塾における教授法にも受け継がれていった(23)。

江戸後期の蘭学塾、幕末の洋学塾の教授課程の具体相のこれ以上の詳細については茂住、そして一部は森岡健二の諸研究を参照されたい(24)。ここでは、学習者の知的習慣醸成につながる当時の学習の「仕方」、企図された学習方法がどの程度実践され、知的習慣の醸成に寄与していたかを語る史料、とくに「被」教育者側の教育に関するさまざまな記述を史料として注目してみたい。とくに平沼淑郎『鶴峯漫談』(25)、菊池（箕作）大麓の講演録(26)、さらには石河幹明『福沢諭吉伝』(27)などは、右の目的に有用な情報を提供する。まず、三叉学舎における教授の仕方の実相について描いた『鶴峯漫談』をみる。

意義の解釋には師弟共に渾身の力を入れて、微細の點も輕々看過しなかつた。これがやはり漢學修習の遺風をそのまゝ継承したのである。當時外國語を習ふのに兩様の法があつて、これを正則變則といつた。正則といふのは、先づ綴字發音から精確にして進むのであつた、變則といふのは發音は第二位に置いて、意義の解釋を専らにするのである。三叉学舎や慶應義塾の教授法は後者に属する。その優劣は今日の人をして言はしむれば、甚だ明瞭であらうが、當時に在つては、變則の方が讀書力を養成する上に於いて遥かに優つてゐると稱せられてゐた(28)。

この後段には「これ（輪講――筆者）によつて讀書力が非常に進んだことは爭はれぬ。近来のやうに一教室に多人数を詰め込んで大量教授をする場合にはとてもこんな方法を適用することを得ないが（中略）これ（輪講――筆者）を斟酌した何等かの法を講じたならば學生の讀書力を進むる上に大いに貢献するところがあらうかと思つている」とある。(29) 実用英語の習得、発音の学習はいざしらず、とりわけ「読書力」の向上には、「輪講」を軸とする「變則」の読書機会が、「當時」のみならず、時を超えて大いに役立つものと平沼が認識していたことを示そう。

『鶴峯漫談』には「輪講」の仕方に関する具体的叙述があり、「白點」「黒點」を用いて学力の優劣を明示することを常とする「輪講」は、参加者をして「戰場に出る眞劍味を以て教室に出」ること、「ロンドン條約案」検討の「委員會に於ける首相外相海相の席に出る前」のごときの「苦労」を強いる性質のものであり、平沼自身「質問攻めで泣いたことが屢あつた」と述懐する。(30)「輪講」という「制度」の実相を描写するのみならず、この制度が、どのような水準の知的「習慣」を醸成し得たかをも示唆しよう。

石河幹明『福澤諭吉伝』には、永田健助による慶應義塾萌芽期、新銭座時代の英学学習の様子の描写も載せるが、以下のようにある。

輪講とくると、なか〳〵一時間や二時間では済まぬ、大抵午前が素読講義時間で、午後に輪講を始める例で、必ず夕刻まで掛る。学力を錬磨したのは即ち輪講であつて、これは漢学伝来の輪講と同一の方法であつて、同級生一同集まり、各生一ページなり、半ページなり受持を定め、其文義を解釈するので、甲が受持を誤解すれば乙に廻はし、乙がこれを正解すれば、甲は黒点、乙は白点を取る仕組である。若し乙も亦誤れば丙に廻はし、丙も否なれば丁に、終に末席者まで廻はり、其者が首尾よく遂行すれば、一同が黒点を付せられて、其者独り白点を取るので、優勝劣敗覿面に判明し、其の結果は学級の昇降は勿論のこと、月末寄宿席を換ゆるときの良席先取権にまで関係を及ぼすから、会読のために惰生さへも勉強した。これがため深夜寝静りたる頃窃かに書を繙き思を凝らす徒も随分あつた。(31)

ここでも、黒点白点による競争原理を内包した輪講の様子が語られるが、とくに、「輪講」が「文義解釈」の精微を目指した独力での入念な下準備を前提とする点にいま一度着目したい。箕作の「三叉学舎」においても同様であった様子が、『鶴峯漫談』に語られている。

> 今日行はれている教育教授の方法を観ると、教授は多數學生の興味を惹くことを主とし、學生は學校の教室で學んだことを、その場限りに放擲し去つて、更らに復習をしないのが少なからずある。小生どもはその日その日の課業を了へて家に帰ると、必らず先づ復習をした。復習は業餘の業ではなくて、日課の一つに定まつてゐた。そればかりではない。翌日教授を受くべき學科に就いては下見を欠かさなかつた。下見といふのは今日の語でいふと豫習をすることである。豫習をして教場に臨まないと非常な後れを取らなければならなかつた。（中略）箕作塾の項で、輪講のことをいつて置いたが、その席に出る前には必らず豫習をしなければならぬ。豫習といつてもたゞ尋常一様の豫習に止らずして、かく質問の矢を放たれるばかう答辯しやう、あゝ難詰さるれば、どう突破しようといふことに腐心焦慮したのであつた。幾遍となく字書を繙閲する。何回となく語句の解釋を考へ直す。並大抵の苦労ではなかつた。しかし日夕倦怠なく従事した。(32)

ここで上の述懐を、とくに第一節で検討した『讀書準縄』における学習指南に鑑みて考察しよう。平沼は、下見（予習）は「たゞ尋常一様の豫習」ではなく、「難詰」に適宜対応すべく「腐心焦慮」、周到な字句・語句の意味の精査、解釈が不可欠の課程であったと述懐する。これすなわち『讀書準縄』「下見」の項における「一字云云ノ文義ヲ明ラメ、能語勢ヲ看テ一字一句ノ軽重ヲ認得テ、某ノ句ハ某ノ句ヨリ生シ、某ノ字ハ某ノ字ト照應スルヲ看」るべしとの指南と通じる。平沼が怠らず行なったとする「復習」は「日課の一つ」で、「業餘の業ではな」かったとするが、これも、自省的に間違いを問い詰める復習を講義当日の夜に行なうことを指南する『讀書準繩』の「復読」に通じる。

そして、「輪講」である。平沼のいう「戰場に出る眞劍味」、「首相外相海相の席に出る前」のごときの「苦労」を強いる性質の輪講は、『讀書準繩』にて質講が「婦女ノ衣ヲ洗フ」ごときの鍛錬に譬えられ、足で踏みつけ揉みしごき、「垢ヲ去リ」清水で濯ぐごとき要領でなされるべきもの、質講が「師友ニ痛ク戒メラルヽ」「眞劔勝負」として位置づけられるのに相通じよう。

平沼は、箕作秋坪、菊池大麓らと同じ津山藩出身、石河は水戸藩士である。津山藩「修道館」の「教則」二「授業方法」には、「素讀會讀復讀獨見等ノ法ヲ定メ秩然進學ノ序ヲ紊サス其學力ノ進ムモノハ復講輪講等ヲナサシム」とあり、その後段に「階級ヲ立テ名札ヲ掲ケ勤惰ニヨリ之ヲ上下シ競進セシメ倦マサラン」と記されている。(33) 津山藩で『讀書準繩』が用いられた形跡は管見の限りなく、右の「教則」も同書のごとく読法、会講のやり方を事細かに説くものではない。しかし平沼の回顧は、津山藩藩学における周到な学習の奨励装置としての競争的会読課程の存在を推知させるに十分といえよう。

かような、「競争」を介在させた会読、輪講、復講といった学習課程が、北は仙台、米沢、会津の諸藩から、松代(34)、前橋、関宿、掛川、浜松、加賀、大野（越前）、淀、神戸（伊賀）、竜野、松江、さらには九州の福岡、佐賀、熊本など、日本全国の多くの藩学の学習課程として採り入れられていたことは、前田勉の研究でも例証されている。(35) 備中井原の「興譲館」は明治初期の民権運動家を多く輩出した一橋領の郷校であるが、初代塾長阪谷朗廬の手による学規にあたるものとして「家塾生ニ示ス心得書」「興譲館詩文会規約」があり、(36) 後者には以下がある。

席上、題ヲ発スルモ亦、宿題ノ数ノ如クシ韻分ノ字ヲトル、詩家、文ヲ為リ、文家、詩ヲ為ル、唯、興ノ適スル所、必ズシモ拘束セズ。既ニ成リ、輪観ノ後、各人携ヘ帰リ、推敲錬磨、後会ノ期ニ至リテ宿題ト与ニ連写シ、再ビ携ヘテ席ニ上リ、之ヲ会幹ニ付ス。（中略）宿題詩文成ラザル者ハ、贖フニ茶菓、或ハ下物一品ヲ以テシ、会ニ当リテ親シク携ヘテ以テ歓ヲ助ケ、其ノ会セズシテ、専价鳴謝セザル者ハ、同社督責シ、罰ハ其ノ宜シキニ随ヒ、席上ノ作成ラザル者ハ、罰スルニ、一大盃ヲ以テシ……(37)

これは特定の書物の「会読」ではなく、各々の作品の「輪観」に関する規約であるが、参加者全員での作品の論評、それを参考にしながらの「帰り視」、「推敲錬磨」が推奨されている。『讀書準縄』の激烈な学習指導に比べると、詩文の宿題を忘れた者がそれを「贖フニ茶菓」、「鳴謝」のない者に対しては「督責シ」とあるも「罰ハ其ノ宜シキニ随ヒ」、「罰スルニ、一大盃ヲ以テ」するなど、随分とゆるいものである。しかしここにも、作品を会員の間で「輪観」し、「帰り視」にて「推敲錬磨」し、「後会ノ期ニ至リテ宿題ト与ニ連写」、「再ビ携ヘテ席ニ上」ることが規約として定められている。

前田も引く掛川藩の「經誼館掲示」に「問難論究」「問難討論」が標榜されているのは、「腐心焦慮」を強要する「質問の矢」「難詰」を日常とする平沼の学習環境を思い起こさせ、「疑ヒ有ラバ必ズ問ヒ、問ヒ有ラバ必ズ窮メ、窮メザレバ措カザルナリ」（同「掲示」）との文言は、これが幕末考証学の大家松崎慊堂の手によるにおいては必然ともいえるが、「窮メザレバ措カザル」学習態度は「意義の解釋」に「渾身の力を入れ」、「微細の點も輕々看過しなかつた」との平沼の述懐に相通じる。さらには、第一節で検討した『讀書準縄』で力説される学習法と軌を一にする。幕末の漢学学習は、崎門、徂徠、折衷、考証といった学統学派を問わず、密度の濃い考究、討究を必須とするものであった。(38)

ここではさらに、それらがもたらすところの知的習慣に注意を払いたい。たしかに、平沼自身「正則式の方面に於いては」「小生はいつも劣等の地位に在った」と吐露するように[39]、「漢学修習の遺風」である「變則」の英語学習は、実用的英語の習得にはあまり役に立たないものであった[40]。しかしここでは、言語習得の方法としての意味よりも、もっと根底的な知的基盤としての意味に着目したい。たとえば以下の西周の論は、本章で考察したごときの儒学（そしてのちには英学）の学習過程に培われる素養がいかなる意味で重要かを考えるに示唆的である。

余近日スペンセル氏ノ性理書ヲ読ミ、感ズル所アリ。（中略）旅客佐兵官ワルポールノ言ニ、三維斯（サンドウィッチ――筆者）島ノ住民ニ就テ其授業師ノ発見セル事アリ。其土人ノ教育、早歳ニ在テハ固ヨリ高上ノ学問ニ非ズシテ、唯記性ノ好キト暗誦復読等ノ事ニ止ルト雖モ、其進歩甚ダ速カナリ。然レドモ、是ニ継テ思慮ノ能力ヲ練熟スルコトトナシト。是、其人単素ナル念ハ容易ニ受ケ得ルト雖モ、組織セル念慮ハ之ヲ作ルコト能ハザルナリ。（中略）黒児ハ白児ニ比スルニ智ノ前進敏捷ナリト。然ルニ後来ニ至リ心意開発セズ、是唯樹ニシテ能実ヲ結ベドモ熟セザルガ如シト。又アンダマン島ノ児童ノ事ヲ記セル書ニモ、其児童言語ヲ覚エテ之ヲ反復スルハ速カニ且容易ナレドモ、此語ヲ相通ジタル観念ヲ以テ結合スルコト能ハズト。（中略）新西蘭（ニュージーランド――筆者）人ノ如キ、発明ノ才智ナク概括ノ観念ナシ。然ルニ初学ニハ差支アルニ非ズ。十歳許ノ小児ハ英ノ小児ヨリ一層敏捷ナレドモ、唯高キ能力ヲ発達スルニハ英児ト均シク教授ス可ラザルナリ。凡テ此等ノ事並ニ瑣細ナル事ニ就テ精微ナル理ヲ穿鑿スル論弁ヲ理会スルハ我々ニテモ力ノ及バザルコト屢コレアルガ如ク、其理由ハ智力単素ナルヲ以テ知覚スベキ関係ノ夾雑組織セル者ニ相応給スルコト能ハザルニ在リ[41]。

ここに指摘される民族ごとの「能力」の特徴とその優劣に関する十九世紀的見解とそれについての西の理解に

ついて、今はその是非は問わない。注目したいのは、現地人（〝土人〟）の特徴として、「思慮ノ能力ヲ練熟スルコトナ」きこと、「組織セル念慮」の欠如、「後来ニ至」っての「心意開発」なきこと、実を結べども熟せざること、「観念ヲ以テ結合」するに能わぬこと、「概括ノ観念」なきこと等が、負の特徴として列記されている点である。西は右の論に続けて、〝創造発明の源〟（中国とギリシャ）と辺境諸国家（西欧と日本）との知的関係について述べ、辺境諸国家は〝発明源〟国を「師とせざるを得ず」と雖も、「唯踏襲模倣」をその責務とすべきではなく、「前段ニ云ヘル早歳能語ヲ記スレドモ結合ノ力乏シキ者」（すなわち西のいうところの〝土人〟の国の人びと）に対し、辺境諸国の人びとの責務としての、応用段階、高等な次元での知的営為への従事を示唆し、その中で右のタームが想起せられている。

ここでの西の、中国・ギリシャ＝「早歳能語を記す」／日本・西欧＝「結合ノ力乏シキ者ニ非ル」とする比喩は、かなりの飛躍といえ、誤謬とすらいえよう。しかし、「実ヲ結」ぶのみと「熟」すことの差異、初等教育段階での暗誦、反復能力と「観念ヲ以テ結合」する能力の違いを明瞭に示し、「早歳ニ在テ」「其進歩甚ダ速カナ」ること、「単素ナル念」への対置概念として各々「思慮ノ能力」の「練熟」、「組織セル念慮」の語彙を用いて対比させた点は重要である。

平沼らの述懐に話を戻そう。すでに指摘したが、平沼は、「讀書力を養成する」においては「漢學修習の遺風」を「継承」する学習法が「遥かに優つている」としている。英語の実用性はさておき、文義、字義の精微な理解にむけては、漢学の「修習」課程に一般的であった学習の「仕方」が有効であったとしている。これすなわち周到な字句、語句理解などの下準備の辛苦の過程において培われたものといえよう。石河も、「深夜寝静りたる頃窃かに書を繙き思を凝らす」までの周到な準備の常態化をいうが、これも漢学世界での「輪講」という「制度」がもたらすところの「師弟共に渾身の力を入れて、微細の點も輕々看過しな」い「漢學修習の遺風」であり、

「共有」の「知的習慣」醸成の慣習的側面として看過できないものであった。菊池（箕作）大麓も同様の見解を示す。

月六回輪講があつて、其輪講には或一人か讀んて其意味を講ずる。さうすると其他の者がそれに問をかける。それで其講じた者の言ふことと説が違へば反對の説を述べる。さうしてそれが正しければ其人に白點をつけて講した人に黒點がつく。（中略）動詞に付いて總ての變化を聞く、此不定法は何であるか、半過去の二人稱の單數は何んであるかといふやうな風に一々問をかけるといふやり方でありました。（中略）此等の方法は今日の方法よりは或る點に於ては良いと考へるのであります。兎に角今日の教へ方は極く淺い教へ方であるといふことを考へるのであります。(42)

菊池は続けて「生徒に十分書物を讀ま」せること、「其書物の意味」の吟味、「讀書に依て智識を得る」、「力を養成するやうな方法（輪講）」の必要性を説く。「輪講」が効果的であったことをいうが、なぜ効果的であったか。「十分書物を読ま」せること、「一々問をかけ」ることが、「智識」、「力を養成する」とし、「極く深く教へ込む」この学習方法が、平沼と同様に「今日の方法よりは或る點に於ては良い」と考えているからである。これもまた、『讀書準縄』の、「朋友にも質問せよ」「三度モ四度モ質講セヨ」との指南に通じる。

小括

前田勉による会読という学習課程のもつ意義、その幕末期における本格化と処士横議の活発化との関連についての指摘はまことに重要である。また、会読が蘭学学習、幕末の英学学習の学習課程の中枢に位置づいていたことに関する茂住の指摘についても触れた。さらには、等級制、学級制の寛政期以降の藩学教育における普及も教育史諸研究の指摘するところだが、会読が、前田勉の主張する「処士横議」の前提となったかどうかは、前田が援用するユルゲン・ハーバーマスの公共性論、コミュニケーション論が前提とする共同体の在り方の再検討も含め、今後、別次元での論証が必要となろう。

しかし、周到な字句、語句理解などの下準備を前提とする下見（予習）、容赦のない質疑応答を旨とする輪講、そして返り見（復習）も含めた競争的勉学を奨励した〝旧来の〟漢学の学習プロセスは、修学する者をしてただ安穏と師の後を追って読誦する、師にいわれたところを、いわれたとおりに丸覚えするにとどまることを許さない。そうではなく、みずから字義、文意を鋭意探索し、十全なる根拠を基盤に「観念ヲ以テ」「結合」、「概括」するといった作業も内包した、演繹と帰納とを組み合わせながら合理的に総合する能力を必須とする知的営みへの従事をともなう、「練熟」、「念慮」、「熟せ」る思考力といったものを内包する「隠然たる知的習慣」を醸成する装置であったといえよう。さらには、『讀書準縄』『授業編』、そしていくつかの藩学の学習規定に顕われる知的方法は、このような側面において、慶應義塾、三叉学舎などの英学塾において発展的に継承された。そしてこれらが、明治初期知識層の知性的特性を規定し、知的基盤を醸成していった重要な要素であったといえよう。

〔補注1〕　本章では、学術・教育機関における一定の学習・作業の順序や内容に言及する場合、とりわけ特定の教育機関・場所、学習・作業の範囲・順序に言及する場合は「課程」を、ひろく物事の発展、変化の進行あるいは様相について言及する場合、または概括的な学習のプロセス・内容に言及する場合は「過程」を用いる。小学館『日本国語大辞典』（第二版、二〇〇一年）においては、「過程」とは「物事の生成、変化、発展の進行しつつある様相。また、経過する一連の道すじや現象」、「物事の、連関的で合法的な進行」とされ、「課程」は「学校などで、ある一定期間に割り当て行わせる、学習・作業の範囲」などと、特定の学術・教育機関における限定的な学習・範囲を示す。本章はこれに準じてこれらの語を用いる。

〔補注２〕　他章と同様に本章においても原則、原文の字句が正字体の場合はそれを用い、それ以外は略字体を用いたが、本章の引用文には引用テクストに正・略字双方併出するものがある。この場合はテクストに用いられた字体をそのまま引用した（例：『讀書準繩』「シッカリト読切ル様ニ讀ムベシ」〈二ウ〉）。句読点のない引用文に関しては筆者が適宜それを付した。また、原文に「漢字送り」が使用されていない場合はそのまま引用し（例：『讀書準繩』にはたびたび「云々」を「云云」と記すが、これの引用は原典のままとする）、かな文字も原則原文のまま用いた（例：『讀書準繩』には「シッカリト」と「シツカリト」を併用する箇所あり）。

〔注〕

（１）　これに関しては多方面からの議論がある。たとえば前田愛『近代読者の成立』（岩波書店、一九九三年、初出は一九七三年）、中村春作『江戸儒教と近代の「知」』（ぺりかん社、二〇〇二年、とくに第三章）は、明治初期知識層が幕末期にうけた素読の訓練のもたらす知的素地の重要性を指摘する。辻本雅史『「学び」の復権――模倣と習熟』（角川書店、一九九九年、二〇一二年に岩波現代文庫版刊行）は、とくに江戸中期以降の学習方法の特徴を詳察、同『思想と教育のメディア史――近世日本の知の伝達』（ぺりかん社、二〇一一年）も示唆に富む書である。前田勉は、漢学学習課程の枢要であった「会読」が「水平的」議論の場として機能し、参加者の「討論」力を醸成、さらには会読の場における議題が経書解釈に関するもののみならず、政治、外交にも及ぶようになり、ここに幕末の会読が、学習者をして「処士横議」を可能ならしめる基盤となったとする。前田『江戸後期の思想空間』（ぺりかん社、二〇〇九年）、同「金沢藩明倫堂の学制改革――会読に着目して」（『愛知教育大学研究報告』人文・社会科学編〈愛知教育大学〉、第五八号〈二〇〇九年〉）。

なお、本章はこれらの前田の会読の意義に関する論考に大いに刺激をうけたものであり、これらを踏まえ、いま一度会読課程も含めた漢学学習のプロセスの詳細を具体的に語る史料を考察し、その意義を筆者なりの視座で捉え直すことが目的の一つである。

茂住實男は、洋学塾の学習課程の実相に着目、とくに漢学学習方法の一つである「会読」がそのまま蘭学、英学学習にも採用されるのを実証する（茂住『洋語教授法史研究――文法＝訳読法の成立と展開を通して』〈学文社、一九八九年〉）。また、洋語の習得に漢学の素養が役立ったとするのは中村正直、西周ら、同時代の諸学の主張するところである。

（2）中村、前掲注（1）『江戸儒教と近代の「知」』。

（3）いうまでもなく「知的基盤」「共有されている知的習慣」といった問題は、第一章の注80でもあげたF・リンガーらの歴史社会学（とくにRinger, Fritz K., *Fields of knowledge: French academic culture in comperative perspective, 1890-1920*, Cambridge University Press, 1992〈邦訳：F・K・リンガー著、筒井清忠ほか訳『知の歴史社会学――フランスとドイツにおける教養　一八九〇～一九二〇』〈名古屋大学出版会、一九九六年〉〉の主題であり、中村、前掲注（1）『江戸儒教と近代の「知」』も、分析視角の策定にこれらの概念を用いている。

（4）リンガー、前掲注（3）『知の歴史社会学』、一四頁。

（5）筆者の念頭にあるのは、第一章注（80）においても列挙したロジェ・シャルチェ、フリッツ・リンガーらの著作群であるので、こちらを参照されたい。ただしそのなかで、Ringer, *The decline of the German mandarins: The German academic community, 1890-1933*, Cambridge, Mass., Harvard University Press, 1969 は緻密な調査に基づく論考であり、例外といえよう。しかしこれも、「近世教育事実史」の諸研究のような、詳密な実証研究とは性質の異なるものである。

（6）石川謙『近世教育における近代化的傾向――会津藩教育を例として』（講談社、一九六六年）、同『近世日本社会教育史の研究』（青史社、一九七六年。初版は一九三八年）、同『日本学校史の研究』（小学館、一九六〇年）。また、武田勘治『近世日本学習方法の研究』（講談社、一九六九年）、同「近世日本における学習方法の発達」（日本教育学会編『教育学論集』第一〈目黒書店、一九五一年〉）など。

（7）武田、前掲注（6）『近世日本学習方法の研究』。

（8）前田、前掲注（1）『江戸後期の思想空間』、とくに第二章。

（9）石川、前掲注（6）『近世教育における近代化的傾向』は、その主題が示すところを解明する意図があろう。この研究において石川は、「競争原理」の導入、質疑応答を旨とする「会読」の積極的導入等、「制度」面での「近代化」を例示することにおいては成功を収めていよう。他方、石川においてリンガーらの教育の歴史社会学的業績、知見は反映されておらず、さらには、教育「された側」の学習過程に関する記述を検討し、これをもって、企図された学習方法がどの程度知的習慣の醸成に寄与したかを検討するには及んでいない。

(10) たとえば「学問を使って民を安からしめ、世を救う」のが徂徠学の「ねらい」とするような記述（石川、前掲注6『日本学校史の研究』、三三六頁）。「安民」「経世済民」などは、学統を問わず等しく儒学の目的とされるところで、学統学派による差異はまったく別の次元においてあらわれるものである。また、とくに十八世紀後半以降の儒学世界においては、程朱学を奉じるも古注、清代考証学への一定程度の通暁を欠如させてはこの時期の学は成り立たず、逆にこの時期の考証学者に、詳密な考証を身上とするも、たとえば林家の儒者とは少し異なる次元での社会的能動性を標榜するものもいた。これに関しては拙著『幕末期武士／士族の思想と行為――武人性と儒学の相生的素養とその転回』（御茶の水書房、二〇〇八年）、とくに第八章、結論を参照願いたい。

(11) 茂住、前掲注(1)『洋語教授法史研究』。

(12) これらのうち本章で考察する『讀書準縄』、備中井原の郷学興譲館の「興譲館詩文会規約」を除いては、長澤規矩也編『江戸時代支那学入門書解題集成』全四巻（汲古書院、一九七五年）に収められている。

(13) 本章で利用するこの「慶應本」は、タテ二七・五センチ、ヨコ一七・七センチの和綴本。外題に「讀書準縄」とあり、直後に「讀論語孟子法」（二丁分）がある。このあと内題に「讀書準縄　上毛伊勢崎藩田中知周述　崇禮田中先生述門人宮崎有成梓行」と付され、本文が続く。本章に掲げる丁数はこの版のものである。

なお、『讀書準縄』の存在について筆者は以前から把握していたが、この書の詳察は慶應義塾大学経済学部に訪問教授として在籍し、同書の所蔵場所である旧館地下書庫への立入りも含めた自由な閲覧環境を得るにいたってはじめて可能となった。ここに同大学経済学部に感謝の意を表したい。

(14) 石川、前掲注(6)『近世教育における近代化的傾向』。

(15) 武田、前掲注(6)『近世日本学習方法の研究』、一五八頁。

(16) 本章では長澤、前掲注(12)『江戸時代支那学入門書解題集成』第三集所収の五車楼（京都）版の刊本（天明三年〈一七八三〉）を利用。
(17)『倭讀要領』（一七二八年）については著者蔵の嵩山房刊本に、戸川芳郎校訂・解説『漢語文典叢書』（吉川幸次郎ほか編）第三巻（汲古書院、一九七九年）所収のものを校合の上利用。
(18)この点についてはとくに白石眞子「太宰春臺の思想における詩文論の意義」（『日本中國學會報』第六〇集〈二〇〇八年〉）、同「徂徠學『文論』に於ける韓愈・柳宗元」（『日本中國學會報』第五一集〈一九九九年〉）、本書第六章「太宰春臺における古文の「體」「法」重視――古文辞「習熟」論に鑑みて」を参照願いたい。
(19)前述のごとく読み方の「形式」、議論の「仕方」、共有されるべき知的習慣とその集合的意味などは無論、リンガー、前掲注(3)『知の歴史社会学』の提唱する視点である。
(20)R・シャルチェ著、福井憲彦訳『読書の文化史――テクスト・書物・読解』（新曜社、一九九二年）。
(21)蕃書調所での英語教育の様相については茂住「蕃書調所における英語教育」（『英学史研究』第一六号〈一九八三年〉）、開成所のそれについては同、前掲注(1)『洋語教授法史研究』附録Ⅱに詳しい。
(22)茂住、前掲注(21)「蕃書調所における英語教育」、一一〇頁。
(23)茂住、前掲注(1)『洋語教授法史研究』。
(24)茂住については右にあげた著作・論文、森岡についてはとくに『欧文訓読の研究――欧文脈の形成』（明治書院、一九九九年）、同編著『近代語の成立（語彙編）』（明治書院、一九九一年。とくに第四～七章）を参照されたい。
(25)入交好脩編、平沼淑郎『近世寺院門前町の研究』（早稲田大学出版部、一九五七年）に附録として所収。
(26)田所美治編纂、菊池大麓『九十九集』（大日本図書、一九〇三年）。
(27)石河幹明『福澤諭吉伝』一～四巻（岩波書店、一九三二年）のとくに第一巻の新銭座時代、三田移転当初についての記述に、慶應義塾での学習課程の記述がみられる。
(28)平沼、前掲注(25)『近世寺院門前町の研究』附録、二八三～二八四頁。
(29)同前、二八四頁。
(30)同前。
(31)石河、前掲注(27)『福澤諭吉伝』第一巻、第十五編「新銭座時代」第五「新銭座時代の塾」に引用。また、『福澤諭吉伝』第一巻、第十八編「塾を三田に移す」第四「義塾当時の教職員」は、初期慶應義塾における「会読」の規則について論じる。

(32) 平沼、前掲注(25)『近世寺院門前町の研究』附録、二九五頁。

(33) 文部省編『日本教育史資料』第一分冊所収「舊津山藩學校」。

(34) とくに松代藩学に関しては稲垣忠彦「藩校における学習内容・方法の展開」(『帝京大学文学部紀要　教育学』第二七号〈二〇〇二年〉)が、学校の規模、教科科目についての考察を中心に包括的に描く。さらに、北海『授業編』(一七八三年)と一斎(述斎)『初学課業次第』(一八三二年)との比較考察を行ない、五十年後刊行の後者には会読規定の拡充・明確化なども含め教育される側のより強い主体性を求める規定があるとする。ただ、『初学課業次第』の主眼は必読文献の列挙とその階梯を示すことにあり、『授業編』とはそもそも意図の異なる書といえよう。また、「読み方」について、たとえば会読について「左伝既ニ春秋ノ條ニ著スレドモ、専ラ会読ニスヘキ書ナリ」(七オ)などとあるように、『初学課業次第』は各々の書物の特性に最も適した読み方を提示するものであり、会読という手法もその書物の特性に鑑み適宜指南されている。また、『初学課業次第』は『讀書準縄』のような事細かな学習指導書ではない。

(35) 前田、前掲注(1)『江戸後期の思想空間』、とくに第一編第一章、第二章に多くの事例をあげる。

(36) 山下敏鎌編著『興譲館百二十五年史』(学校法人興譲館内「興譲館百二十五年史」記念刊行会、一九七三年)所収。「家塾生ニ示ス心得書」は二六〜三二頁、「興譲館詩文会規約」は六四〜六七頁に所収。

(37) 同前、六四〜六五頁。

(38) ただし『讀書準縄』の以下のような〝心身一体的〟習熟の提唱は、崎門においてのみ特徴的なものといえよう。曰く、「已《ママ》ノ私舎ニ返リテ復読スルトキハ、先ツ已《ママ》ノ行儀ヲ検束シ、脊骨ヲ真ツスグニ立、肩ヲ開キ小腹ヲ張リ、屹然トシテ端坐シ、手足迄モ少シモ欹側スヘカラス。(中略)扨、心ノタモチ方ハ、机ニ向ントスル前ニ、已《ママ》ノ心ノ妄動ヲ鎮メ静ニシ、氣ヲ胆下へ収メ我心へ一鞭アテ、鞭策激昂シ、精神ヲ興起シ、志ヲ立ツヘシ。玉水先生嘗テ学徒ヲ警ム、書ニ向ハ、先ツ已《ママ》レノ志ヲ奮発奥起シテ、其書ノ紙ノ裏迄吾精神ノ通リヌケテ穴ノアクホトニ見ツメテ読ムベシト」(二ウ〜三オ)。この前段にては、「一字モ略スヘカラス」、「一字々々、一句々々」、「シッカリト読切ル」(二ウ)といった指導がなされ、これは、「下見」の項で引いた「先ツ一字云云ノ文義ヲ明ラメ、能語勢ヲ看テ一字一句ノ軽重ヲ認得テ、某ノ句ハ某ノ句ヨリ生シ、某ノ字ハ某ノ字ト照應スルヲ看」るべき（四ウ）との指南に対応するものである。しかし、上のような、読書時の姿勢、身体で注力する部位、発声の要諦といった、心法あるいは心身一体的鍛錬を地でゆくごとくの指南は、崎門に特徴的なものといえよう。

さらに『讀書準繩』の後半部では、崎門派の真面目が十全に語られる村士玉水の「七則」が掲げられる。第三則「功用發越」では、「功ハ功効ニシテ、用ハ躰ニ対シテ云働ノコトニシテ、其章ニ付テ聖賢ノ功用ノ盛大高明ナル所ヲ十分尽頭ニ究メ説出スベキ」と説かれ、「聖人ノ御心ニ具リタル渾然タル一理ヘ帰着スルニシテ統躰ノ太極」、「天地ノ大徳ヲ生ジテ其物ヲ生ズル天地ノ心ヲ全ク受テ、人ノ心トスル」こと、「御心ノ一理渾然ガ生々シテ燦然ト□應曲當」し、「其御心全躰カ滋味親切ニ絞レハ、汁ノタル、様ニジミ〳〵トシテニツトリト潤ヒ渡リタルモノニシテ、愛之理、心之徳」云々と説かれる。続く「研精顕妙」では、その営みが「致知格物」と一体的に説かれる。これらはすべて、崎門朱子学に特徴的なものであろう。唯一第七則「明證事實」では、「凡異同ヲ弁ズルハ、事実ヲ挙テ證據トスルヲ要トス。然ラザレハ、其論公共ニ非ス、或ハ私意ニ陥ンヲ恐ル。事実ヲ以證據トスレバ、獨リ異同ノミニ非ス其章全躰ノ論定リ、規模立チテクル」と、「公共」「私意」の問題について触れられ、さらには「實事求是」の学を彷彿させる実証性の高さについての賞揚をもって終わる。

(39)　平沼、前掲注(25)『近世寺院門前町の研究』附録、二九一頁。

(40)　内村鑑三も、変則の学習法は「不調不諧の言語」を学ばせしめるもので、「楽み得べき所以な」く、よって人びとをして英語を「殆ど全く之を忘却」せしむる、不適切な学習法として批判している。これに依っていた「旧時の慶應義塾的訳読法」もこの理由をもって批判する。内村「外国語の研究」「外国語研究の方法」（『内村鑑三全集』第六巻、岩波書店、一九八〇年所収、三四六頁）。

(41)　西周「学問ハ淵源ヲ深クスルニ在ルノ論」（『学芸志林』二冊〈一八七七年〉所収。日本近代思想大系十『学問と知識人』〈岩波書店、一九八八年〉、二九～三〇頁）。

(42)　菊池大麓、前掲注(26)『九十九集』「帝國教育會に於ける演説」（一九〇四年十二月八日）。

各論編Ⅱ　古代言語への意識／接近

第六章　太宰春臺における古文の「體」「法」重視
——古文辞「習熟」論に鑑みて

はじめに

太宰春臺（一六八〇～一七四七）の『文論』五に曰く、

後之修辞家。見韓氏之末弊而欲改之。於是努擇古辞。李獻吉首倡此道。汪伯玉李于鱗王元美継作。然後大行于世。夫四子者。豪傑也。于鱗之奇崛。元美之宏博。皆一世之儁也。今観四子之文。無非古辞。然其行文。獻吉伯玉尚遵古人之法。于鱗元美則用今法。獻吉時去陳言。猶退之也。元美好變用古辞。以見其巧。于鱗伯玉即用古辞。不敢裁割。于鱗又好險其語。以為古文辞當如是。嗚呼。古文固難讀。不亦有易讀者哉。

（『紫芝園後稿』巻七所収[1]）

春臺は、上の明代四家（李獻吉・汪伯玉・李于鱗・王元美）の文は「古辞に非ざるは無」く、皆な「豪傑なり」と評し、とくに于鱗は「奇崛」、元美は「宏博」と評価する一方、この二者、「文を行なう」において「今法を用」いていると指摘、荻生徂徠（一六六六～一七二八）が「明の李・王二公、古文辞を倡へ、亦た法を古に取る」（「答屈景山」）とするのと異なる見解を示す[2]。とりわけ李于鱗について春臺は、彼が古辞を紡ぐに「今法」を用いるのに加え、「語を険にするを好」み、その文は「未だ全く古ならざ」るとし、直後の段にて山県周南の「于鱗の文は俳に似る」との見解も紹介して批判（『文論』五）、『讀李于鱗文』ではさらに、于鱗が「多く古人の成語を摭《あつ》めて連合成章し、是れ以て言に條理無く、語に貫串無し。これを猶ほ童子の爭鬪するがごとくに譬ふ」と弾劾する（『紫芝園後稿』巻十所収）。この直後に「先師徂来《ママ》先生は、中年に古文辞を好み、最も于鱗氏を悦」び、「以て學者に示し、名づけて「文矩」と曰ふ」と述べ、もって徂徠の于鱗評価に疑義を呈している。春臺はとくに、李・王の両者が古文の法・體に対して無頓着であることを批判する。

本章ではまず、春臺の模倣、剽窃批判について先行研究も参考にしながら整理し、それを踏まえ、春臺における古文の「體」と「法」重視について、それらの識得において枢要である諸書とその特質に関する最新研究の知見も参照し、さらには他の蘐園諸学の「體」「法」についての見解とも比較しながら考察する。

一　春臺『紫芝園稿』にみえる模倣・剽窃批判

春臺が唐の韓愈・柳宗元、明の李于鱗・王元美の四家の詩について、後者二家、すなわち明代のものについては、その復古の役割について一定の評価を維持しながらも、その詩における「生色」のなさ、それと不可分である「剽窃」という技法を批判するにいたったのは、白石眞子の一連の研究に指摘され(3)、服部南郭（一六八三～一七五九）、山県周南（一六八七～一七五二）、春臺各々の作詩文論、韓・柳、李・王についての彼らにおけるウエイトの相違、體・法についての見解の違いなどについてはその前段階の論考で整理されている(4)。これによって三者各々の韓・柳と李・王の四家評のうち本論と関連する事項を要約すると、南郭は、李・王が韓・柳よりさらに古の格調を求めたと明代のこの二家を高く評価（『燈下書』、白石、注4論文二四二～五頁）するに対し、周南は「模擬」が過ぎ「牽強」な于鱗より韓・柳を評価する（『作文初問』、同二四六頁(5)）。ちなみに徂徠「與竹春庵」には「六經」「先秦西京」の文があげられ、続いて「明の李・王・汪の三家」は「亦た古を師」とし、「其の文、辞を主とするもの」と評価されるのに対し、その前段にて「韓柳八家之文」（唐宋八大家）は「理勝りて辞病」み、「議論長くして叙事短」く、風雅にあらずと批判される。(6)

體・法に対し周南は（古の）「文章ニ定體ナシ」、「法亦定論ナシ」（『作文初問』、同二四五頁に引用）とする。韓・柳を尊崇する点では春臺と軌を一にする周南だが、古文に定体・定法「ナシ」とする点は異なる立場を呈する。この点は本章の主要論点に関わる故、のちに検討する。本節では、一連の白石の春臺『文論』『詩論』を中心とする研究も参考にしながら、春臺における明代古文辞剽窃批判を、後述する彼の古代中国語理解における、その方法的・体系的理解を目指す姿勢の問題を念頭に置きながら考える。

『紫芝園稿』の「後稿」巻七、八は、春臺の「論」を収める。巻七所収の『文論』一～七は、春臺の文章に関する諸説を開陳、とくに『文論』三～六では、「古人の成語」の「剽窃」が執拗に批判される。

予観今之為古文辞者。努剽窃古人之成語。雖云擇之特舎東漢以後。而取西漢以上耳。苟語出先秦西漢者。不問所出之家。不審其所専與其與衆共。而随得混用。甚至於取詩書之文以為己語。何其妄也。（『文論』三）

「古文辞を為《つく》る者」は西漢以上の語を採ることに努めるも、その語の「出づる所」には無頓着で「古人の成語を剽窃するを努」め、専語と通用語を混用していると批判する。批判の対象は時に盗作ともいえる無手勝流のつぎはぎを思うがままに展開する者であり、特に『詩』『書』の辞の剽窃が糾弾される。(7)『文論』四でも「古文辞之患。在用古人成語」（古文辞の患は、古人の成語を用いるにあり）とし、『文論』二では古人の成語を抄するのみの詩作は「糞雑衣」と痛罵、「其の衣たるや、数十百片の布巾を断じ合せて成る」（同前）と批判する。

なぜ彼は、同志を批判し、剽窃にかわってどのような方法を提唱したのであろうか。その前に彼が「剽窃」と弾劾する行為はどのようなものか。さきに引いた『文論』三の文言の前に、以下がある。

且如為詩。自風雅而下。歴漢魏六朝以至於唐詩。各有其辞。不可相乱。相乱則失體。不成家数。然詩辞又有二焉。有獨用之辞。有通用之辞。如風雅之辞。不可以入漢魏以降詩。六朝辞。不可以入唐詩。是獨用之辞也（中略）然古人之辞。有一家所専者焉。有與衆共者焉。後之作者。唯取其與衆共者而用之可也。若古人所専者。後人取之。謂之剽窃。唯倣其體者得用之。否則不得汎用。

（たとえば詩を為るにおいては、風雅から漢・魏・六朝を歴て唐詩に至るまで、各々その時代特有の辞があるので、これを相乱すべきではない。相乱せば則ち體を失い、家数も成らない。よって詩の辞もまた各々特有のものがあり、獨用の辞もあれば、通用の辞もある。風雅の辞のごときは漢・魏以降の詩に入れるべきではなく、六朝の辞は唐詩に入れるべきではないのは、これ各々が獨用の辞だからである。（中略）さすれば古人の辞は、一家の専らにする所の者があり、一般に通用のものとの混同は避けられるべきである。後の作者は、唯だただ一般に通用のもののみを使うべきである。古人が使っていた辞を使うのは、これまさに剽窃である。唯だ其の文体に倣うのは可であり、もしこれも不可であれば、人が詩をつくることはできない）

春臺はここで、まず、「剽窃」とは、種々の古への文・辞、各々に「専なる所の」辞を無手勝流に取って使う行為だと明言している。逆に通用の辞に関しては用いることを不可としないが、固有の辞の使用は各々に独自の「體を失し」、さらには「家数」すなわち各々の詩に内在する独自の卓越した技法を壊すに至るゆえ、批判する。では、これを回避するために、春臺はなにを重視したか。

為文者。要在了古法。法在字句篇章。故今之作者。立言行辭。苟取法於古人。而歩趨不失矩矱。則雖言古人所未始言可矣。（中略）古文辭之患。在用古人成語。不其然乎。李王尚以是取敗。況其他乎。大抵古文中有奇辞奇語難讀。後儒不得其解者。彼豈必有所本哉。恐亦多出其自撰耳。韓文公蓋窺此秘。故努去陳言而撰新言。豈不可哉。要在不失法耳。

（『文論』四）

（文を為るにおける要諦は、「古法」を会得することにある。法は字・句・篇・章にある。しからば今の作者が言を立てて辞を行なうにおいて、苟くも法を古人より会得し、歩を趨めるにおいて矩矱を失わないでいる限り、それが古人のものと異なる言辞であってもかまわない。（中略）古文辞（派の人々）の避難されるべきところは、彼らが古人の成語を用いている点にある。これは全くもって忌避されるべきことである。李・王はこれ（剽窃）を行なうがゆえにだめなのである。其の他（の古文辞派の人々）についてはなおさらである。大抵、古文中には必ず奇なる辞や語、そして讀み難き言辞がある。それを理解できないでいる後儒は、その根本となる原理（法や体）の理解に疎く、（よって）恐らくは多くの場合、独断をもって自撰するに至っている。韓文公は蓋しこの秘を窺い、陳言を用いることを忌避するにつとめ、新言を撰んでいる。これは適切なことではないだろうか。大事なのは、法を失わないでいることのみにある）

作文・辞は四法（字・句・篇・章）という規矩によって行なうを「要」とすると言い、この前段にては「古人の成語」を用いるは「破綻を免れざ」ることが数度繰り返され、さきの文言では「體を失」することが批判されている。春臺は、この「體」そして「法」をもっての作辞にことさらこだわる。

二　春臺における「體」「法」重視

（ａ）なにを批判したか

春臺『倭讀要領』の「學則」に曰く、

詩ヲ作ラントオモハヾ、先體裁ヲ辨知スベシ。體トハ、スガタナリ。裁トハ、ツクリナリ。詩ニ種種ノ體アリ。（中略）其體ニ随テ、修辞ノ法各別ナリ。混用スベカラズ。サテ古詩ニテモ、近體ニテモ、辞ニ出處モ無ク、来歴モ無ク、自己ノ口ヨリ出スヲ杜撰トイフ。是詩ノ大禁ナリ。慎テ犯スコトナカレ。

『文論』五に曰く、

夫文有三要。一曰體。二曰法。三曰辞。體者何也。曰體者。裁也。制也。經伝子史《ママ》。體之大分也。誓誥訓命序記銘誄之等。體之細分也。然斯数隊者。文之經也。猶詩有国風雅頌也。又有二體。曰。叙事也。議論也。斯二體者。文之緯也。猶詩有賦比興也。法者何也。曰。字法也。句法也。章法也。篇法也。斯四法者。諸家皆有。（中略）諸子各有其法。決不可混用也。（中略）修辞家専務擇古辞。而不擇行辞之法。故得於辞而不得於法。行古辞以今法者有之矣。其病在好用古人成語。夫古人成語。必有所以出之。今修辞家但用古人成語。而不問其所以。故辞雖典雅。而文理不属。

（文には「三要」と称すべきものがある。一には體といい、二には法といい、三には辞という。體とは何か。體とは「裁」であり、「制」である。經・伝・子・史は、體の大分である。誓・誥・訓・命・序・記・銘・誄の等は、體の細分である。

つまるところ、これらの體は即ち文の經である。詩に「国風」「雅頌」があるようなものである。またさらに二體ある。それらは「叙事」であり、「議論」である。これら二體は、文の緯である。詩に「賦」「比」「興」といったものがあるがごときである。法とは何か。それは「字法」「句法」「章法」「篇法」である。これら四法については、諸家皆なそれぞれ独自のものがある。（中略）諸子はみな各々独自の法をもつので、これらを決して混用してはならない。（中略）修辞家（の多く）は古辞を擇ぶことだけに集中し、辞を行なうにおける法を（適確に）擇ぶことをしない。故に辞には精通するも法に疎いままである。（その結果、）今の時代には古辞を行なうにおいて今法を以ってする人々があり、これは憂うべきことである。その最も懸念されるところは、古人の「成語」を用いることを好んでいることにある。古人の「成語」は、必ずそれを成立せしめている由緒、根拠がある。今の修辞家は、ただ古人の「成語」を用いるのみで、而してその根源を問うことをしない。よって彼らの辞は典雅であるが、文の理が属わっていない）

批判されるのは、「辞を擇ぶ」を専らとして、その辞を「行なうの法」にはまったく意を用いない点、「古人の成語」の切り貼りに熱中して、「其の所以」に関して無関心であること。そして、それらに注意しないが故に、個々の古文辞に特有の「法」に不案内であり、結果的に典雅なるも文理の属わらない辞を作るとする。この論の最後には、「以て文辞を為すには、当《ま》ず先に體を辨じ、其の次に法を明らめ、其の次に言を択ぶ」と締めくくられる。

『文論』三ではとくに、詩・書に特有の文の體への注意がいわれる。

至於詩書之辭。尤不可軽用。以其皆非平常文辞也。夫自漢魏而下。為五七言詩者。猶不敢妄用三百編之辞。況敢用諸文中乎。唯於文中作韻語者。時用之可矣。書有六體。曰。典也。謨也。訓也。誥也。誓也。命也。

六者辞各有当。故不可汎用也。古人文辞。有用詩書之辞者。皆所以徴己義也。故首称詩曰書曰。未有取詩書之成語以為己語者也。以其辞異於常故也。

詩・書の辞は「平常の文辞に非ざ」る故「尤も軽用すべからず」とし、漢・魏以降の辞についても妄りに文中に用いることを不可とする。さらに『書』（『尚書』）の典・謨・訓・誥・誓・命の六體に言及、各々異なる文の體を呈するこれらの引用における注意を促す。

このように春臺は、古文の體と法に自覚的であることを主唱するが、「法」については『倭讀要領』において、字・句・章・篇の四法について、各々具体的に文章の事例を挙げながら説明を加え、「體」についての通暁も力説する。では彼は、どの文体、文法関係の書に言及し、どのような方法をもって古文の「體」「法」を識得すべしと考えていたのか。以下、寛文～延享（一六六一～一七四八）あたりの文範、文章論関連書籍の流入状況の把握からはじめたい。

（b）文法・文体書関連書籍の流入状況

大庭脩『江戸時代における唐船持渡書の研究』(8)、大庭、王勇編『典籍』(9)の、とくに大庭執筆「江戸時代の中国典籍交流」は、十八世紀以降の長崎交易を介して多量の中国典籍が流入した様相を描き、藍弘岳「徳川前期における明代古文辞派の受容と荻生徂徠の『古文辞学』――李・王関係著作の招来と荻生徂徠の詩文論の展開」(10)は、明代古文辞派の著作の出版状況とそれらの日本への到来、その状況を勘案しながらの徂徠の明代古文辞への傾倒についての考察を行なう。

大庭『唐船持渡書の研究』の資料編「唐船持渡書」書目をみると、宋・眞徳秀撰『文章正宗』（二十巻、続集二

十巻、享保四年〈一七一九〉九月入)、明・張自烈撰『正字通』(十二巻、同年入)、明・徐師曾『詩體明辨』(二十六巻、享保二十年〈一七三五〉十一月入)、『文體明辨』(八十四巻、宝暦十三年〈一七六三〉入)、『文章辨體式』(安永八年〈一七七九〉入)などの到来が散見される。

この大庭のまとめた書目を見る限りでは、徂徠生前に舶来のものは眞徳秀撰『文章正宗』と『正字通』だけだが、たとえば『文體明辨』は、筆者が調査し得た範囲だけでも寛文六年(一六六六)に京都の版元より出たものが四点確認でき(現在は同志社大学、関西大学他蔵)、印年が寛文十三年(一六七三)のものが他に二点ある。(11)寛文六年の刊本で林家旧蔵本(一点)、同昌平校旧蔵本(印年は寛文十三年、三点)の同書が現在内閣文庫にもあるほか、周南『作文初問』(刊行は没後の宝暦五年〈一七五五〉)の後半部分の法に関する議論が、宋・謝枋得撰『文章軌範』(七巻)、元・陳繹曾揖『文章歐冶』(一巻)、明・呉訥揖『文章辨體』(四十六巻、外集五巻)から抄出した法に関する記述であるのは、早く白石の指摘がある。(12)「呉文恪公訥が纂する所の『文章辨體』を主と為してこれを損益して成ったのが『文體明辨』(同「序」)であるが、これらの書がこの時期すでに出回っていたことがわかる。また、上編で文の体裁を論じる梁・劉勰撰『文心雕龍』(十巻)、宋・李塗撰『文章精義』(一巻)がある。

さらに『内閣文庫漢籍目録』をみると、『文章軌範』に関する『正文章軌範評林註釋』(七巻、続七巻、寛文六年)、『文章辨體』、さきの『文體明辨』が確認できる。

『文選』の江戸期舶来のもの、その和刻本の流通に関しては芳村弘道「和刻本の『文選』について――版本から見た江戸・明治期の『文選』受容」に詳しい。(13)これをみると、慶長十二年(一六〇七)印行の『六臣註文選』(直江版、宋の明州刊本をもとに銅版活字で印行のもの、寛永二年〈一六二五〉に重刻。現内閣文庫蔵――筆者)、慶安五年(一六五二)の明・呉勉学本にもとづく六臣註もの(寛文二年〈一六六二〉に重刻)、貞享四年(一六八七)印行の『文選正文』などがある。享保十九年(一七三四)には『文選字引』が刊行されている。

南郭の校訂、片山兼山点が付された『正文』が十八世紀後半以降に多数出回るが、その一方で、李善註、六臣註以外にもこの書の註、評の類いが出回っていたのがわかる。舶来・倭刻の年月の不明なものが多いが、宋・陳仁子撰『文選補遺』（四十巻）をはじめ、明代のもので『文選』にもれた作品を補う性質の張鳳翼補『文選纂註』（十二巻）、明・陸弘祚編『文選纂註評苑』（二集二十六巻）、明・陳與郊撰『文選章句』（二十八巻）、明・郭正域『文選批評』（前集十四巻、音釋一巻、後集十一巻）、さらに明・劉節撰『広文選』（六十巻）などが前掲『内閣文庫漢籍目録』にも確認でき、音韻に関するものに『文選音註』、『文選音義』がある。[14]

ここで蘐園諸氏による校訂、執筆の文範書、文章論の類に目をむけると、宋・陳騤撰の『文則』二巻の上巻は文法を論じ、下巻は句法、文体を論じるが、山井鼎の校訂本がある（享保十三年）。文章論では古文の助字、句の不定性を論じる南郭『文筌小言』（一巻）、前出の周南『作文初問』がある。春臺以降の蘐園門下のものでは、彼の「秘蔵の門人」松崎観海の文集の編者でもある熊阪臺洲（一七三九～一八〇三）の『文章緒論』は『文則』の四法論を批判[15]、のちに徂徠学批判に転じる片山兼山（一七三〇～八二）は南郭校訂の文選『正文』に点を付す。徂徠「物子書示木公達書目」に挙げられるのは『文選』（李善註）、『文選章句』、『文章辨體』、『文體明辨』、『正字通』であり、「右吾黨學者必須備座右不可缺一種」とされる。[16]

かく、文の體・法、あるいは「軌範」に関して参考となる諸書の流入が、舶来時期の確定に限界があるものの、すでに多数存在し、蘐園内でも山井校訂の『文則』、南郭、周南、熊阪臺洲らの文章論があり、「物子書示木公達書目」にも五点挙げられているのがわかるが、春臺が重視したものはどの書であったか。

（c）春臺が重視した書

『倭讀要領』「学則」には次のようにある。

文ニハ體アリ法アリ。體ナケレバ文トイハズ、法ナケレバ文ヲ成サズ。體トハ體裁ナリ。體ハ文選ニ分タルガ如シ。其文ヲ熟讀シテ、體裁ノ各別ナルコトヲ知ベシ。明ノ呉訥ガ文章辨體、徐師曾ガ文體明辨ニ是ヲ辨ズルコト甚詳ナリ。文ヲ學ブ者ハ、必是ヲ看ルベシ。法トハ、法度ナリ。何レノ體ニモ、一篇ノ内ニ、篇章句字ノ四法アリ。又起伏、照應、抑揚、関鎖、轉換、波瀾、頓挫等ノ法アリ。（『倭讀要領』下、三十九オ〜ウ）

この記述には、梁の『文選』のほか、さきにみた明代儒者による『文章辨體』『文體明辨』があげられている。「文選ニ分タルガ如」くの文の體とは、賦・詩・騒・七・詔・冊・令・教・策問・表・上書・啓・弾事・牋・奏記・書・移・檄・難・対（問）・設論・辞・序から碑文・墓誌・行状・弔文・祭文までの三十九類である。『文選』はさらにこれらを、紀元前五世紀東周の「毛詩序」（卜子夏の撰）から紀元五世紀梁朝中期の「廣絶交論」（劉孝標の撰）まで、時代順に百三十余名の作家の四八一篇七六二首の詩文を類集するものである。詩と賦が全巻の過半数を占め（詩四四三首、賦五六篇）、詩は圧倒的多数が五言詩であるが、時代別にみると、後漢末までの分量は賦、詩、書の順、その他の文体は極めて少なく、魏では書が比較的多く、南斉から梁までは詩が激増した一方、賦が少なくなる。(17)

中でも晋代の詩文が全収録作品の四分の一以上に当たる一二六篇二五一首にのぼり、とりわけ『文選』収録年限全体の七％に過ぎない西晋時代（五十一年間（二六五〜三一六））の作品が全収録作品の二二％、六十年に満たない南朝宋代の作品が二一％を占め、『文選』の撰者が西晋、そして宋代、次いで斉・梁の詩文を重視していたことが近年の研究で実証されたが、(18)かような現代の知見に鑑みれば、「文質」「骨力」を特徴とするとされる漢代の詩文ではなく、麗・艶麗を各々特徴とする、あるいは「華」・「糲」（粗さ）が加味された（西）晋・梁代の詩（注17参照）を多数採用した『文選』を、漢代の文、さらには唐代の韓愈、柳宗元らの詩文を尊崇した春臺が、なぜ

「暗記スルニ至」るまで「誦讀習熟」することを求めた（『倭讀要領』「學則」）のであろうか。

この点に関して春臺は同「學則」にて、『文選』には「東漢以後ノ文モ多ク入タレドモ、古文ノ竒特ナル者ヲ多ク載」る故に、「後世是ヲ以テ文學ノ模範トス」べしと述べる。さらに同「倭讀例」において全文を掲げて訓点を付し、読み方の実例を示すのは、司馬相如（長卿、前漢）の「子虚賦」「上林賦」である。春臺は、あくまで『文選』所収の作品中「古文ノ竒特ナル者」のみを選択し、「是ヲ以テ文學ノ模範トスル」べしと考え、詩と文の限定的選択的利用を念頭にしていたと考えられる。

「賦」について、春臺は上述のごとく司馬相如「子虚賦」「上林賦」全文を『倭讀要領』「倭讀例」（第十四）に掲げて、訓点を付し読み方の実例を示す(19)。

一方、「賦聖」揚雄（子雲、前漢）、賦の名家とうたわれた張衡（平子、後漢）らの賦はあげていない。とくに揚雄に関し、高橋章則は、「夫れ古を学ぶ者、必ず千載の子雲を竢つこと疑はず」（與竹春庵第二書）との徂徠の揚雄評、熊阪臺洲の揚雄羨望、さらには周・文王以降の道統が揚雄に継受されたとまでする韓愈の揚雄評の徂徠『四家雋』への採用（巻之二）などを列挙し、蘐園における揚雄の賞揚を指摘する(20)。

これに対し春臺は、「倭讀例」以外でも揚雄の賦・詩にはあまり言及していないようにもみえるが、これはなぜか。高橋が同稿で論じるように、揚雄が李于鱗との関連の中で隠逸との親和性をもって提示され(21)、これを、学問の経世済民との連続を堅持せんとする春臺が忌避したためとも考えられよう。

しかし一方で揚雄は、賦を作すは「童子の雕蟲篆刻にして、壮夫は為さず」（『揚子法言』「吾子編」）とし、翻っては『太玄録』『揚子法言』を著し、春臺が一貫して尊崇した韓愈、班固も賛意を示した人物であり、柳宗元は『法言』に註を付す。また、徂徠『經子史要覧』は「讀書の要訣」（同書「序」）であるが、その巻之下「子要覧」でも揚雄があげられ（注20参照）、「前漢ノ英傑」にしてその「文章駿發」と賞賛されるが、とくに「法言太玄ノ二書」が「讀ズンハアルヘカラス」とされる。揚雄の詩・賦よりも、『太玄録』『揚子法言』を評価しての記載とも考えられ、興味深い。さらには朱子が『後漢書』（巻八十五）、『典引』の記事などに則り、「莽大夫揚雄」を「眞是一腐儒」と痛罵したのに対し、司馬光は「文公の云ふ所も亦た未だ以て定論と為すべからず」とし（『揚子法言集註』「序」）、明代の『焦氏筆乘』「揚子雲始末辨」、張燧『千百年眼』「揚雄始末辨」は揚雄を「劇秦美新」の作者に非ずとする（作者は同字〈子雲〉の谷永であったとする）。春臺が、『經子史要覧』、柳氏、焦・張両氏の揚雄評をどう見たかについての精査も踏まえて、彼の揚雄観の整理が必要である。

賦は『文選』の首篇に置かれ、前述のごとく後漢末までのものに関しては収録数も多いが、対し春臺『紫芝園稿』所収の賦は「鎌倉賦」のみである。春臺の著述物全体の傾向（詩文が少なく、経学・歴史関係が多い）とともに、留意すべき点である(22)。

一方、この「鎌倉賦」、春臺の用辞と作文への意識の一端を示すものとしても注目に値する。この賦で春臺は、倹約、素朴、恭しさの表徴として洛陽を賞揚し、華美、奢侈が特徴の西都（長安）に対置させる班固「東都賦」、張衡「東京賦」に倣い、鎌倉人を「躬恭儉而良圖」と表現、かような類型の人びとを擁する本邦の「東都」鎌倉の特徴を洛陽のそれに準える。

この賦にはまた、「方平氏之臨朝兮。寔牝雞之晨鳴」（平氏の臨朝するに方《あた》る兮、寔《まさ》に牝雞の晨鳴なり）との辞句がある。『尚書』「牧誓」の「古人有言、曰、牝雞無晨。牝雞之晨、惟家之索」（古人言へる有り、曰く、『牝雞は晨《あした》すること無し。牝雞の晨するは、惟れ家これ索《つ》きん』と）との言に準え、平家の臨朝＝源氏の危機を、古言の辞句に準えて表現する。

短い詩語の用例では、「覧茲土（鎌倉――筆者）之芒芒」は『詩』「商頌」玄鳥の「宅殷土之芒芒」に典故を有し、『文選』所収の詩はじめ多くに引かれる語であり、この語をもって殷墟と江戸中期の鎌倉の様相を重ねる。これらも含め、古文辞のつぎはぎではない、古辞とその意を斟酌しながらの表現がみられるこの賦は、春臺の用辞と作文への意識を呈出する。井上蘭臺がこの賦は「古賦也」とし、「字ノキリヤウ全ク文選ノ體ナリ」と絶賛するのはすでに指摘がある。(23)

春臺は次いで、『文章辨體』、『文體明辨』の二書は、『文選』について「辨ズルコト甚詳ナ」る故、「文ヲ學ブ者ハ、必是ヲ看ルベシ」とする（『倭讀要領』「學則」）。この『文體明辨』はまた、「文章の體は詩・書より起こり」、六辞とは「祠（辞）・命・誥・会（誓）・壽・誄なり」（『文體明辨』序）としている。初巻の「文章綱領」にて古今の文章、詩、賦についての議論、文体と詩格について述べられ、『文選』よりさらに細かい区分の文体に類別された上、文章例が掲載されている。

春臺は前出の『文論』五にて、「文の經」としての「體」に言及、さらに「體の細分」としての「誓・誥・訓・命・序・記・銘・誄」、「文の緯」としての「叙事」「議論」をあげ、『文論』三にては『書』の「六體」として典・謨・訓・誥・誓・命をあげる。『六經略説』ではこの「六體」について、典は法、謨は謀、訓は教訓、誥は「衆人ニ告ル」もの、誓は「軍旅ニ誓フ」言葉、命は「臣ニ命ジテ官人トシ、或ハ諸侯トスル命令ノ詞」と規定する。(24)しかし、これら計十體以外への言及はない。

また、前述のように、『文選』は文の體を三十九に類別、それぞれ典型とされる文を載せる。『文體明辨』に至っては『文選』がさらに細かく類別され、たとえば「詩」は四言古詩・五言古詩・七言古詩、近體律詩、和韻詩、聯句詩・集句詩など九類に分けられ、「策」も策と策問に、碑文も墓碑文が分けられ、全九十の體に類別され、各々に関して例文が付されている。さらに「附録」として雑句詩、雑言詩、表本、宣答など二十五の體が示され、各々例文が付される。

これに対し、『文論』『倭讀要領』いずれにおいても、春臺は上述の三書にあるごとくの細かい文體の分類にことごとく言及することはせず、また、これらの書に掲載されている文例をとり、解説することもしていない。実際問題として、これら三書はいずれも膨大な著であり、「暗記スルニ至」るまで「誦讀習熟」することは困難な書である。春臺がどのレベルでの習得を目指すべしと考えていたのか、彼自身の習熟度の検証も含め、この点の検討は今後の課題であるといえよう。

次に文の法に関する春臺の主張するところを考えよう。字・句・章・編の四法に関する用例の羅列による説明が、『倭讀要領』の「倭語正誤第八」「倭讀正誤第九」において試みられている。(25)『文論』六においては左丘明の『春秋左氏傳』、司馬遷『史記』に各々特有の辞、字の法について解説され、詩・書・易に特有の字法が具体例をもって説かれる。『左傳』『史記』各々の文の特徴について言及したあと、次のように論じる。

左氏之文。簡而整齊。必添數字。然後其義纔通。司馬之文。詳而變化。不可拘以一定之法。要之百三十篇文。百三十法矣。此二家之大體也。左氏之文自一法。前無古人。司馬之文亦自一法。其紀漢興以来。乃其自撰。其紀五帝以降。至秦楚之際。則採摭經伝及諸家遺文。以為本紀世家列伝之言。（中略）夫六經無眞字。尚書無也字。尚書之辭。朕台皆我也。攸。所也。若。順也。乂。治也。克。能也。肆。故也。届。至也。兪。然也。允。信也。誕。大也。底。致也。逆。迎也。罔。無也。卑。使也。作。為也。邁。行也。紹。継也。檀。誠也。曷。何也。矧。況也。敉。撫也。畀。予也。越。於也。厥。其也。諸如此類。尚書所用。詩易亦用之。而他書所罕用也。

〈右の文に関してはそのニュアンスの識得を尊重すべく、以下、訓釋を載せる〉左氏の文は、簡にして整齊なり。必ず數字を添へ、然る後其の義纔に通す。司馬の文は、詳かにして變化す。一定の法以て拘るべからず。これ百三十篇の文に百三十法を要せん矣。此れ二家の大體なり。左氏の文は自ずから一法なりて、前に古人なし。司馬の文も亦た自ずから一法なるも、其の漢の興りて以来を紀するは、乃ち其れ自撰、其の五帝以降秦・楚の際に至るまでを紀するは、則ち經伝及び諸家の遺文を採摭して、以て本紀・世家・列伝の言を為る。（中略）夫れ六經に眞の字なし。尚書に也の字なし。尚書の辞は、朕・台は皆な我なり。攸は所なり。若は順なり。乂は治なり。克は能なり。肆は故なり。届は至なり。罔は然なり。充は信なり。誕は大なり。底は致なり。逆は迎なり。兪は無なり。卑は使なり。作は為なり。邁は行なり。紹は継なり。檀は誠なり。曷は何なり。矧は況なり。敉は撫なり。畀は予なり。越は於なり。厥は其なり。諸れ此のごとくの類は、尚書の用ふる所、詩・易亦たこれを用ふ。而して他書の罕用する所なり）

この前段において、左氏の辞は周人の語であり、司馬遷の辞は戦国、秦、漢の人の語であって、おのずから文辞、用いる字が異なることを指摘したあと、右のごとく述べる。ここでは『左傳』と『史記』の、文の法の決定的な相違について述べているが、とくに『史記』の五帝時代以降の記述における諸家の遺文の採用と、それに従っての文の法の変化を指摘する。もっともこの行文の後段において、司馬氏はただ原文を採用することをせず、その「隠括」の仕方に一定の「家法」をもって行なっており、「夫れ子長が能く一家を成して百世に高き所以」と絶賛している。

続けて『書』における特有の字法について、用字の事例の羅列をもって右にあげたごとく論じる。しかし、たとえば春臺は「台は皆な我」とするが、「高宗肜日」の「正厥徳乃曰其如台」の「台」は「何」で「如何」、また、「若」は「順」のほか「若し」等常套の用法もある。

以下、全釋版『尚書』の語釈によって字法をみただけでも、「肆」は「故」（たとえば、「大誥」の「肆、予告我友邦君……」）。前文との兼ね合いによって「いま」とも読む）、「牧誓」の「昏棄厥肆祀」（その祀る肆《ところ》を昏棄し）との用法（楊向時の指摘）のほか、鄭注ではここでの「肆」は祭名とされ、『詩』鄭箋では「陳」の意とされる。「紹」は

「継」（『爾雅』釋詁）のほか「助ける」（「王来紹上帝」〈王来《つと》めて上帝を紹《たす》く、「召誥」〉）の意があり、「矧」は「況」のほか「また」の意もある。「攸」は「所」以外に、たとえば「洪範」第一条の「彝倫攸敘」は「彝倫の敘する攸《ところ》」と読むが、直後の同句中の「攸」を『經伝釋詞』は「所以」、『集釋』は「由」、屈氏は「乃」とする。『書』のかような用字法の様相に対し『文則』は、「五行を威侮し三正を怠棄す」「賢を佑け徳を輔け」等『書』の用字例をあげ、「此れ皆な渾然として成る」とし、字法の不定をいう。ことに『詩』『書』の用字法は注意を要し、この意味で、南郭『文筌小言』第五、六、七、九言での助字、句の不定性の指摘は妥当といえよう。

小　括——古文辞の「習熟」／「體」「法」の分析的識得

これまでみたように、春臺はまず、『文選』『文章辨體』『文體明辨』の三書をあげ、これらに鑑みて文の體・法の識得を提唱、華美なる文辞のつぎはぎとそのやり方の技量を競い、「古人の成語」の、ことに「専語」の「剽窃」に終始するを非難する。古文辞をもってみずからを「化する」ことのみならず、あくまで古への法、體の体系的把握、理解に基づいた「自我作古」が力説される。しかしその一方で、定体、定法をもっての文の識得、とくに春臺がもっとも上位に置いた『詩』『書』の字法における法則性の特定については限界を露呈するものであったといえよう。

（古の）「文章ニ定體ナシ」、「法亦定論ナシ」と『作文初問』で指摘する周南は、同書でさらに、明・唐順之（荊川）の「漢以前之文未嘗無法而法寓於無法之中。故其為法也。密而不可窺」との説を引きこれも否定、「古人ハ文法ノ沙汰ハナシト心得べシ」と説く。さらには、「文法ノ沙汰ナ」きのみならず、「歐治軌範」や『文章一貫』などに「眼染バ習氣ニ等ニ落」ちると警戒、文範への過度の拘泥は「古文ヲ學ブニ害ア」るとまで批判する。春臺が一貫して「體」「法」重視の姿勢をとるのと好対照の立場を堅持しているといえよう。

また、周南は文範書の「編法章法句法」をもって「其法ヲ悟ルベシ」としながら、これらはみな「韓柳以降ノ文法ナリ」て、「秦漢以上ノ古文ニ附會シテ論ズル者ハ非ナリ」と、あくまで上代の文における法の存在を否定する。対して春臺は、『詩』『書』の「六體」をあげ（『文論』三）、同「字法」を羅列し（『文論』六）、秦漢以前の文も含め「要は、法を失わざるにあるのみ」（『文論』三）とし、「當《ま》ず先に體を辨じ、其の次に法を明らめ、其の次に言を擇ぶ」べし（『文論』五）との立場を堅持するのは、両者の決定的な立場の違いを呈出しよう。

徂徠が、文法的に重要な働きをする助字（辞）の分析を含む言語研究から、助字の少ない古文辞に向かうに従い、「分析」より「習熟」、言語「研究」よりパッチワークを重視するに至ったと、その学的変遷を要約するのは相原耕作である[26]。これに対し春臺が、一貫して言語「分析」をもっての体系的言語（華言）理解を目指していた姿勢は、彼の四十八歳時の作である『倭讀要領』、そして六十一歳時の『文論』の双方にあらわれている。剽窃を批判し、古への法と體の「識得」を強く標榜する姿勢は『文論』段階でも明白に示されており、この分析的、体系的言語理解を目指した彼の姿勢の一側面と考えられよう。『文論』二では、これらの識得をもってする作辞の営みが比喩的に語られる。

善属辞者。猶織工也。取法於古而機抒由己。不善属辞者。猶縫人也。以聯綴為努也。今試使縫人聯綴数百断錦。以成一匹錦。雖極其裁縫之工。何及新織下機之一匹錦哉。此何以然。無理属也。

（善なる辞を属《つづ》る人は、織工のごとくの人である。（文・辞の）法を古へから得て、その上でそれに則りながら各々独自の才覚を用いて文章をつくる。善なる辞を属ることができない人は、縫人のごとくの人である。ただただ（文章を）聯綴するだけである。今、試みに縫人に数百断の錦を聯綴し、以って一匹の錦をつくらせるとする。その裁縫の技術自体は妙なるものであっても、どうして一匹の錦を完成させることができようか。その理由はまさに、「理」をもつことなく属ろう

とするからである）

古人の「法」によった仕事を織工による織り機を使った仕事にたとえ、これを縫人の手仕事と対置、産物の質の差をいう。「其の裁縫の工、極まると雖も」、つまりどれほどの腕をもった裁縫人であっても、機械を用いての作業に及ばざりとし、古へよりの規矩に準じた作辞には及ばないとする。機抒とはすなわちヨコ糸、古人の「體」「法」という普遍の、よるに足るタテ糸を軸に、その規矩を十全に熟知した「織工」によってヨコ糸が組まれるがごとき辞づくりが提唱される。明らかにこれは、古文辞パッチワーク批判であり、これによる作辞は文理が備わることも、意義が通じることもないものと否定する。

しかし徂徠も、「安積澹泊に復す」第三書においては、宋儒の紕繆の原因の一が「古への文の體・勢を識らざ」ることで、「凡そ文章を學ぶに、要は體を識ることなり」と明言している。続けて「故に左氏の文を學ぶは則ち左氏の法を用い、孟子を學ぶは則ち孟子の法を用ふ。若し混じてこれを用ふは則ち錦を絹めて以て布とする者の類なり」とする。この文言の直前には、澹泊からの、『譯文筌蹄』に載る「尚」「猶」との二字の字法についての質問への徂徠の応答があり、澹泊が得た『譯筌』は、「題言十則」が巻頭に付され、二十年あまりに渉る周到な改訂が重ねられた「現今印行」のものと比して頗る粗雑な「舊稿」の「寫本」であるとの弁解の前置きの後、それに答えている。その『譯筌』の「題言十則」の第五則には「如し他書を讀まば、但だ其の書の體・格を指授せんことを要す。『詩』に詩の體格あり。『易』に易の體格あり。一たび體格を知れば、思ひ則ち半ばに過ぐ矣」とあり、同則では字詁、句意へ注意を払うべきことも説かれる。

この澹泊への復書は、さきの模倣・剽窃重視を力説した「屈景山に答ふ」（注2）とほぼ同時期のもの（『年譜考』によると「復安澹泊」第三書は享保十一年（一七二六）八月十三日、「答屈景山」はそのほぼ三週間前の七月二十一日の付書）で、徂徠六十一歳時の書牘である。「題言十則」が付された刊本『譯筌』は正徳五年（一七一五）刊で、四十六歳当時である。よって、徂徠においても、各々の書に固有の「體」の認識と個々に適切な「法」を用いることが、一定程度重視されていたことは間違いない。が、春臺『倭讀要領』の「讀書法」「學則」にあるような、十全とはいえないながらも具体的に参考となる諸書もあげながら體と法の識得にむけた学習法が説かれることはなく、模倣・剽窃が学の基盤とされた。

一方、春臺も、『倭讀要領』「學則」第七則にて、「始ハ只古人ノ語ヲ剽窃シテ抄寫ス」れば、「積累ノ功ニヨリテ、イツトナク佳境ニ入」ると、のちの『文論』段階での剽窃批判とは反対の、徂徠の模倣⇓「化する」と何ら異ならないようなことを述べる。また、さきの白石は、『倭讀要領』段階の春臺は、文の法を古に求めるも修辞偏重の六朝への対抗から修辞を唱えない韓・柳により文法を、さらに李・王をもって修辞を学ぶのを初学の必須としており、(27) 徂徠の古語剽窃提唱に疑義を呈さず、春臺自身の古詩理解が深まった『文論』段階（六十一歳）においてはじめて、明詩の生色の無さ、人工的な様相を看取するに至り、徂徠の継承者、そして李・王の剽窃批判に転じたとする。(28)

さらには『倭讀要領』「學則」では、「昌黎柳州ハ、古文ノ名家」であるも「陳言ヲ厭テ新奇ヲ好メル故ニ、其文辞古調ニ入ラザル處ア」ると、韓・柳二者に関しても批判的なことを述べる一方、逆に「李獻吉・何景明（ら明儒において――筆者）ヨリ、此弊ヲ改テ」「修辞ノ學大ニ興レリ」（「學則」）と、修辞における明代儒者の優位を明言する。これらの点をどう理解すべきであろうか。

春臺の明代古文辞の模倣・剽窃批判の本格的展開は『文論』に至ってからとの白石の説には異論の余地がない。ここで問題にしたいのは、春臺の「修辞」への意識だけでなく、『倭讀要領』段階での春臺の「體」「法」への意識である。同書「學則」第九則にて、李・王も含めた八大家をあげるも、「此八大家ノ中ニ、法度ノ森厳ナルハ韓柳二子ノ文ニ如ハナシ」とされ、「只韓柳ヲ以テ文學ノ入門トスベシ。韓柳ヲ學テ、文法ニ通達」すべしと、唐代の二家が文の法学習において別格とされる。さらには「韓柳ヲ學テ、文法ニ通達セバ、明ノ李滄溟王弇州ガ集ヲ讀テ、修辞ヲ學ブベシ」とする。この論、春臺があくまで修辞を「本」とし、入門段階として法の学習を位置づけていると読む（たとえば白石、前掲注3二〇〇八論文）か、「法」の識得を修辞に優先させていると読むかはさらなる検討が必要であり、さらには「學則」第七則の「始ハ只古人ノ語ヲ剽窃」せよとする点と、第九則の「文學ノ入門」とすべき「韓柳」の「文法ニ通達」するを先としている点、すなわち学習の初期段階における優先事項についての春臺の論の整合性も問題である。

だが、韓・柳の法度が「森厳」とされ、その「文法ニ通達」すべしとの論は、「似習」を先、習法を後とする南郭（前出『燈下書』〈第八条〉）、「古文ハ法無」しとする周南の主張とは異なり、文の法重視の視点に立った持論の展開といえよう。翻っては『倭讀要領』「學則」第七則には「其體ニ随テ、修辞ノ法各別ナリ。混用スベカラズ」とある。『文論』における、各々の古への辞に固有の體・法の識得を基盤に作辞をすべしとの主張に通じるものだが、春臺の主唱する学習階梯における優先事項をあらわし、さらには『文論』五の「夫れ文には三要あり。一に曰く、體。二に曰く、法。三に曰く、辞」との言に相応するものである。

かく、『文論』で夙に強調される古への體・法の識得は、『倭讀要領』においてもしばしば推奨されている。『文論』六では「模擬は則ち可なり。吾其の努めて古人の成語を摭《ひろ》ひて、之を緝するに今法を以てするを悪《にく》む」と明言される[29]。また、『倭讀要領』全体にあらわれる「言語の学」としての精密の追究の姿勢は、剽窃に関する彼の見解の変遷とは別の、もう一つの面である言語の方法的、体系的理解と作辞法確立への春臺の一貫した真摯な姿勢を呈出するものであったといえよう。

〔注〕

（1）春臺『文論』は『紫芝園稿』所収本を利用。『紫芝園稿』前・後稿は『近世儒家文集集成』第六巻（編集・解説小島康敬、ぺりかん社、一九八六年）本を利用。なお、春臺『文論』に訓読、註、補記を付したものに白石眞子「太宰春臺『文論』訓釋」（『漢文學　解釋與研究』〈上智大学〉第一揖〈一九九八年〉）がある。

（2）徂徠「答屈景山」（『徂徠集』巻二十七所収。徂徠『學則』附録「先生書五道」にも所収）の語。『徂徠集』については著者蔵の松本新六版刊本に、『近世儒家文集集成』第三巻（編集・解説平石直昭、ぺりかん社、一九八五年）本をもって校合の上利用。なお、本章は徂徠『學則』ならびに太宰春臺『倭讀要領』終章「學則」双方に言及するが、原則として前者を『　』、後者を「　」で標記する。

（3）とくに白石「太宰春臺の『詩論』」（『東方學』第一一四揖〈二〇〇七年〉）、「太宰春臺の思想における詩文論の意義」（『日本中國學會報』第六〇集〈二〇〇八年〉）。

（4）白石「徂徠學『文論』に於ける韓愈・柳宗元」（『日本中國學會報』第五一集〈一九九九年〉）。

（5）『作文初問』は服部南郭考訂《(ママ)》、仙鶴堂蔵宝暦五年（一七五五）版（現東北大学狩野文庫蔵）を利用。『燈下書』は藤山詩論が付された版（国会図書館蔵）を利用。

（6）『徂徠集』巻之二十七所収。ちなみに「文淵」（徂徠口授、吉田有鄰編）にも、「唐文は議論」、「韓柳の倡ふる」は「古文辞」ではなく「古文」とある。「文淵」は吉川幸次郎、丸山眞男監修『荻生徂徠全集』（みすず書房、一九七三年）第一巻（島田虔次編揖）所収のものを利用。

（7）明らかに春臺は蘐園諸学のみならず、明代古文辞派を批判するが、いうまでもなく明においてもこの運動が奇矯なものと批判されていたのは、たとえば青木正兒『支那文学思想史』（岩波書店、一九四三年）などにすでに指摘がある。

（8）関西大学東西学術研究所、一九八一年（初版は一九六七年）。

（9）日中文化交流史叢書9（大修館書店、一九九六年）。

（10）『日本漢文学研究』第三号（二松学舎大学二十一世紀COEプログラム、二〇〇八年）。

（11）このうち筆者が検分したものは同志社大学本、関西大学本のみである。

（12）白石、前掲注（4）「徂徠學『文論』に於ける韓愈・柳宗元」。

(13)『學林』第三四号（中国芸文研究会、二〇〇二年一月）所収。なお、この論文ではとくに慶長本、寛永本をはじめ江戸前半期の版における相当数の誤字が指摘され、大いに改善がみられた南郭校訂、山子点本『正文』でも未だ改訂が不十分であることが指摘されている。

(14)狩野充徳「太宰春臺『倭讀要領』の「發音法」と『文選音決』の音註」（『中國中世文學研究』第四五号〈中國中世文學會〉、二〇〇四年）は、春臺『倭讀要領』の音韻研究が『文選音決』の水準に比肩することを論じる。

(15)臺洲『文章緒論』には「文則は唯だ字法句法を麤論するのみにして、未だ章法篇法に及ばず」とある。春臺『倭讀要領』の「倭讀正誤第九」も「四法」の重視をうたうも、讀み方の事例としてあげるのはほとんどが字法、わずかに句法の例があるのみ、『文論』は文章論で、章・編法の具体例はあげない。『文章緒論』が暗に春臺をも批判したものかの検討は今後の課題である。なお、文章論、文範に関する諸書、江戸知識層におけるそれらの進展について、成城大学の宮崎修多教授に多大なご教示を賜った。

(16)吉川、丸山監修、前掲注(6)『荻生徂徠全集』第一巻（島田編揖）所収。ただし『文體明辨』は『文章辨體』の次に、一字下げて「亦好」として小文字で掲載される。

(17)新釈漢文大系一四『文選』（詩篇上、明治書院、一九六三年）「解説」。同「解説」は、詩経風の作は前漢初期のもので諷諫詩・在鄒詩などのみで、魏以降は五言詩が盛行、翻っては賦は後漢末から魏の終わりまで重んじられたとする。また、「漢・魏の詩は文質を兼ね備えて骨力があ」るのに対し、晋・宋以降は、陶淵明などを除き「一路、麗にむかい、骨力もまた失われる傾向にあり、梁・陳にいたっては、その勢いが極まり艶麗になる」とする（五頁）。

(18)清水凱夫『新文選學——文選の新研究』（研文出版、一九九九年）、第一章。

(19)この二賦は個別作品としては最も多く李善注に引かれる。春臺が数値的にこれを知る由はなかったであろうが、彼が「倭讀例」に採用したのはかような傾向を看取した故かもしれない。なお、これらの賦の語彙ののちの作品における利用のされ方については富永一登「『文選』李善注引「子虚賦」「上林賦」「西京賦」」（『中国古典文学研究』〈広島大学中国古典文学プロジェクト研究センター〉第三号〈二〇〇五年十二月〉）に詳しい。

(20)高橋「蘐園古文辞学と揚雄——熊阪台州・大田南畝を端緒として」（『文芸研究』〈東北大学文学部日本文芸研究会〉第一四一集〈一九九六年〉）。また、『經子史要覽』（吉川、丸山監修、前掲注6『荻生徂徠全集』第一巻〈島田編揖〉所

収）巻之下「子要覧」でも「揚子」があげられ、「前漢ノ英傑」にしてその「文章駿發」と賞賛される。『經子史要覧』は徂徠口授、三浦竹渓の筆記。刊本は文化元年（一八〇四）だが流布本はそれ以前に存在。口授の時期は『學則』完成以降のことと推測されている（島田「解題」）。

(21) 高橋、同前論文、九頁。

(22) 春臺の著述物全体の傾向については、たとえば前掲『近世儒家文集集成』第六巻所収の小島康敬「解説」、一三頁にも指摘あり。なお、春臺の賦が一点のみという事実と、本文であげた揚雄の、賦は「童子の雕蟲篆刻にして、壮夫は為さず」との言との直接の相関関係の検証は今後の課題だが、蘐園諸学徒の多くとは異なる彼の学問への態度の一端を示そう。

(23) 湯浅常山『文會雑記』巻之二上記載の蘭臺の「鎌倉賦」評価は小島康敬「解説」（前掲『近世儒家文集集成』第六巻所収）に指摘済み。ただしこの賦、揚雄、張衡、さらには班固「両都賦」などの叙事詩とは趣きが異なり、また字の区切りも異なる。

(24) 本章では延享元年（一七四四）自跋のある版（国会図書館所蔵）を利用。なお、『經子史要覧』巻之上「尚書」にも「六體」関連の記述があるが、『六經略説』の記事はこれと大同小異である。

(25) とくに「倭讀正誤」は分量的にも六二・五丁（二〇・七％）を占め（音韻を論じる「倭音正誤」〈七六・五丁（二五・三％）〉に次ぐ分量）、「倭語正誤」（三・八％）とあわせ文の四法を開陳、『倭讀要領』の枢要をなす。分量計算は岡田袈裟男「太宰春臺と言語の学――『倭讀要領』の記述をめぐって」（『立正大学大学院紀要』〈立正大学大学院文学研究科〉第一六号〈二〇〇〇年〉）。

(26) 相原「古文辞学と徂徠学の政治思想――荻生徂徠『弁道』『弁名』に即して」（『法学会雑誌』〈東京都立大学〉第四六巻第二号〈二〇〇六年〉）。また相原「助字と古文辞学――荻生徂徠政治論序説」（『法学会雑誌』〈東京都立大学〉第四四巻二号〈二〇〇四年〉）。

(27) 白石、前掲注(4)「徂徠學『文論』に於ける韓愈・柳宗元」。

(28) 白石、前掲注(3)「太宰春臺の『詩論』」。

(29) この言、「豈に模擬剽竊、是れを為さん乎」「且つ學の道は、倣傚を本と為す」（答屈景山第一書）との徂徠の言との相違を示す。ただし前述のように、春臺も学習の初期段階での模倣は推奨しており、これは徂徠、そして服部南郭『燈下書』第八条の「始學入時」には「其文ノ通ニ似習」すべしとの言とも軌を一にする。それでも、『燈下書』が「似習」（模倣）の後で古人の法を取り入れよとする（第八条）のに対し、春臺は『倭讀要領』『文論』双方の段階で一貫して體・法重視の姿勢をとっていたのは徂徠、南郭と大いに異なる点である。

第七章　理解力・翻訳力・外国語習熟力

――なぜ明治の知識層は漢学廃止に反対したか

はじめに――漢学的素養の両義性

齋藤希史は、「近代以前の日本におけるリテラシーの特徴は、文字が読める／読めないという区分ではなく、仮名が読める／漢字が読める／漢籍が読めるというような階層性を強く有してい」たと指摘している。一つには、「識字率」といった単純な尺度を幕末／明治初期日本の知的発展度理解に当てはめることの不適当を、いま一つには「一定の能力と修練」を必要とする漢語を駆使した文章作成能力、漢籍に由来する漢語を自在に操る能力の如何による知的「階層性」を中心とする問題を的確に指摘する。(1) 齋藤はつづけて、次の福澤諭吉（一八三五～一九〇一）の『全集』「緒言」にある言を引く。

著訳者は原書の文法を讀砕きて文意を解するは容易なれども穩當の譯字を得ること難くして、學者の苦みは専ら此邉に在るのみ。其事情を丸出しに云へば、漢學流行の世の中に洋書を譯し洋説を説くに文の俗なるは見苦しとて、云はゞ漢學者に向て容を装ふもの、如し。(2)

齋藤はこの言をもって、時の洋学者／翻訳家が彼らの仕事の知的重要性を呈示するに、「まず漢籍を頂点とする読み書きの世界において、それなりの姿を見せる必要があった」知的気候との対峙／その克服が必要であったことを指摘、福澤の「平易な文章」の試みはこれへの挑戦で、「俗文中に漢語を挿み」「雅俗めちやくちやに混合せしめ」て「恰も漢文社会の霊場を犯して其文法を紊乱し」、これもって「世間の洋學者を磊落放膽に導き漢學を蔑視せしめんとした」試みは、漢学的素養の優劣を根拠とする抑圧的階層性、あるいは知的〝階梯性〟の破壊を目的とした福澤一流の「臨機一時の」戦略であったと指摘する。(3)

他にも、福地桜痴（一八四一～一九〇六）が「文論」（一八七五年）、「文章論」（一八八一年）において、少し遅れて森鷗外（一八六二～一九二二）が言文一致体の提唱の立場（「言文論」〈一八九〇年〉）から、福澤のごとき対抗を試みた者があるが、総じて、中江兆民（一八四七～一九〇一）『民約譯解』から井上哲次郎（一八五六～一九四四）『哲学字彙』まで、主要な思想・哲学関連書の翻訳は漢語、または「漢文脈」と称される文体をもってなされた。(4)

岸田知子は、江戸中期の蘭学者がすでにこれに似た状況に置かれていたことを指摘する。(5)福地桜痴も「文章論」において、「今日ノ如クニ支那人スラ普通ニ用イザル古文家ノ熟語ナドヲ引来テ、我ガ文章ニ雑ゼ綴ル」明治知識人の行ないを「痛ク廃セザル可ラズ」と批判、(6)福澤が「漢學者に向て容を装」わんとする（前出「緒言」）と論難するのに同じく、偏狭な知的風潮を痛罵する。これらの言論は、江戸中期から明治初期にかけての漢学を基盤とする権威主義的知的ヒエラルキーを例証するものといえよう。

かような知的気候の「足枷」は、洋学受容に従事する者をして、洋語の文法、文意の理解云々よりも、「漢文としての正雅の度合」に必要以上の目配せを知識人たる基盤として強要する状況にあった。中江兆民が高谷龍洲（一八一八～九五）の斉美校、岡松甕谷（一八二〇～九五）の紹成書院、さらには三島中州（一八三一～一九一九）の二松学舎にて漢学修業に没頭したのは留学から帰国した後、三一～三三歳の間、すなわち『民約譯解』巻之一刊行の五年前のことであったが、(7)これなどもかような知的気候故であったと考えられる。

しかしその一方で、さきの福澤「緒言」において簡潔に述べられている、（英文の）「原書の文法」を「読砕き」て「文意を解する」作業は「容易」であったとの指摘も見逃せない。これは、蘭学受容がすでに当時、百年以上の蓄積があったにせよ、それよりもむしろ、本書第五章にて詳察したごとくの「下見」（予習）、「聴講・聞書」、「返り視」（復習）、質講といった、習熟を十全たるものとするための細かい学習手法を含む、当時の藩学、郷学、さらには私塾における儒学テクストの徹底した学習過程により醸成された「知的習慣」が大きな意味をもったと考えられる。[8] これにより、外国語の文法、文意の理解を当時の知識層をして「容易」せしめたのであるが、明治初期時点における、福澤も含めた当時の「知識層」における漢学的素養を基盤とする「知的素地」が、洋語／洋学受容、ことに英語／英学の習得に決定的な意味をもっていたことは、中村敬宇も力説するところ（本章後半にて考察）である。

さらには、これは、江戸中期以降、とくに荻生徂徠、太宰春臺らを端緒とする、古典漢語理解、作文の方法的進展、彼らの提唱した言語の学の進展を起点とするものといえる。[9] これを翻訳学の用語でいえば、「起点言語」すなわち洋語の文意・文法的水準に見合う水準が、「目標言語」（あるいはその「言語環境」）にすでに十分にあったこと、豊穣なる言語的・文学的素地、言語理解の方法が漢学の素養をもった知識層に存在していた事実を示唆する。

翻訳家森田思軒（一八六一～九七）は夙に、「支那書中の典語經語」、あるいは「格言諺言の類」が、常に中国古代の文献の記された時空と不可分の「故事あり縁起ある熟語」であり（「翻訳の心得」）[10]、よって連想せられる事物との「切断」に常に苦労したと述懐する一方、「支那字は日本語の文章に到底欠くを得可らさるものたり」（「日本文章の将来」）[11] とも論じ、日本語は「言葉の不足」が問題で、「止むを得ず、多く漢語に依頼するやうに成ッた」（「作家苦心談」）[12] と言い、漢学は「拉丁學の上位に拠り」て、「我邦の文章は全く漢文の体裁と句法とを脱して其外に超然とすること能はざるべし」（「我邦に於る漢学の現在及び将来」[13]）とする（これについては次節にて詳察）が、これすなわち漢学が明治初期知識層において有した意味とその水準を示していよう。

本章では、このような漢学的素養のもつ両義性に注意しながら、明治初期知識層の面々が、みずから語るところの根底的知的基盤としての漢学の素養に関する所見を整理、勘案することを目指す。

一　森田思軒

森田思軒は明治の作家、翻訳家、ジャーナリストであり、とりわけヴィクトル・ユーゴー、ジュール・ヴェルヌらの作品の周密な翻訳家として名をなした人物である。ただ、矢野竜渓や福地らとの渡欧、中国旅行の経験はあるが、長期にわたる欧語圏での留学・滞在経験はない。一方、備中の生まれで、同郷の阪谷朗廬が主宰する興譲館での漢学修練の期間も含め、一定期間漢学学習に集中的に従事した経験をもつ。柳田泉は、思軒は「明清の漢文を手本」としたとする[14]。徳富蘇峰は「思軒の學は漢七欧三」と言い[15]、兆民をして「翻訳は故森田思軒最も佳なり」（「一年有半」[16]）と絶賛せしめた。兆民が絶賛する理由は、思軒は「學漢洋を兼て、而して殊に漢学の根底有る者、之人一人也」との見解にもとづく（同）。

思軒に関する研究は文学と翻訳学の分野に多い[17]。しかし、これまでの諸研究において特に看過されがちであり、本章で着目するのは、思軒の漢語観、とりわけ「翻譯の心得」（一八八七年、二十六歳）、「日本文章の将来」（一八八八年、二十七歳）時点までの漢語／漢文に対する否定的見解と、「我邦に於る漢学の現在及び将来」（一八九二年、三十一歳）、「翻譯の苦心」（一八九七年、三十六歳）時点におけるその賞揚である。

小森陽一も指摘するように、「日本文章の将来」にて思軒は、「四角張りたる一体」を呈する「漢文臭気を帯る」文章は、「穢を変して奇となし陋を変して雅となすの化力を有し読者をして其実境を知る能はすして已ましむ」ものと批判、作者は、漢文の「文典上の法則」に縛られぬ「詞の置方」を獲得し、日本語としての語の配列、文節の配列と順序、それにより形成される文脈をつくることに腐心すべきであるとしていた。[18] これの一年前の「翻譯の心得」（『國民之友』所収、一八八七年）にても、「一國の文には一國固有の意趣精神ありて、之を其儘に他國の文になほさんことは殆ど出来可らざる程のものあるが故なり」と述べられ、「今の文學世界には種々様々の文体の雑然として並び行はれリ《ママ》支那の古文辞を其儘に讀むが如き文体あり……日本普通の文章なりと云える一定の体裁あらさるなり」（「日本文章の将来」）とされ、「支那の文章」は「細密なる脳髄より生じたるもの」ではないとまでいってのける（同）。そして、このような状況は、「余の頗る不安とする所也」との懸念を示す（同）。この、思軒における漢語忌避の主張に関しては、他の翻訳学の研究も同一の見解を示す。[19]

しかし、明治二十四年（一八九一）の早稲田大学における講演にて漢学の不可欠性を称揚して以降、小森らの指摘と相反する主張を行なうこととなる。以下、とくに「我邦に於る漢学の現在及び将来」（一八九二年）における主張を中心に考察しよう。

思軒は同演説にて、「従来の漢文若くは漢文より生まれたる一種の俗文は之を急変する能はず」と、「日本文章の将来」にて明示していた漢文とその「文典上の法則」による規定性を忌避する姿勢を撤回、続けて福澤『西洋事情』に触れ、「其序を観ればなほ依然として漢文の相を現はせり」、「其のスタイルは全く漢文なり」とする。[20] 続けて、

此のころは用語も亦た壱に漢学を宗とせり。文明の周易に出で、格物の大学に出で、影響の尚書に出で、権利の荀子（歟）に出でたるたぐひ、皆な謹で聖經賢伝の例に依らざるなし。権利は、西洋事情には通義とせるやうに覚ゆ。通義は即ち中庸の用語なり。

と述べる。[21]「日本文章の将来」においては、「支那の古文辞を其儘に讀むが如き文体あ」ることを極めて批判的に論じていた思軒が、ここでは枢要なる字句が經書、史書に淵源することを好意的に示している。

このあとしばらく明治初期における漢語排斥の思潮があったことについて触れ（『文体』三二〜三六頁）、再び翻って「然れども我邦の学問世界が終に全く漢書と相離れ、漢書は全く学問世界より消失することあるを得べき歟。是れ一考すべき所なり」として、漢語／漢学擁護の論を再開する。まず、「日本の道徳の標準スタンダルドは何の処に定まるべきや。其の彙倫システムは何様に定まるべきや」とし、「標準彙倫の中には必ず多くか少くか儒者の教と相一致する所のもの有」り、「儒者の教は必ず其標準彙倫の中」にあり、「国民のコムモンセンス」醸成と不可分とする（同、三六頁）。そして、「儒者の言を載せたる漢書は、全く我邦の学問世界より消失することと無かるべきなり」と、「支那の古文辞」の混在とその文章（あるいは文体）規定性を真っ向から否定していたのと正反対の主張で締めくくる（同、三六〜三七頁）。これに続けて、次のように主張される。

> 又た文章のうへより言ふに、我邦の文章は全く漢文の体裁と句法とを脱して其外に超然すること能はざるべし……規則及び風韻は是非とも漢文に由りて之を手本とせざること能はず。
>
> （同、三七頁、「規則」「風韻」の傍点はママ）

ここで主張されるのは、文章、文体における漢文的要素の不可欠性である。すでに指摘したように、明治二十年（一八八七）、二十一年時点において思軒は、「漢文」の文体も混じった雑然とした文体を否定していた。しかし、その後の思軒は漢文的素地の駆逐には向かわず、「漢文の体裁」、ならびに「句法」を不可欠とするに至っている。加えて文の規則、さらには「風韻」に至るまで「是非とも漢文に由」るべしとの主張は二度繰り返され

（三七、三九頁）、ほぼ同様の主張が表現を替えて滔々と繰り返される。終には、「漢文の口調を用ひざるを得ざることを、談じて疑はず。何となれば、是れ実際自然の勢なれば也」（同、三八頁）と、「漢文」を、日本人の文章作成において「自然」なものとしている。

この演説を締めくくるに、思軒は次のように論じる。

> （漢学は——筆者）学問世界の一方に燦然たる光明を放ちて拉丁學と比肩し、否な我邦に在ては拉丁學の上位に拠りて占坐するの日あるべしと思ふ。　（同、四二頁）

思軒はすなわち、道徳、言語の双方の次元での漢語（漢学）の不可欠性を力説、のみならず、それを拉丁《ラテン》学と比肩、あるいは匹敵する可能性のあるものとまで称揚する。思軒二十七歳時点までは、「造句」「措辞」、すなわち「詞の置方」、あるいは常套句の駆逐、そして、漢語の「文典上の法則」からの解放を主張していたが、それ以降は、右に引いたように「漢文の体裁と句法」を重視、漢文は「行文用語」の「宗師」であり、その「文体及び句法を愛悦」して「筆致を向慕」すべきとする（同、三四頁）。

その一方、「只だ従来の研究法によりて漢学を研究せば、是れ敗軍の将が兵を断ずるなり。徒らに其敗北をくり返すに過ぎず」、「漢学が是までの漢学として行く間は、ナオ益す〳〵衰へゆくのみならむ」（前掲、「漢学の将来」三六頁）と批判する。これは重要で、思軒が「従来の研究法」と批判するところは、敬宇が「古董ノ古物ヲ玩ブガ如」くの、あるいは「文字章句ノ論ニ止」まるごとくの営みと批判したところと同じで、これすなわち固陋な漢学者流の学問への拘泥の批判といえよう。

しかし思軒が一方で、漢文の「文体」および「句法」が、日本文章作成に不可欠であり、その措辞の法は「行文用語」の「宗師」であり、「筆致を向慕」すべきとの持論を展開している、この「両義性」も看過すべきではない。

思軒は三十六歳でこの世を去るが、「作家苦心談」はこの没年（一八九七年）のものである。ここでは、「第一に（邦語訳を試みるにおいて――筆者）困難を覚えたのは言葉の不足なのです……そこで、私は止むを得ず、多く漢語に依頼するやうに成ッたのです」と述べている。[22] 思軒が、中国古典文献の典語、經語、あるいは「格言諺言の類」は、その時代の時空に引き寄せる強い引力を有しており、これらの無配慮な使用が、「起点」文献の含意を歪曲する可能性を強く意識していたのは指摘した（前出、「翻訳の心得」の言）。よって典語、經語類に連想せられる事物との「切断」に常に苦労したとみずから回顧する一方、日本語は「言葉の不足」が問題で、「止むを得ず、多く漢語に依頼」したとしている。

二　中江兆民

兆民が「翻訳は故森田思軒最も佳なり」と高く評価し、その理由は（思軒が）「學漢洋を兼て、而して殊に漢学の根底有る者、之人一人也」との点であったことは指摘した。高い漢学の素養「故に善く文字を駆使して左右皆宜し」とし、逆に「今時漢学振はず、人々唯だ用に供するに足ることを求むるのみ、故に独修多きに居り、疎率極て夥し……漢学を修むるの暇無きに是れ由る、蓋し此誤無き者は独り思軒有るのみ」[23]と、思軒の翻訳の秀逸と漢学の素養の高さを結びつける。

兆民自身は土佐の藩学致道館で儒学を学んだあと、福澤諭吉の伯父で帆足萬里に学んだ高谷龍洲、さらには岡松甕谷の紹成書院にも学んだ。『一年有半』「再論言論自由」「全国新聞雑誌並著訳書批評　第三」[24]などは兆民の漢学の素養の一端を開陳するが、彼の漢学の素養を高く評価する研究がある一方、溝口雄三などは、兆民においては漢学の素養が彼の思想や心情を深耕し表出せしめた度合は限定的で、「本質的には修辞的世界であった」とする。(25)『一年有半』には兆民の漢学（者）観を示す記述があるが、そこでは塩谷宕陰、安井息軒らの文章を「陳々腐々、人をして一誦頭痛を発せしむ」と痛罵する一方、岡松甕谷を「実に近代の大家」、「徂徠と雖も恐くは筆を投じて膝前に平伏せざる能はざる可し」と激賞する。(26)

さて、『民約譯解』等で彼は漢文を用いるのだが、その理由は「漢文を以て西洋の思想を十分に書き顕したならば完全なる文章が出来るといふ積りであつた」からであり、「漢文の長処といふものは簡潔な文字の中に多くの意味を含ませるのであるから、其文章が強くて又余韻があつて人を感動させる力が多(27)」かったからである（幸徳秋水「兆民先生」）。

また、「史記の文章は……インスピレーションの火が満々て居」り、「実に神韻の文章(28)」であり、漢語を用いないで「洋書を訳する者、適当な熟語なきに苦しみ、妄りに疎卒の文字を製して紙上に相つぐ……是れ実は適当の熟語なきに非ずして、彼等の素養足らざるに坐するのみ(29)」であったとしている。漢語をもって西洋思想を書き顕せないと主張する者は、「漢学を知らないが為め」で、「三千年来磨きに磨いた支那の文字で幾万という文字で適当な言葉がないというのが間違ひ(30)」であると述べている。

つまり兆民は、漢語を、語彙の豊富さ、「インスピレーション」「神韻の文章」の源であること、「簡潔な文字の中に多くの意味を含ませる」ことが可能な語であるとの理由で評価している。語彙の豊富さは思軒も指摘するところであるが、「神韻の文章」とは漢・唐・宋代名家が上代の文章を評価する時に用いる常套句である。たとえば、「簡潔な文字の中に多くの意味を含ませる」とは、『文則』における古文評、すなわち『左傳』の文は「簡而整」（上、二十二オ）、「緩而周」（同ウ）との評、あるいはまた「檀弓之載事。言簡而不疎。旨深而不晦」（下、一オ）といった評価に相通じよう。(31)これらはまた、徂徠、春臺以降の日本儒者による漢代より前の諸書の評価を踏襲したものといえよう。兆民は、長い時間をもって豊穣なるこれらの特徴を備えるに至った漢文が、「完全なる文章」作成に不可欠なものと考えていた。

三　中村敬宇

敬宇はいわゆる〈啓蒙思想家〉として名を馳せ、みずからも英学塾で洋書を講じ、洋書の翻訳に勤しんでいたが、彼が漢学を重視した理由は、彼がもともと昌平校教授から静岡学問所教授、そして東大教授等を歴任した漢学者だったからという単純な理由からではない。すでに第一章にて敬宇の「漢学不可廃論」「(四)漢学ノ基アル者ハ洋学ニ進ミ非常ノ効力ヲ顕ハス事」を引いたが、いま一度それに集約的に語られる彼の漢学論の確認をここで行なう。曰く、

今日洋学生徒ノ森然トシテ頭角ヲ挺《ぬき》ンデ前程万里ト望ヲ属セラル、者ヲ観ルニ、皆漢学ノ下地アル者ナリ。漢学ニ長ジ詩文ヲモ能クスル者ハ、英学ニ於テモ亦非常ニ長進シ英文ヲ能シ、同儕ヲ圧倒セリ。某々哲学士ノ如キ、余ガ大学教授タリシ時、其詩若クハ文ヲ閲シ其英才ヲ嘆賞シタリシガ、今ハ或ハ哲学書ヲ著ハシ、或ハ政学書、或ハ小説ヲ著ハシ、儼然トシテ各一家ヲ成セリ。ソノ時コノ諸士ト同級ニ居リシ者モ、漢学ノ下地アル等級ニ随ヒ、亦皆高下ヲ異ニセリ。漢学ナキ者ハ、固ヨリ哲学科文学科ニ入ルコト能ハザリシナリ。(中略)近ゴロ外国ヨリ帰朝シ俄ニ顕達ノ地位ニ登用セラレシ某氏ノ如キ、哲学ノ書ヲ著ハシ、並ニソノ詩鈔ヲ発行シ、新聞紙ニコノ二種ノ肩書ヲ並ベテ公告ニ出デタリ。コノ二氏ノ如キハ読書種子ト称スベキ少年才子ナリ。カク漢学ノ基アリシガ故ニ、洋学ニ進ミ非常ノ好結果ヲ現ハシタリ。(32)

「古典講習科乙部開設ニツキ感アリ書シテ生徒ニ示ス」においても、「夫レ方今洋学ヲ以テ名家ト称セラル、者ヲ観ルニ、元来漢学ノ質地アリテ洋学ヲ活用スルニ非ルモノナシ」と述べ、

漢学ノ素ナキモノハ、或ハ七八年、或ハ十余年、西洋ニ留学シ帰国スル後ト雖モ、頭角ノ嶄然タルヲ露ハサズ、ソノ運用ノ力乏シク、殊ニ翻訳ニ至リテハ決シテ手ヲ下ス能ハザルナリ。然レバ則チ、今日朝野ノ間ニ在テ、卓然トシテ衆ニ顕ハレ有用ノ人物ト推サル、モノ、漢学者ニ非ルハ無シト断言スルモ可ナリ。(33)

と断言している。

『編年日本外史』の序文にも、(34)「余近聚徒教授。而深悟于洋學者之不可不修漢學也。無漢學而従事洋學者。勤苦五六年。尚不能敵修漢學者之一二年」〈余、近ごろ徒を聚めて教授す、而して深く洋学者の漢学を修めざる可からざるを悟るなり。漢学無くして洋学に従事する者は、勤苦すること五、六年にして、尚お漢学を修むる者の一、二年に敵する能はず〉と、さきの「古典講習科」の主張と〈修学期間〉に異同があるものの、同様の主張があり、さらには「土氏論理学序」はじめ他の多くの敬宇の文にもこのような趣旨の論がみられる。(35)

余談になるが、一世代あとの永井荷風は、『断腸亭日乗』で敬宇の「編年日本外史序」を引き、逆に「中年以後一旦漢文を読まむとする時、洋学の力大に益あることを悟るべし」とし、さらにあとの世代の漢学者である吉川幸次郎も、「近ごろの若い人人で漢文を読もうという人の力は、戦前よりもむしろ上にあると感ずることがある。西洋語学への能力の一般的な向上の、漢文への反映であると、私は考えている」と、荷風に同調する。(36)これは、思軒、兆民らの主張と正反対のものであるが、高度に発達した言語の高いレベルでの習得が、別の高次元の言語の習得においてもまた有用であることを示唆しよう。

さきの「漢学不可廃論(四)」の文章に戻ろう。一読してわかるように、ここでは、「漢学ノ下地」「漢学ノ基」が「英学ニ於テモ亦非常ニ長進」するに有効であるとされ、英語あるいは洋学習得において極めて有用な知的基盤として漢学が位置づけられている。では敬宇は、漢学の素養の如何なる側面が重要と考えていたか。

> 予倫敦ヨリ帰リシ初メ、児輩ヲシテ漢学ヲ廃シテ専ラ英学ヲ為サシメタリ。然ルニ児輩ノ英学ノ業始メノ程ハ進ミタレドモ、進ミ難キ所ニ至ツテ止マレリ。予是ニ於テ漢学ヲ廃セシメタルコトヲ悔ユ。曰ク、恨ムラクハ漢学ニ従事セシメ、少シナリトモソノ魂魄《こんぱく》ヲ強カラシメザリシコトヲ。予又幼年ヨリ洋行シテ中年ニ帰朝セシ者ノ一両輩ヲ見タリ。語学ハ上達シタルノミニシテ、亦皆進ミ難キ所ニ至ツテ止マル者ノ如シ。之ヲ漢学ノ基アリテ洋行シタルモノニ比スレバ、タヾ霄壌《しょうじょう》ノ差ノミニ非ズ。
> 漢学ハ、ソノ六ツケ敷且ツ数多ナル字ヲ覚ユルバカリニテ、脳髄ヲ労《つか》ラカシ、得失相償ハズト、西洋人ガ往々言フコトナレドモ……一語ヅ、ソノ字綴リヲ覚ヘ、一語ヅ、ソノ音ヲ覚ヘザルベカラズ。矢張脳髄ヲ使ハザレバ出来ヌ事ナリ。又支那字ト同様ニ、ソノ字ヨリ組合セタル語ノ形画ヲ目ニテ覚ヘルナリ。[37]

「幼年ヨリ洋行」した者が学んだ英語とは無論、現地仕込みのネイティヴなそれであり、英国滞在を通じて英語学習の必要性を痛感した敬宇は、「児輩ヲシテ漢学ヲ廃シテ専ラ英学ヲ為サシメ」たとするが、ここで敬宇が「国内で行なった」とする教育は「正則英語」、すなわち訳解を目的とした変則英語教育に対し、発音・会話・直読直解を重視した英語教育であったと推測される。

敬宇は、この学習過程を経た者が概ね「語学ハ上達シタル」ことは認めており、右の言は英語が「しゃべれる」「聞ける」といった能力の面での問題を批判するものではない。にもかかわらず、漢学学習を経ずに英語を学んだ者、最初からネイティヴの英語に浸りそれを身につけた者は、「進ミ難キ所」に至ると進捗が止まると難じている。

敬宇のこの主張を、どう理解すべきか。一つには、敬宇がここで「何に」ついて論じているかを考えねばならない。彼は、英語学習という「語学」の問題をかたりながら、実際は、「語学」と「内容」の双方について語っているといえよう。無論、言語とそれに表出せられる意味内容は相即不離であるが、「進ミ難キ所」と「語学」の対置は、明らかにこれらを峻別して考えているといえよう。

そして、この論点と、続けて語られる「予是ニ於テ漢学ヲ廃セシメタルコトヲ悔」いるとの言葉の意味するところは重要である。漢学の素養なき者におけるその「魂魄」の強化なきを恨むると、いささか舌足らずの抽象的表現をもって述べるが、敬宇は、漢学の「魂魄」とはいかなるもので、それがどのような意味で重要と考えていたか。

一つには、漢語の学習過程における「一語ヅヽ」記憶し、さらに「ソノ音ヲ覚ヘ」る学習、大いに「脳髄ヲ使」うこの過程を通じた知的鍛錬、そしてそれに内在する「字ヨリ組合セタル語ノ形画ヲ目ニテ覚ヘル」学習、すなわち表意文字の学習過程が、表音文字を用いる言語とは異なる重要な知的鍛錬を内包するとの認識がみえる。

さらに後段においては、「思慮深キ人ハ」「数千年ノ旧キヲ経タル國（中国）ノ事ヲ知ラント欲」すとの言葉を含む James Legge の *The Chinese Classics* 序言を引き、「漢学不可廃論」(38) を次のように結んでいる。

余ハ支那ノ經典ヲ譯スルヲ以テ努ト為スト曰ヘリ。レッグ氏詩經ニ二譯アリ。其一ハ、支那經典ノ中ニ在リ、原文ニ依リ、敢テ自ラ放マヽニセズ。其一ハ、英詩ノ體裁ニ擬シ、自由ニ譯シタルモノナリ。余近ゴロ莊子ノ英譯ヲ購得セリ。漢学者若シ英学ヲ為サント欲セバ、右等ノ諸書（敬宇は Legge の英訳した四書、書経、詩経、春秋ならびに左伝を前段であげている——筆者）ヲ漢英比較シテ讀ムトキハ互ニ発明スルコトヲ得、ソノ有用ハ論ヲ俟タズ、楽趣亦限リナカルベシ。余ハ児輩ヲシテ一時漢学ヲ廃セシメタルニ懲ルコトアリ。故ニコノ論ヲ為シテ学士諸君ニ質《ただ》スト云フ爾《しか》リ。(39)

漢学者が英学を学ぶにあたっては、四書、書経、詩経、春秋ならびに左伝、すなわち *The Chinese Classics* に訳出された経書にあたり、それらを「漢英比較シテ読ム」ことを推奨している。さらにその前段にある『詩經』に「二譯」あって、「原文」に忠実で「敢テ自ラ放マ、ニ」していない訳と「英詩ノ體裁ニ擬」し、「自由ニ譯シタル」訳との比較検討が有用との主張にも注目したい。どちらも、英語「そのもの」の力、「語学力」、あるいはネイティヴのような流暢な会話力の獲得といった方向の話ではなく、字句の微細なニュアンスの識得やその語源に関する知識、歴史的な意味変遷の理解、文の体・法の識得といった要素を基盤とする、まさに漢学習得の遂行過程を通じて徹底的に鍛えられる性質の知的基盤の重要性についての主張である。

つまり敬宇は、こと日本人の英語の上級編における進捗を支える知的基盤は、（a）漢学学習過程の必然としての膨大な数の表意文字の記憶という作業、（b）詳密な字・句の義、その用法の学、訓詁、書誌の学を枢要とする学問方法であったと考えていた。そしてこれらはまさに伊藤仁斎、荻生徂徠、伊藤東涯らより発展し、幕末までに結実した詳密かつ体系的な漢学の学問方法であったのは特記されよう。敬宇が「漢学ヲ廃セシメタルコトヲ悔」いた理由は、漢学学習過程が「知力を鍛える有効な手段」であり、「数千年ノ旧キヲ経タル國ノ事」を精微な文章をもって綴った経書、史類への通暁の機会がまさに、「進ミ難キ所」を突破する知力を養い得る知的プロセスであったと考えていたからであるとすることができよう。

漢学学習とは、単なる「中国語」あるいは「古語」の記憶ではなく、往年の事象を精微に語る修辞、措辞の豊穣なる素養の獲得作業であり、漢学の素養のない児童が、初歩的言語習得の次元から思想次元となるに至り学習が滞る理由は、この素養（あるいは敬宇の表現を借りれば漢学の「魂魄」）の欠如故であると敬宇は考えていたと推知できよう。

小括

第五章でも論じたが、西周は、「学問は淵源を深くするに在るの論」にて、スペンサーの書に言及しながら知的基盤、知的習慣に関する彼の論を開陳する。そこでは、「唯記性ノ好キト暗誦復読等ノ事」と、「思慮ノ能力ヲ練熟スルコト」、また、「単素ナル念」と「組織セル念慮」を明確に峻別し、「後来ニ至」っての「心意開発」の問題に焦点をあて、「観念ヲ以テ結合スルコト」、「精微ナル理ヲ穿鑿スル論弁ヲ理会スル」ことの重要性に焦点をあてる。(40) ここで西が重視するのはまさに、言語習得と相まって、その高度化にともない重要となる知的能力の性質、あるいはそれに醸成されるところの知的習慣とその集合的意味、根底的次元の知的基盤としての意味である。

西がここで「唯記性ノ好キト暗誦復読等ノ事」、「単素ナル念」、「言語ヲ覚エテ之ヲ反復スル」作業として言及する事象は、敬宇のいう「英学ノ業始メノ程」にあたる過程に相応しよう。翻って西のいう「念慮」、「心意」の「開発」、「瑣細ナル事ニ就テ」の「精微ナル理」の「穿鑿」は、敬宇がいうところの「脳髄ヲ労」れせしめる「進ミ難キ所」の知的営み／学習過程に相応しよう。いうまでもなく、言語学習の進捗は否応なく「思想内容」の次元へと学習者を向かわしめ、かような次元での言語習得は高度な思惟能力を必要とする。敬宇は明らかに、この能力を下支えする基盤として漢学の素養、あるいは、彼のいうところの漢学の「魂魄」を位置づけていたといえよう。なお、この「念慮」、「瑣細」「精微」の「穿鑿」能力を、江戸後期〜幕末期に教育を受けた明治の知識層に植え付けた要素として注目すべきは、第五章にて詳察したごとくの江戸後期の藩学、郷学、私塾等における学習法である。

〔注〕

（1）齋藤「文体と思考の自由――福澤諭吉の射程」（『福澤諭吉年鑑』第三七号、福沢諭吉協会〈二〇一〇年〉）、八二頁。
（2）福澤「緒言」（慶應義塾編『福澤諭吉全集』岩波書店、一九六九年、五〜六頁）の文言。
（3）福澤「緒言」を引きながらの、齋藤、前掲注（1）「文体と思考の自由」八二〜八六頁の論説。
（4）この点で重要な示唆を呈するのは齋藤希史『漢文脈と近代日本』（日本放送出版協会、二〇〇七年）、同『漢文脈の近代――清末＝明治の文学圏』（名古屋大学出版会、二〇〇五年）など。また、斉藤文俊『漢文訓読と近代日本語の形成』（勉誠出版、二〇一一年）、とくに第四章、第五章第三節、第六章第三節も示唆に富む。
（5）岸田『漢学と洋学――伝統と新知識のはざまで』（大阪大学出版会、二〇一〇年）、とくに「漢学の足かせ――華夷思想・「聖賢の学」との戦い」。
（6）福地「文章論」（『日本近代思想大系　十六　文体』岩波書店、一九八九年）、八七頁。
（7）兆民『年譜』。また、山田博雄「翻訳の思想――福沢諭吉と中江兆民」（『福澤諭吉年鑑』第三七号、福澤諭吉協会〈二〇一〇年〉）、同『中江兆民　翻訳の思想』（慶應義塾大学出版会、二〇〇九年）は、兆民の洋行後における漢学修習への努力の様子を考察する。
（8）本書第五章、とくに第一、二節。
（9）この点、とくに文章の「体」「法」への意識に関しては第六章を参照されたい。
（10）『國民之友』一八八七、一八九一年収。のち『日本近代思想大系　十五　翻訳の思想』（岩波書店、一九九一年）所収。
（11）『郵便報知新聞』一八八八年収。山本正秀編著『近代文体形式史料集成　発生編』（桜楓社、一九七八年）所収。
（12）『新著月刊』一八九七年収。一九〇六年に「翻譯の苦心」として『酔玉集』収（『日本近代思想大系　十五』所収）。
（13）『早稲田文学』第七・九号（一八九二年）所収。『日本近代思想大系　十六　文体』（前掲注6）所収。

(14) 柳田『明治初期翻訳文学の研究』（春秋社、一九六一年）。阪谷朗廬は朱子学者とされるが、朗廬の学問、興譲館での教則が偏狭な朱子学教義に固執するものではなく、明学、さらには清代考証学までも視野に入れたものであるのは、同館の「家塾生ニ示ス心得書」「興譲館詩文会規約」（山下敏鎌編著『興譲館百二十五年史』〈学校法人興譲館内「興譲館百二十五年史」記念刊行会、一九七三年〉所収）、さらには同館所蔵の蔵書（現学校法人興譲館内の建物に収蔵）に明らかである。なお、これらの閲覧には現校長に便宜をお図りいただいた。

(15) 『思軒全集』第一巻（金尾文淵堂、一九〇七年）所収、徳富蘇峰言。

(16) 『中江兆民全集』第十巻（岩波書店、一九八三年）所収。同巻、一八三頁。

(17) 文学的見地からの研究では、小森陽一「行動する「実境」中継者の一人称文体――森田思軒における「周密体」の形成」一（『成城文芸』第一〇三号、成城大学文芸学部〈一九八三年〉）、同「「局外」「傍観者」の認識――森田思軒における「周密体」の形成」二（『成城文芸』第一〇四号、成城大学文芸学部〈一九八三年〉）。翻訳学の視点からの研究は、落合陽子「The Purloined Letter と翻訳者森田思軒――翻訳作品『秘密書類』についての試論」（『聖徳大学言語文化研究所論叢』第一七号〈二〇一〇年〉）、斉藤美野「森田思軒と文学翻訳」（『通訳翻訳研究』第八号、ＪＡＩＴＳ〈二〇〇八年〉）などがある。

(18) 小森、前掲注(17)「行動する「実境」中継者の一人称文体」五八～六一頁。

(19) 落合、前掲注(17)「The Purloined Letter と翻訳者森田思軒」、斉藤、前掲注(17)「森田思軒と文学翻訳」。

(20) 『日本近代思想大系　十六　文体』（前掲注6）三二頁。以下、引用箇所の頁数はこの書のものを記す。

(21) 「通義」が『中庸』ではなく『孟子』より出る語であることは、『日本近代思想大系　十六　文体』（前掲注6）三二頁の頭注にすでに指摘がある。

(22) のち「翻譯の苦心」として『醉玉集』収。注(12)参照。

(23) 中江兆民「一年有半」（『中江兆民全集』第十巻所収。同巻一八三、一八五頁）。

(24) 「再論言論自由」は『中江兆民全集』第十四巻所収、「全国新聞雑誌並著訳書批評　第三」（『東雲新聞』明治二十二年二月十日掲載）は『中江兆民全集』第十五巻所収。

(25) 『中江兆民全集』第十巻月報（二〇〇一年）。

(26)中江『一年有半』(『中江兆民全集』第十巻所収。同巻一九九頁)。
(27)『中江兆民全集』別巻、四二一頁。
(28)『中江兆民全集』別巻、四二一～四二三頁。
(29)『中江兆民全集』別巻、四六五頁。
(30)『中江兆民全集』別巻、四二一～四二二頁。
(31)宋・陳騤『文則』山井鼎(山井崑崙)句讀、校訂。本章では慶應義塾図書館所蔵の吉文字屋次郎兵衛版(享保十三年〈一七二八〉)を利用。
(32)「漢学不可廃論」は『日本近代思想大系　十六　文体』(前掲注6)所収。引用箇所は二二三～二二四頁。以下、引用箇所はこの書のものを記す。
(33)『学芸志林』七〇冊(明治十六年〈一八八三〉)所収。のち『日本近代思想大系　十　学問と知識人』(岩波書店、一九八八年)所収。
(34)『敬宇文集』(吉川弘文館、一九〇三年)巻之六(第三冊)「序」所収。
(35)『敬宇文集』巻之十五所収。「論法原理序」(『敬宇文集』巻之十四)などにも同様の主張あり。
(36)吉川「荷風と儒学」『吉川幸次郎全集』第十八巻(筑摩書房、一九七〇年)所収。引用の『日乗』の文は昭和四年八月廿三日の条。
(37)『日本近代思想大系　十六　文体』(前掲注6)二一四頁。
(38)Legge, James, D. D., *The Chinese Classics: With a translation, critical and exegetical notes, prolegomena, and copious indexes* (8 vols.), Hong Kong and London, 1861-1872の「第一巻　第一冊」所収の「序文」の語(訳は敬宇)。
(39)『日本近代思想大系　十六　文体』(前掲注6)二一五頁。
(40)『日本近代思想大系　十　学問と知識人』(前掲注33)所収。引用箇所は二一九～二二〇頁。

結論　日本儒学における考証学的伝統と原典批判

一　古くて新しい論点

一九六〇年刊行のモーリス・メルロー＝ポンティ（以下、適宜「M-P」との略称も併用）による論集『シーニュ』は、彼による『行動の構造』『知覚の現象学』といった緻密な論理的作業を展開する書とは一線を画する、巨視的な立場から世界の思想・哲学を解説的に論じた論集である。これに収められている「どこにもありどこにもない」と題される論説にてメルロー＝ポンティは、「東洋の思想」を「大ざっぱに、また遠くから考えるならば、おそらくそれは、無駄な繰り言、永遠の解釈のし直し、偽善的裏切り」であり、その学術的営みは、「幾世代にもわたる中国の文官が身をついやしてきた〈完璧を期した文献調査や照合〉という愚かな企て」そのもので、「中国の哲学」は「一つ一つの物や一人一人の人間に対して、ストア的シニズムに逃げ道を求めることさえなく」、ただただ「「礼」（correction）を最も基本的な徳と規定し」、「知的な意味での対象の起源を求める」とか、「対象を把握しようとはせずに、ただそれを原初の完全な姿で呼び起こそうとしているように見える」と論じている。(1)さらには、「中国やインド」の「哲学者」については、「おのれ自身やおのれ以外のあらゆるものを把握しようとする努力が彼らにはあまりにも欠けている」と断罪する。(2)

この行論の後半では、「東洋の哲学」に「一種の教育的価値」を認めたり、「存在を支配することよりも、むしろわれわれと存在との交渉の反響ないし共鳴器たる」ものとしての意義を論じ、〈存在との交渉〉やその生れ故郷とも言うべき〈原初の選択〉に気づき直す術を学」ぶ有効なものとの評価も与えているが、[3]なんとも、辛辣の極みともいえる酷評を、メルロー＝ポンティは中国（あるいは東洋）哲学（学問）に対して加えている。

そもそもこのような辛辣極まる批判は、たとえば宋末～元初の楊愼、王柏、呉澄らの経書研究の底流にある学問態度の自律性、さらには明・梅鷟、郝敬らの学問の特異性、明末～清初の朱彝尊、顧炎武、黄宗羲らの学問にみえる網羅的で体系的なさま、そして閻若璩の周到かつ批判精神に溢れる『尚書』研究などは念頭になく、また、『シーニュ』刊行から十五年溯る一九四五年刊行の丸山真男の徂徠学における思惟方法に関する研究もまったく頭にない状態でのものであるのは論を俟たない。丸山の「近代的精神」に関する議論とその前提としての「分裂せる意識」の徂徠学における萌芽に関しては、その後、本郷隆盛らさまざまな研究者による解体をみたが、それでも、「東洋の哲学」を上述のごとき欠点を有するものとみなす断罪に対する再論駁にむけては、いまだに有用な論点を提供する。

しかしそれでも、右のメルロー＝ポンティの「遠くから」の「大ざっぱ」な断罪は、武内義雄による、清代の儒者にあっては「経書を神聖視してこれを批判することを遠慮し」ていたとする論評、あるいは加藤常賢をして江聲、孫星衍、段玉裁といった考拠家であっても「古代の聖王思想の信者」に過ぎず、彼らは「近代科学以前の人々であった」とする見方を彷彿させ、そこには、聖人、聖典を「客観的考察対象におし据える」という、知的な意味での対象の起源を求め、把握し、それをもとに己れを理解、把握するという、所謂「哲学的」「思想的」作業の大前提となる精神態度を包摂し得ない思想主体の存在しかあり得なかったごとくの状況を認めることになろう。

「中国」の「哲人」がこうであったか否かについて議論する力量を、筆者がもちあわせないのはいうまでもない。しかし、本書の各論編で考察した十八世紀～十九世紀前半の日本儒者において醸し出されている知的気風は、メルロー＝ポンティが「東洋の哲学（者）」の特徴として辛辣に批判した類のものとは異なる性質のものであったというのが、本書を通じての主張である。

第二章では中井履軒による『尚書』原典批判について考察、彼における、単なる「漢・魏回帰」「漢学の復興」ではない、「実証主義をもって基本的条件となす近代科学研究と等質」の学問（水田紀久）の実践の様相の呈出を試みた。それはまさしく、「完璧を期した文献調査」であったが、「斯道の始祖」や「聖人」をも「ただ後の立論者が権威と仰ぐ偶像と断じ、その超人格をも、思想発達の原則により、ひとしく相対的地位に定位し去」る学問態度を基底とする知的営み（水田）であり、それもって価値中立的に純粋に「最適」と判断される「古典」とその「原解」を適宜客観的に析出、吟味・考究する営みである。これは、「無駄な繰り言」（前出、M－P）などという表現には還元することのできない、まさに「われわれと存在との交渉」や「その生れ故郷とも言うべき〈原初の選択〉に気づき直す術を学」ぶ作業（前出、M－P）そのものといえよう。

東條一堂は考証の周到さにおいて一つの完成型を呈示する儒者であり、「権」論を展開するにおいても個々の判断を無制限に賞揚するものではなかった（第三章）。しかしその一方では、聖人の迹への盲目的固執は強く拒否し、自律的に「汎く天下の人」の「言行を效」し、これもって「おのれ自身やおのれ以外のあらゆるものを把握しようとする努力」の基盤とすることを主張していた。

かような一堂の説が、一堂の私塾に身を置き直接彼に師事した臼杵藩藩学の学頭武藤虎峯、稲葉徳一郎らに継承され、これが、臼杵藩藩儒の長子で、近代日本の代表的企業家の一人であった荘田平五郎において換骨奪胎せられ、明治期の企業倫理となっていったことは前著にて実証的に考察したとおりである。[4] 特筆すべきは、〝儒教的徳目〟の企業倫理への転化の前提にある、「最適」と判断される「古典」とその「原解」を適宜客観的に斟酌し得る知的「素養」の性質である。

第四章にて考察した久米邦武の学問は、特定の説に偏ることのない兼採の姿勢、客観的真実、公平性への矜持が看取されるものであった。また、彼はみずからの学問を、「考証学といへば学問の謀反人」（久米「史学考証の幣」〈第四章にて引用〉）と目される学問環境にて遂行せねばならなかったのであり、「真実の追究」という営為は、相当の自律性と抵抗精神をともなうものであったことを、いま一度強調しておきたい。

田中知周（述）『讀書準縄』では「巳《（ママ）》ノ意ヲ録スル」こと、すなわち十分な習熟を経ていない初学者が私意／恣意をもって解釈することを戒め、あくまで「書」を「準縄」とし、「此身ニ定規ヲアテル」ごとくにテクストに寄り添うことを強く主張する（第五章）。しかしその一方、師への飽くなき質疑（「質講」）が奨励され、まさに「灰汁ヲ煎ジテコレニ漬シ、足ヲ以蹈ミニヂリ手ヲ以数度挼」み、「垢ヲ去リ汚水ヲ絞」るごとくに専心すべきことが賞揚され、逆に「人ノ聴ヲ飾ル」ような質講、「師友ノ批誨少モナキ様」な事勿れ主義が激烈な言葉で批難される（同章）。『讀書準縄』、そして平沼淑郎『鶴峯漫談』などにまさしく語られているように、江戸後期の漢学学習とは、「難詰」に適宜対応すべく「腐心焦慮」し、周到な字句・語句の意味の精査、解釈を必須とする（以上、『鶴峯漫談』）、「思慮ノ能力」の「練熟」、「組織セル念慮」、「観念ヲ以テ結合」する能力、「概括ノ観念」等（以上、西周の語。第五、七章参照）の醸成に直結する学習法であった。

かような真摯かつ峻厳な学問、そして自律性の賞揚を、メルロー＝ポンティが批判したごとく「永遠の解釈のし直し」、「幾世代にもわたる」「〈文献調査や照合〉という愚かな企て」でしかなかったと過小評価するのはまったくの見当違いであろう。

このような基本認識のもと、さらには本書「各論編」にて検証・考察してきたことに鑑みながら、ここでは、江戸後期～幕末に発展をみた日本考証学のもつ意味を、世界の思想発展のなかで位置づけることを試み、本書の結びとしたい。

二　西欧における文献学の祖

西欧世界における客観的実証主義の勃興はルネサンス後期に溯るのは別稿にて俯瞰した（本書「序論」の注13にあげた文献）が、一方では、このような学問潮流が大きな流れになるのは随分後のことで、その本格化は十八世紀後半を俟つとの説もある。

たとえば岡崎勝世は、近代歴史学、あるいは独立した科学としての歴史学がバルトホルト・ニーブール（一七七六〜一八三一）やレオポルト・フォン・ランケ（一七九五〜一八八六）以前にはじまっていたが、[5]しかし、西欧において、キリスト教的世界観の枠内での「普遍史」から離陸し、客観的「世界史」が本格的に、ある学問潮流として台頭してきたのは、どんなに溯ってもゲッティンゲン学派のガッテラー（一七二七〜九九）、とりわけ彼の前半の普遍史的業績からの脱却を象徴する『世界史』（一七八五年）、『世界史試論』（一七九二年）、あるいはシュレーツァー（一七三五〜一八〇九）あたり、つまりは十八世紀末をその端緒とする。[6]

哲学において、はるか遠い昔の西ローマ帝国の滅亡以来、長期にわたるキリスト教的歴史哲学の支配が覆えされ、近代の歴史哲学が芽をふいて来たのは、ようやく十八世紀になってからであったとの指摘は、和辻哲郎（一八八九〜一九六〇）による。[7]歴史哲学、歴史学のかような発展は、いうまでもなく十七世紀後半よりにわかに盛んとなるキリスト教経典の原典批判、とりわけリシャール・シモン（一六三八〜一七一二）やジャン・アストリュック（一六八四〜一七六六）らによる『聖書』の著者の複数性の摘発、著述の時期と場所の「歴史性」の析出努力、それらを基盤に、『聖書』が「異なった時代に書かれた諸書を編集した『文献』と考え」るに至った知的大変動が寄与しており、[8]さらに根源的な次元においてはデカルト『方法叙説』（一六三七年）、アントワーヌ・アルノーらによる『ポール＝ロワイヤルの論理学』（一六六二年）といった書に表徴されるごとくの知的共通感覚をもった知識層の勃興があげられよう。[9] 所謂'Canon'とされる文典の「考察対象化」、〝客観化〟は、のちに触れるG-B・ヴィーコ（一六六八〜一七四四）の文献学、そして本章の主題である十八世紀日本と中国における「経典」への接近の態度、視線との比較対象として、実に重要な問題である。

一方、欧州の「東」においては、ヘロドトス『歴史』の伝統を継承したビザンツの歴史家が、諸民族の言語、宗教、思想の相違、出来事を事実主義的に、かなり「公平に」取り扱おうとの基本姿勢をもって、外国の記録、実地観察、地理学的・民族学的探究の知見等の「材料」にもとづいて「客観的に事の真相を捕え」（傍点ママ）、その上で、「材料の力強い取捨選択によって」「時代の肖像画」を描かんとしていたとするのは、前述の和辻である。逆に西ヨーロッパの物語（傍点ママ）や年代記は、「その構図と言い、心理的な特性描写と言い、政治的意図や行動の理解と言い、実に幼稚で、ほとんど比べものにならないそうである」とするのは、[10] 岡崎によって描かれるガッテラーらによる悲痛な普遍史からの脱却努力の様相とも相通じよう。[11] 和辻は、十字軍遠征を契機とするビザンツとの接触、スペインでのサラセン文化との接触まで千年近くにわたって西ヨーロッパは「ビザンチン文化に対してさえもおのれを閉じて」おり、この結果が、西ヨーロッパ諸国・諸地域における上述のごとき歴史哲学の偏向の元凶であったとしている。[12]

サラセンによるスペイン攻略は七世紀、第一次十字軍による遠征は一〇九六〜九九年であるので、西ヨーロッパの歴史哲学はこれらの外部接触の契機以降も長らくキリスト教的感化の下にあったといえようが、「事実」「史実」、あるいは真の意味での「原典」を「客観的」「批判的」に析出し、その他の部分を「虚妄」と断定したり、特定の教義に規定された論述を「妄論」とする旺盛な批判精神に基づきながら歴史的叙述を紡ぐ作業は、ヘロドトス『歴史』の伝統を継承したビザンツの歴史家たちのような「例外」はさておき、すくなくとも十八世紀世界という時空においては、世界史上極めて「稀有」なものであったことを、ここに確認しておきたい。

和辻は、キリスト教義に密接し、きわめて閉鎖的な歴史観を呈した歴史哲学は、「中世を通じて西ヨーロッパの人心を支配した」とし(13)、そして、かような「学界の大勢に反抗する」（傍点ママ）という「強い性格、深い確信、明らかな独創性」を有した最初の哲学者として、『近代歴史哲学の先駆者』のなかで（一九四六年初刊）、G・B・ヴィーコをあげる(14)。

大勢に抵抗する精神、「明らかな独創性」を呈示するヴィーコ自身の言葉は、『新しい学』と略称される彼の主著、すなわち『諸国民の共通の自然本性についての新しい学の諸原理』(15)の序論にある、「神こそは自然を自由かつ絶対的に支配している知性であ」り、「自然的なかたちでわたしたちに存在をあたえ」、「自然的なかたちでわたしたちを保存している」とのそれまでの認識に対し、「自然のうちに法が存在」し、「人間は自然本性からして国家的な存在である」ことが「この著作においては論証されるだろう」とする宣言めいた言葉である(16)。これは紛れもなく、「諸国民の世界はたしかに人間たちによって作られたのであるから、それの諸原理はわたしたち人間の知性自体の諸様態のうちに見いだされるはずである」との言を継承するものである(17)。

さらに本書の論旨との関連で重要なのは、この目的のために、「文献学（*filologia*）、すなわち、諸民族の言語、習俗、平時および戦時における事蹟についての歴史のすべてなど、人間の選択意志に依存することがらすべてにかんする学問の検査に乗りだ」し、「そこに諸国民すべての歴史が時間の中を経過するさいの根底に存在している永遠の理念的な歴史の素描を発見」し、「それを知識の形式にまで連れ戻す」との宣言である(18)。

かような基本的学究的態度を基盤にヴィーコは、同書の第三編「真のホメロスの発見」において、『オデュッセイア』を書いたホメロスと『イリアス』の作者であったホメロスとはまったくの別人であったこと、とくに『オデュッセイア』は、トロイア戦争（ＢＣ一二〇〇年代中頃とされる）から四百六十年の間隔を経た、ほぼヌマの時代（BC七五〇～六七三）に成立したもので、数多の場所において多くの人の手を経て形成された作品であると考えねばならないと結論している。[19] さらに付言すると、この『新しい学』の初版は一七二五年刊、文献学的原典批判の様相が全面にでてくる第二版の刊行は一七三〇年、つまりはさきにあげたガッテラー、シュレーツァーらにおける客観的歴史学の勃興、シモンやアストリュックらによる『聖書』の「考察対象化」に先行するものである。

和辻は、ヴィーコの諸業績、とりわけ「真のホメロスの探求」[20] は、方法としてのフィロロギーの重要性を物語る、フィロロギーの方法によってもたらされた同時代における極めて斬新な学問的成果であり、この成果をして「ギリシア民族の一定の時代の精神」、その「人間の共同意識の表現」としてのホメロスの「発見」を提起し、研究者に「個人」ではなく「人間的な集団心」「共同意識の働き」への強い意識をもつことを喚起した、重要な業績であったとしている。[21] さらにこれは、のちのF・A・ヴォルフ（一七五九～一八二四）やA・ベェク（一七八五～一八六七）らによる古代研究に「一つの革命をもたらした」仕事を、ヴォルフより「六十五年前にすでに大体において成し遂げていることを意味する」とも語っている。[22]

無論、和辻のこの言葉を額面通りに承認すべきでないのは、ベェク『文献学的な諸学問のエンチクロペディーならびに方法論』（以下、本論では『文献学的な諸学問』と略称する）におけるフィロロギーの概念の明確さと精微さ、方法論の体系性がヴィーコのそれを凌ぐものであることからも明白である。[23] また、G・P・グーチはベェクの功績が「古典文献学を歴史科学に変化させ」るものであったと評価するが、[24] これを是とすれば、両者の学問方法が異なる次元のものであるとすることもできよう。さらにヴィーコの見解はのちヴィラモーヴィッツ＝メレンドルフによるその批判と、「個人ホメロス」の再発見を喚起する。[25] そして、和辻自身、彼の戦前期の最重要作品、すなわち『日本精神史研究』『原始仏教の実践哲学』『孔子』といった作品の「すべて」に「予想外」の「影響」を与え、彼をして「倫理学の体系的思索を試みるに当たって、解釈学的現象学に傾」くに至らせたのも、ヴィーコではなくヴィラモーヴィッツ＝メレンドルフとG・マレーのフィロロギーであったと述懐している。[26]

しかし和辻は、ヴィーコの『新しい学』「真のホメロス発見」において呈示された「事実」、すなわちホメロスの作品が、「約四六〇年の年月の間に、数知れぬ吟唱詩人たちの手を通じて徐々に形成」されたもの[27]である事実を論定したことは、とりもなおさずフィロロギー的営為の一到達地点であり、それ故そこにおいて実践される文献の高等批判とその校讐の作業、とりわけ「原典」「本文（經文）」の訂正作業に格別の評価を与えている（傍点は筆者）。また、この論定をもって、ホメロスを「ギリシア民族の一定の時代の精神」、その「人間の共同意識の表現」であると[28]措定し得るに至ったことは、「古代研究」に「革命をもたらした」ものと認定することはできよう。

三　十八～十九世紀ドイツの「文献学」

本書の主眼は十八世紀日本の経学、十九世紀日本の考証学を、「文献学」の世界史的発展のなかに位置づけることであるが、その前に、同時代の西欧、とりわけドイツにおいて確立をみたこの学問体系について触れておこう。

ドイツ文献学といえば、その始祖とされるF・A・ヴォルフ、その弟子G・ヘルマン（一七七二～一八四八）、A・ベェク、彼の兄弟子でもあるF・D・E・シュライアマハー（一七六八～一八三四）らの名があがり、前述のとおり和辻はヴィーコをこの学問体系の先駆者と位置づけている。その中で文献学の「体系性」を飛躍的に高めた人物がベェクであったことは衆目の一致するところであろう。

この体系化を集約し体現する書は、ベェクの死後、彼の弟子によってまとめられた『文献学的な諸学問』であるが、村岡典嗣（一八八四〜一九四六）は『本居宣長』で、文献学としての宣長学を呈示するにおいて、「歐洲文獻學の由來とベエクの文獻學」と題する極めて長い注記をなし、ベェクの書の「序」の一部を訳出、さらにこの書の「要領」として「文獻學の理念、即ち概念、範圍、及び目的」と題し、六項目にわけて訳出している。[29] これはベェクの文献学の枢要を語り、加えて他の隣接あるいは一部重複する学問領域との兼ね合いのなかで文献学を位置づける文であり、この時代の西欧の文献学の理解に有用なので、まずは、これについてその原文と村岡の訳、安酸敏眞の全訳、さらには江藤裕之の研究を勘案しながら概観する。

ベェクは、「在来の説」として文献学の比較対象となる六つの学問領域をあげ、これらに鑑みながらの「文献学」の位置づけを行なう。ここにおいてベェクはまず、（1）Archäologie（考古学、村岡は「古物学」と訳す）と比較して、文献学がこれより網羅的かつ古代に限らない研究であること、（2）Sprachstudium すなわち言語研究と比べ、Sprache が Glossa であり Logos ではないのに対し、「文獻學は、單に言語のみを取扱はないで、内容たる思想をも取扱ふ」ものであり、「言語の研究は文獻學の一部」と位置づけている。さらに、（3）単なる博覧（Polyhistorie）あるいは多知多識とは異なり、（4）Kritik（村岡は「考証学」と訳している）とも異なること、さらには（5）「書物の形式美の認識」である文学史は文献学の「主要部」をなすが、文献学がより総合的であることを述べ、さいごに（6）人文学的研究（Humanitätsstudium）との違いを述べている。[30]

この六つの点のなかでとくに本論の問題意識から注目されるべきものは、（2）（4）である。英語の philology は主に「言語の歴史的研究」の意味で使われ、ドイツ語 Philologie はもっぱら「言語学と文学」の意味で使われるのは江藤の指摘するところである。[31] ベェクはこれらの既存の用法と彼のいう Philologie を峻別する。M・ミュラーは言語と理性（思考）を同一視し、logos が言語と思考を中心とした人間の知的活動の源泉であり、人間を人文学的な意味での「人間」たらしめるものとするが、ベェクは右のごとく文献学をこの logos と相同的な、「内

容たる思想」を取り扱う学問と位置づけ、言語研究と区別している。(32)

（4）の Kritik に関し、英語では critique, criticism のみならず review, censure 等にも訳され、日本語においては凡そ批判（学）と訳される傾向があるが、村岡はこれに「考証」との語をあてはめている。(33) 今道友信はこれが、「判断能力のある」という意味のギリシャ語 kritikos、さらには「見分ける、区別する、よりよいものを選ぶ」との意のギリシャ語の動詞（krinein）に溯る語で、よって「批判」より「批評」との語が的確であるとする。(34) ベェクは Kritik を「理智の判斷によつて眞僞を鑒別」する学問と規定するが、その上でこれが、「文獻學の形式的一方面たるに過ぎず」、さらにはそれが「術」に過ぎないとし、文献学と区別する。さらに文献学は哲学ではないが、哲学的作品の形式のみならずその内容をも了解することも任務とするとしている。(35)

四　東西の文献学発展におけるパラレル——文献考証と原典批判において

さきに引いたように、ヴィーコは「諸民族の言語、習俗、平時および戦時における事蹟についての歴史のすべて」など、「人間の選択意志に依存することがらすべて」を文献学の研究対象としている。さらに注目したいのは、ホメロスが孤高の詩人（一個人）ではなく、その制作には複数の人物がかかわったとすることを考証する文献学史的比較である。この説には、清代考証学諸家による『尚書』偽古文の析出努力の成果との相同性がみられ、とりわけ閻若璩（一六三六～一七〇四）『尚書古文疏證』の、この書が魏・晋間の何人かの作者と鄭沖による増訂を経て、東晋の梅賾により献上されたものであるとの説、さらにはこれに先立つ元・呉澄『書纂言』、明・梅鷟『尚書考異』における「偽古」箇所の摘発を彷彿させる。(36) また、後述するがヴィーコの「原典批判」は伊藤仁斎（一六二七～一七〇五）、山井鼎（崑崙、一六九〇～一七二八）、そして本書第二章にて詳察した中井履軒らの經書批判を想起させる。

ヴィーコは一六六八年生まれ、『新しい学』の第二版は一七三〇年の刊行。『古義堂文庫目録』上巻「仁斎書誌略」では、『論語古義』初稿は寛文元年（一六六一）が初出、第二稿本は天和三年（一六八三）以前のものとされている。[37] 山井『七經孟子考文』初稿は享保十三年（一七二八、山井、徂徠の没年）、三年後に徂徠の弟、北渓の補訂を経た版がでた。[38] 時代下って大田錦城（一七六五〜一八二五）の『九經談』は文化元年（一八〇四）、『春草堂集』は錦城十九歳時（天明三年〈一七八三〉）より五十五歳時（文政二年〈一八一九〉）まで凡そ三十六年間に及ぶ彼による詩文の集成である。[39] 閻は一六三六年生まれ、『疏證』の刊行は彼の没後だが、この書は著者二十歳頃よりの研鑽の成果である。

ベェクの功績が「古典文献学を歴史科学に変化させせ」るものであったとのグーチによる評価については触れた。これと深く関連する言説が、王鳴盛（一七二〇〜九七）『十七史商榷』（乾隆丁未（五十二年〈一七八七〉）刊）の「序」にある。

蓋學問之道。求于虛不如求于實。議論褒貶皆虛文耳。作史者之所記錄。讀史者之所考核。總期于能得其實焉而已矣。外此又何多求邪。（中略）史業摩研排鑽二紀餘年始悟。讀史之法與讀經小異而大同。何以言之。經以明道。而求道者。不必空執義理以求之也。但當正文字辨音。讀釋訓詁。通伝注。則義理自見。而道在其中矣。（中略）讀史者。不必以議論求法戒。而但當考其典制之實。不必以褒貶為與奪。而但當考其事蹟之實。亦猶是也。故同也。若夫異者則有矣。治經。斷不敢駁經。而史則雖子長孟堅。有所失無妨箴而貶之。此其異也。（一才）[40]

ここで王鳴盛はまず、経は道を明らめる行為だが、しかし、道を求めるとは、必ずしも空に義理を執ってもってこれを求めることではないとし、その後段では文字と音に精通し、訓詁に勤しんで伝注によく通じることが義理を明らめ、道に至る行為であると論じ、かような「實事求是」にそぐわない学問を暗に批判している。さらに続けて、歴史研究の枢要は「典制之實」「事蹟之實」を深く攻究することにあり、必ずしも議論をもって法戒を求めたり褒貶を論じることに逞しくして与奪をなすことではないと断ずる。その上で、この「實事」を基盤とする経学が史学と相同的であるとする。

王鳴盛は「治經」と「讀史」との決定的な差として、前者においてはあえて經に対し駁《けわしく》することを忌避すること、対して歴史研究においては高名な碩学の書であっても箴《いまし》めることを辞さないことをいう。経を治めるにおいては只々「漢人の家法」を「墨守」すること、一師を定め、それに従うことを専らとし、あえて他をとらないこと（同、二ウ）をいう。これは、彼が『尚書後案』で鄭注を墨守していることにもあらわれている。

しかしこの『尚書後案』は、「尚書後案。何為作也。所以発揮鄭氏康成一家之學也」[41]と示されるがごとく、鄭注を軸に『尚書』を読むものであるが、鄭玄の注が付された編、すなわち伏生の今文二十九篇（すなわち孔安國真古文三十四篇）以外を最初からとらず、巻八に収められる『後辨』において東晋・梅賾による「増多」箇所十六編を別だてで列挙し、これらの編が偽書である根拠を滔々と綴っている。自説を展開するにおいては「作偽者」との表現を頻繁に使い、「經文」の「偽古」箇所を忌憚なく摘発している[42]。つまり『後案』とは、「鄭注墨守」との口実をもって、東晋以降通行の「偽古文尚書」を最初から否定してかかっているのである。王鳴盛は、『十七史商榷』にて「駁經」を忌避すると宣言しながら、唐代以降は「經」とされた箇所を実に巧妙に「偽書」として棄却しているのである。

また、『十七史商榷』でも、たとえば巻二十二「漢書十六」「尚書古文編数」においては、「増多」諸編が偽書である根拠を周到にあげる閻『疏證』をふんだんに引き（一オ〜ウ）、その上で、「史記多俗字漢書多古字」（巻二十八所收）では、「漢書。譲作攘。漢藝文志亦云。堯之克攘。今尚書堯典云。允恭克譲。此晉人所改。據此諸條觀之。則史記多俗漢書多古」（六ウ）と述べている。すなわちここでは、『史記』と『漢書』に使用される字の性質について議論するなかで、今の『尚書』にある「譲」は「晉人」すなわち東晋初めの梅賾によって改竄されたものであることを前提に論じている。

彼の学問が「科学的」研究への「変化」の重要な端緒であったと言い切れるものであるかの判断には一層の詳察を要しようが、彼の歴史書に対する、そして一部「經」文に対する峻厳な姿勢は、十八世紀東アジアにおける「古典文献学」を基盤とする歴史学の発展における重要な転換点を象徴するものであったとみることもできよう。さらに彼に先行する尚書研究の泰斗、閻若璩は、『尚書古文疏證』第一二二章にて「天下の学術は真と偽なるのみ。偽なる者苟も存すれば、則ち真なる者必ず蝕む所とならん」と極言している。

文献批判の水準、体系性と客観性の度合に関しては王『尚書後案』、恵棟（一六九七～一七五八）『古文尚書考』、江聲（一七二一～九九）『尚書集注音疏』、あるいは銭大昕（一七二八～一八〇四）の諸書、さらには江戸後期の中井履軒（一七三二～一八一七）、吉田篁墩（一七四五～九八）、大田錦城（一七六五～一八二五）、狩谷棭斎（一七七五～一八三五）、松崎慊堂（一七七一～一八四四）らの学問方法と、ベェク 'Encyklopadie' に整理して述べられるところの文献学的方法が比較対象となろう。

つぎにここで峻別したいのは、(1)文献批判の水準、体系性の度合に関する問題と、(2)原典批判とその客観性の問題である。後者が前者なしには成立し得ないのはいうまでもないが、たとえば仁斎の原典批判の卓越性に関し、武内義雄（一八八六～一九六六）、和辻哲郎（一八八九～一九六〇）らが賞賛を惜しまない一方、両者は、当時の学問環境故の仁斎の過度の宋学（あるいは「理学」）批判の姿勢、彼の文献批判の体系性、客観性が十八世紀後半期の考証学に比して未だ十分ではない様を指摘する。

一方、武内義雄が力説するように、「伊藤氏家学（仁斎・東涯・蘭嵎の学）は経典の高等批判に立脚して後人の曲解を排し、ただちに聖賢の古義を闡明《せんめい》しようとしたもの」で、徂徠の学は「先秦の古典から用例を捃摭《くんせき》し、これを帰納して古語の意味を闡明し」て「古典の示すところを知ろうとする」、これすなわち「訓詁学的の態度」であるとする。武内はさらにつづけて、「清朝の学者は、一般に宋・明の伝註をすてて漢・魏の古註に溯ろうとしたものであるから、これを漢学と称し得るが、仁斎や徂徠は一切の註釈から離れて古典の原解を求めようとするものであるから、これを漢学を講ずるものという評は当たらない」（傍点筆者）としている(43)。

ただし、笠谷和比古が指摘するごとく、徂徠は先王または六經を規矩とし、「秦・漢」の学問や「唐詩」をことさら重視していた(44)。これは、たとえば東晋以降通行の「増多」各編を「偽書」と忌憚なく摘発した中井履軒らの学、あるいは閻、王鳴盛ら清儒の姿勢とは異なる(45)。実は武内も、右のごとく「仁斎や徂徠」が「一切の註釈」から「自由に」原典批判を行なっていたとする一方、彼らの方法は「高郵の王氏の態度に似たものがある」とも論じている。高郵の王氏、すなわち清代の考証学の代表的碩学王念孫・王引之との類似性の指摘は、「原典批判への態度」がどうであったかという問題に鑑みると矛盾した物言いである。

この点はさておき、武内は徂徠以降の日本の諸儒について以下のごとく論じる。曰く、井上金峨は「一方仁斎の学派を汲み」ながら林家のものと折衷したが、錦城になると「清朝考証学の影響が顕著になって、折衷というよりも考証といった方が適当なような感じもする(46)」。しかし、それだけでなく、「清朝の考証学がひたすら漢学の復興を目ざしているのとは異なって、周・孔の精神を握もうと考えている」。「そうしてこれら折衷派の学者は、文献を基礎において批判的に考えようとするものであるから、どちらかといえば古学派の態度に接近しやすく、自然考証学とも手を握りやすい(47)」。

周知のごとく、金峨（一七三二〜八四）、錦城らの学は吉田篁墩（一七四五〜九八）、松崎慊堂（一七七一〜一八四四）、狩谷棭斎（一七七五〜一八三五）、さらに下って幕末の安井息軒（一七九九〜一八七六）らの学問にも継承されてゆくのであるが、右の武内の指摘は重要である。すなわち、仁斎、徂徠から江戸後期に至るまで連綿と存在した日本儒者の学問においては、その〝主語〟は、「漢・魏回帰」「漢学の復興」ではなく、一切の偏りを排し、純粋に文献的に「最適」と判断された「古典」とその「原解」のみに依拠し、吟味・考究することにあったことになるからである。これは、特記されるべき説といえよう。

さて、かような学問態度に関する問題でもう一人注目したいのは、第三章でもとりあげた幕末考証学の泰斗、東條一堂である。すでに第三章で引いた以下の『論語知言』「学而編」の文言は、右に述べてきた学問態度を象徴する文言である故、いま一度その一部をひく。

欲學孔子有道

按道義宇宙人事之祖也。奉天處人。孔子之所主唱。然則可不稱孔子曰宇宙道義之師哉。然人為有二義焉。一則道義。是也。一則業務。是也。道義検束身心之規矩。而使與禽獣異之標的。是也。業務建立衣食住之事。而使身有裨益於國家之技術。是也。故道義不可以私意變。而業務従世運有所可以私革易。然欲以孔子言行悉倣之。却非學孔子之道。徒擬之者也。與偶人何擇焉。（中略）以孔子道義之心為心者。則是孔子擴張之本意也。況三人行必有我師。擇其善者従之乎。(48)

一堂が絶対普遍の「身と心を検束する規矩」としての「道義」と、実際の物質的充実を追求する「技術」としての「業務」を峻別し、後者の選択と推進においては「世運に従」い、「私意」をもって主体的に「革易」すべきと主張していた点については第三章で指摘した。さらには、これが幕末〜明治の急激な社会変化に適合的な思想となっていったことについては拙著を参照されたい(49)。本論では、一堂がここで、「道義」の崇高性、絶対性は孔子が「主唱」するところであり、後学はけっして「孔子自身」を「宇宙道義之師」そのものと称するべきではないとしている点、「孔子の言行」に「悉く倣う」こと、「徒にこれに擬する」ことは偶人形とおなじで、却って「孔子の道」を学ぶ「主体」となるには至らないと主張している点に注目したい。

さらに一堂が、「三人行《あゆ》めば必ずや我が師あり。其の善き者を擇びて而してこれに従」うべしとの『論語』「述而編」の語を、このコンテクストにおいて採用しているのは、まさに一堂の態度の象徴であり、翻っては経書の文献研究において聖人を絶対視したり無批判に権威と仰いだりせず、それを相対的地位に定位する心的態度の顕現であると考えられよう。

武内にもどるが、彼はさらに、師であった内藤湖南を通じて出会った富永仲基（一七一五～四六）の学問とみずからの研究について、次のごとく語っている。

「私は清朝考証学者のやり方を金科玉条として奉じていたが（中略）こうした方法だけでは大きな舞台が開けがたい感じがして、内心行きづまりを覚えていた際」、「考証学の行き方の上に仲基の方法論を取り入れることによって行きづまりの打開ができると信ずるようになった」。「私の研究に少しでも新味があるとすればそれは仲基を学んだところにあるといってよかろうと思う(50)」。

無論、この語を額面通りにとるのは拙速であり、武内の学は「個別特殊な考証学の研究法から普遍原則の確立を目指した仲基の学に啓発され」た面があるも、基盤は音韻訓詁を考究した高郵王氏の学問、とりわけ彼らにおける古典の「読み」の熾烈さを色濃く残す「舌人の学」であったとする町田三郎の見立て(51)が最も適切であるといえよう。しかしそれでも、武内は、自分の学問の基盤が高郵王氏の学だけではないことを明言しているのである。

では、その、武内が自身の「古典研究」の「尺度基準」として採用したとする富永仲基の「加上法」とはいかなるものであろうか。

凡そ古より道を説き法をはじむるもの、必ずそのかこづけて祖とするところありて、我れより先にたてる者の上を出でんとする。(52)

これは、諸子百家の「立論心理」を考え、その必然としての「相互論難による排他性、相対性」の産物として思想が積み重なって成立していったとの論である。(53)すでに内藤湖南によってその実証主義的、近代科学的、〝親験実試主義〟的特徴が夙に指摘されている仲基だが、湖南はさらに、仲基の合理的・実証的批判精神のみならず、彼の「加上」説を「思想発達法則」としてとらえ、みずからの東洋学研究にも活用、さらにそれは、武内ら門下にも引き継がれた。(54)水田紀久はさらに、これは富永が属した「懐徳堂」の気風、「既成思想のいかなる立場にも拘らぬひややかな局外者的姿勢をもって」（傍点筆者）、「聖賢の道や諸子の説を」「客観的観察対象の位置に押し据え」る気風（傍点筆者）とも相通じるものであるとする。(55)

五　「文献学」としての十八世紀日本の儒学、そして武内支那学
――和辻哲郎のフィロロギー論に鑑みながら

武内義雄は一八八六年生まれ、主たる業績はすべて二十世紀に入ってからのものであるが、その一方、京都支那学、そして彼の学問方法は十八世紀日本漢学を色濃く反映させそれを集大成したものである。同世代の哲学者和辻哲郎（一八八九生）は、武内『論語之研究』を激賞するが、(56)その理由の第一は、やはり、同書において実践

される文献の高等批判、とりわけ「原典」批判の手法の精微さ故である。和辻はこの視点からさらに、武内が高く評価する仁斎、山井鼎らにおける「原典の自由な批判」、「シナにおいてはかつて考えられなかったような日本特有の論語に対する見解」を評価し、かような「原典批判の正道」(傍点ママ)は、これまでのギリシア古典、新旧約聖書、インドの古典に関する十七〜十九世紀の欧州の研究者による原典批判と「大体において同一の方法」であったと述べる[57]。とりわけ武内の『論語之研究』は、「わが国の先儒の仕事を継承し完成するという意識をもってなされた」「一時代を画する出来事」であり、そこで「原典批判が遂行せられたことを祝せずにはいられない」と締めくくる[58]。

かような和辻の「フィロロギー」への意識は、師でもあったケーベルの思惟をよく受け継ぐものであると同時に、おそらくはじめて、武内の研究法、とりわけ彼の目録学、文献学の方法を、世界の文献学発展の歴史の比較対象として位置づけ、十八世紀以来の日本の学問水準とその到達点の一である武内の方法を、世界的にみてもいかに高水準のものであるかを論定したものといえよう。とすれば和辻の武内評価は、武内の学問を、「中国学」という限定的な一地域研究から、〝日本における〟「古典研究」として世界水準の普遍的研究に位置づけ直すものであったとも考えられよう。

武内『論語の研究』「序説」にいわく、「清朝の考証学者は早くから校勘学を取り入れてその上に精緻な訓詁学を樹立したが、書物の原典批判はまだ十分に採択発展せられていない」。またいわく、「清朝の校勘学は我が山井崑崙の七經孟子考文に刺戟せられて起こった」が、「支那の学者は経書を神聖視してこれを批判することを遠慮して」おり、これに対し、「我が仁斎・春臺」らによる『論語』原典の「高等批判」、そして山井らの「原典」「本文(經文)」の訂正は、「これまた我が国の学問が本国の支那を刺戟した一例」であったと力説する[60]。

これは明らかに、武内が尊崇した高郵王氏を含めた清の学者が実践する学問を超えた次元の、学問の「客観性」を内包するものであるといえよう。

しかして、「わが国の先儒の仕事を継承し完成するという意識をもってなされた」（和辻、注59論考）武内『支那學研究法』を詳析し、それをフィロロギーの発展史に位置づけて考察することは、日本において十八世紀以降発展をみた古典研究、そこでの文献学的達成の世界史的位置づけにつながると同時に、近代以降の日本の歴史学、哲学等の発展の屋台骨として、どのような面がどう寄与したのかを精微に検討するにむけ不可欠な作業である。

上述の論旨に鑑みると、久米邦武（一八三九～一九三一）、重野安繹（一八二七～一九一〇）、田中萃一郎（一八七三～一九二三）といった日本における歴史学の創始者がしばしば述べること、すなわち「明治日本」における「史学研究法」の発展は「清代考証学」を基盤としていた、との論は、当然、再考に付されるべきであろう。すなわち、「文献の高等批判」と「その校讐」のみなら清儒においても旺盛に試みられていたのだが、「近代」的、客観的帰納的な学問成立の不可欠な条件である知的気候、つまりは、聖人を絶対視せずに相対的地位に定位し、客観的観察対象とする知的気候（水田注53「解説」参照）の有無は、江戸中期以降の儒者と清儒の間に隔たりがあったとも考えられ、これは決定的な差異であったともいえよう。[61][62]

〔注〕

（1） Merleau-Ponty, Maurice, *Signes*, Edition Gallimard, 1960. 邦訳：メルロー＝ポンティ『シーニュ』一、二（竹内芳郎監訳、みすず書房、一九七〇年初版）。「どこにもありどこにもない」は第一巻所収。引用箇所は二一九～二二二頁。

（2） 同前、二二二頁。

（3） 同前、二二九～二三〇頁。

（4） 拙著『幕末期武士／士族の思想と行為――武人性と儒学の相生的素養とその転回』（御茶の水書房、二〇〇八年）。とくに第八章にてこの点を論じた。

(5)　岡崎はとくに、十八世紀後半のドイツ啓蒙主義歴史学において、キリスト教的世界観にもとづく普遍史から「科学的世界史」への転換が行なわれていたとする。岡崎『キリスト教的世界史から科学的世界史へ――ドイツ啓蒙主義歴史学研究』（勁草書房、二〇〇〇年）、とくに第二編「ガッテラーと啓蒙主義歴史学の形成」。また、岡崎『科学vsキリスト教』（講談社、二〇一三年〈講談社現代新書〉）は上記の書を一般読者むけに著したもので、とくに第三章が有用である。

(6)　Gatterer, Johann Christoph, *Weltgeschichte in ihrem ganzen Umfange*, Theil 1, 2, Gottingen, 1785, Gatterer, J.C., *Versuch einer allgemeinen Weltgeschichte*, Gottingen, 1792. 筆者は岡崎、前掲注(5)書ならびに後述のG.C. Goochの書を手がかりに、ガッテラーのこれらの書を閲読した。

(7)　和辻『近代歴史哲学の先駆者――ヴィコとヘルダー』（『和辻哲郎全集』〈岩波書店、一九六一～六三年〉第六巻〈一九六二年〉）、三六一頁。

(8)　岡崎、前掲注(5)『科学vsキリスト教』、一九七～一九八頁、引用箇所は一九八頁。

(9)　この点に関する各分野の識者の議論はすでに出尽くした感があるが、上村忠男は、G・B-ヴィーコ（一六六八～一七四四）によるデカルトの「方法」ならびに『ロワイヤルの論理学』の批判、それの反省にたってのヴィーコにおける知的方法の転回について語る（上村「大いなるバロックの森――ヴィーコ『新しい学』への招待」〈内山勝利ほか編『哲学の歴史』〔中央公論新社、二〇〇七～〇八年〕第六巻『知識・経験・啓蒙――人間の科学に向かって』所収〉）。のち上村訳、ヴィーコ『新しい学』〈法政大学出版局、二〇〇七～〇八年〉第三巻に再録）。

(10)　和辻、前掲注(7)『近代歴史哲学の先駆者』、三六四～三六五頁。

(11)　岡崎、前掲注(5)『キリスト教的世界史から科学的世界史へ』、第二編。

(12)　和辻、前掲注(7)『近代歴史哲学の先駆者』、三六五頁。

(13)　同前、三六二頁。

(14)　同前、三八二頁。

(15)　とくに和辻が着目するヴィーコの『新しい学』と日本語で略称される書は、*Principj di scienza nuova di Giambattista Vico d'intorno alla comune natura delle nazioni*. In questa terza impressione dal medesimo autore in gran numero di luoghi corretta, schiarita, e notabilmente accresciuta, tomo I e II (Napoli: Stamperia Muziana,

MDCCXLIV（1744）である。この一七四四年版は第三版で、第一版は一七二五年の刊行。ただし、とくに第三巻「真のホメーロス発見」における原典批判の本格的展開の開始は、一七三〇年刊行の第二版以降においてであるのは和辻らが指摘する。本章では上村忠男訳の『諸国民の共通の自然本性についての新しい学の諸原理』（前掲注9『新しい学』）を利用。これは、上の第三版に第二版（Giambattista Vico, *La Scienza nuova seconda*, giusta l'edizione del 1744 con le varienti del 1730 e di due redazioni intermedie inedited, a cura di Fausto Nicolini）を併用の上、訳出されたもの（上村訳書凡例一）。

(16)『新しい学』第一巻、六〜七頁。

(17)「ラテン語の起源から導きだされるイタリア人の太古の知恵」（『新しい学』第一巻「形而上学篇」〈一七一〇年〉）。

(18)『新しい学』第一巻、一一〜一二頁。同第一三九条目にも「文献学者とは諸言語および内にあっての習俗や法律と外にあっての戦争、講和、同盟、旅行、通商などの双方を含めた諸国民の事蹟の認識に携わっている文法家、歴史家、批評家の全体のことである」とある（同第一巻、一二三頁）。

なお、ヴィーコのナポリ大学での講義録については『学問の方法』（上村忠雄、佐々木力訳、岩波書店、一九八七年）があり、『自叙伝』は西本晃二による訳（みすず書房、一九九一年）があり、『新しい学』も上村の訳以前に『世界の名著』版（中央公論社、一九七五年、清水純一、米山喜晟訳）があり、各々の「解説」では各分野からのヴィーコの学問的貢献とその意義が語られている。前掲注(17)「ラテン語の起源」等も含め彼の一貫したデカルト批判、人文主義的教養思想の立場からの「新時代の学問方法論」批判がその真骨頂とされる一方、松岡正剛は、ヴィーコ『新しい学』は、知識を「事物が作られていく過程と様式についての認識そのもののこと」と考え、「文明の知をその発生時のトポスとともに継承し、その継承のために駆使するトピカの方法を、そのまま新たな科学や学問とドッキングさせて、さらに新しい文明を用意しよう」との試みだったと述べる（ウェブ版「千夜千冊」）。各々それぞれのヴィーコ観、その学問発展史上の意義を開陳するが、本論ではあくまで文献学的関心からヴィーコを検討するにとどめる。

ヴィーコ『われらの時代』（*De nostri temporis studiorum ratione*）は彼の一七〇八年ナポリ大学での開講講演に加筆のうえ出版されたもの（刊行は翌年）。

(19)『新しい学』第三巻、三〜一八頁。

(20)『新しい学』上村訳では「真のホメロスの発見」だが、和辻は「探究」と訳す。
(21) ただし和辻は、刊行年は同じだが二十数年前（一九二三～二四年ごろ）の講義原稿をもととする『ホメーロス批判』（和辻、前掲注7『全集』第六巻所収）においては、ホメロスの詩に描かれる英雄とギリシャ人の風習との重大な相違に関するアリスタルコスによる指摘、ホメロスの二詩が別人によるとのクセノーンの説をついだヘラニコスにも言及、これらの点がすでにアレキサンドレイアの学者に指摘されているとする（同、九九～一〇二頁）。
(22) 一方、前掲注(21)『ホメーロス批判』一〇二頁には、この「批判の仕事として全然新しい生面を開いたのは、何と言ってもフリートリヒ・アウクスト・ヴォルフ」であるとしている。前注のことも含め、和辻自身のヴィーコ評は一定していないようにもみえる。
(23) Boeckh, A., *Encyklopadie u.Methodologie der philologischen Wissenschaften.*（1877）. 改訂版は一八八六年。この書は、一八〇九年より続いたベェクによるハイデルベルク大学での講義を弟子がまとめたもの。長らく日本語への全訳がなかったが、二〇〇八年刊行の安酸敏眞「アウグスト・ベーク『文献学的な諸学問のエンチクロペディーならびに方法論』――翻訳・註解」その一（『北海学園大学人文論集』第四一号）、同その二（同第四二号）がその初である。安酸「アウグスト・ベークと文献学」（同第三七号）はベェクと文献学の発展を同時代の学者、学問との関係のなかで論じ、同「解釈学と歴史主義――A・ベークとJ・G・ドロイゼンを中心に」（同第四五号）は歴史科学の成立の重要な起点／転換点としてのベークの学問方法を論じる。村岡典嗣『本居宣長』にもベェク『文献学的な諸学問』の長い「序」が注で引用されている。また、江藤裕之「フィロロギーと国学」レジュメ〈科学研究費補助金事業〈課題番号二五三七〇〇九三、代表：筆者〉研究会合二〇一三年六月二十二日〉、同「フィロロギーとしての国学研究――村岡典嗣と芳賀矢一のフィロロギー理解と国学観」（『東北大学国際文化研究科論集』第二一号〈二〇一三年〉）も参照。
(24) Gooch, G.P., *History and historians in the nineteenth century*, Longmans, Green, & Co., London, 1930. 他社からの重版があるが、最新版はBeacon Press, Boston, 1959であり、これの邦訳版は林健太郎、林孝子訳『十九世紀の歴史と歴史家たち』上巻〈筑摩叢書、一九七一年〉）。本稿での引用箇所は邦訳版三二頁のものによった。
(25) 和辻、前掲注(7)『近代歴史哲学の先駆者』（前掲『全集』第六巻、三八七～三八八頁）。
(26) 和辻、前掲注(21)『ホメーロス批判』序言。

(27) 和辻、前掲注(7)『近代歴史哲学の先駆者』(前掲『全集』第六巻、三八七~三八八頁)

(28) 同前、三八八頁。

(29) 村岡『本居宣長』(警醒社書店、一九一一年)。

(30) 同前、三五三~三五四頁。

(31) 江藤、前掲注(23)「フィロロギーと国学」レジュメ。

(32) 江藤「19世紀ドイツフィロローグの究極的関心」(土家典生ほか編『フィロロギア』〈渡部昇一先生古稀記念論文集〉、大修館書店、二〇〇一年)。

(33) 村岡、前掲注(29)『本居宣長』。

(34) 今道『西洋哲学史』(講談社、一九八七年〈講談社学術文庫〉)、二九〇~二九一頁。江藤、前掲注(23)「フィロロギーと国学」レジュメ七頁注。

(35) 村岡、前掲注(29)『本居宣長』、三五三~三五四頁。

(36) 本論では、『尚書古文疏證』は『皇清經解續篇』所収版(一八八八年)、『尚書後案』は乾隆四十五年(一七八〇)の禮堂蔵版(早稲田大学中央図書館蔵)、『尚書集注音疏』は『皇清經解』所収版(一八二九年)を利用。また、『尚書考異』は台湾商務印書館版(一九七八年)、『書説』『書集傳或問』『書纂言』各々の書は『通志堂經解』所収版を用いた。閻『尚書古文疏證』については野村茂夫「疑『偽古文尚書』考(上)」(『愛知教育大学研究報告』〈人文科学編〉第三四号〈一九八五年〉)、野村「疑『偽古文尚書』考(中)」(同第三七号〈一九八八年〉)に詳しく、また同書の『尚書』研究における位置に関しては全釈漢文大系11『尚書』(集英社、一九七六年)所収の池田末利「解説」を参照。元・呉澄『書纂言』、明・梅鷟『尚書考異』については本書第四章も参照されたい。

(37) 『古義堂文庫目録』は天理大学出版部、一九五六年刊。

(38) 『七經孟子考文』は一九三二年の北渓補訂版(慶應義塾図書館蔵)を利用。

(39) 『九經談』は文化元年須原屋茂兵衛、秋田屋太右衛門等版、『春草堂集』は旧前田侯爵家蔵尊經閣叢刊第三八二号(双方とも著者蔵)を利用。

(40) 本論では早稲田大学図書館蔵の乾隆丁未年(五十二、一七八七)版を利用。

(41) 前掲注(36)『尚書後案』、一オ。
(42) 章立てについては『尚書後案』一オ〜二ウ。「偽書」「偽作者」等の表現については「後辨」の「辨曰」として論述される王鳴盛の語参照。また、本書第二章にてすでに、これと中井履軒、大田錦城らの『尚書』研究とを比較検討した。
(43) 『武内義雄全集』(角川書店、一九七九年)第四巻「儒教の精神」十五「日本の儒教　その四」、一一八〜一一九頁。
(44) 笠谷「一八世紀日本の「知」的革命 Intellectual Revolution」(笠谷編『一八世紀日本の文化状況と国際環境』思文閣出版、二〇一一年)、とくに五〜七頁。なお、徂徠が「六經」を規矩とすることについてはいまさら論じるまでもないが、これを、「一切の偏りを排する」に至っていない根拠とするのは管見の限り笠谷のみであり、ここでは同氏の論考をあげた。
(45) 履軒、錦城の偽書批判については本書第二章を参照。
(46) 武内、前掲注(43)『全集』第四巻「儒教の精神」十五　日本の儒教　その四、一二〇頁。
(47) 同前。
(48) 筆者の前著『幕末期武士/士族の思想と行為』(前掲注4)参照。
(49) 同前、第七、八章。
(50) 武内『支那學研究法』(前掲注43『全集』第九巻所収)、四六〜四七頁。
(51) 町田「舌人の学」(武内、前掲注43『全集』第十巻附録「月報10」所収)。
(52) 「翁の文」。本論では延享三年(一七四六)版、大坂富士屋長兵衛刊本の複製(東京大学東洋文化研究所所蔵)を利用。引用箇所は仲基『翁の文』に残る同『説蔽』の語とされる。
(53) 日本思想大系四三『富永仲基　山片蟠桃』(岩波書店、一九七三年)水田紀久「解説」、六四七〜六四八頁。
(54) 同前、六五八〜六五九頁。
(55) 同前、六四七頁。
(56) 和辻『孔子』(和辻、前掲注7『全集』第六巻所収)付録「武内博士の『論語之研究』」。
(57) 同前、三五四頁。
(58) 同前、三五六頁。

(59) 和辻『ホメーロス批判』序言（和辻、前掲注7『全集』第六巻所収）。

(60) 武内、前掲注(43)『全集』第一巻所収、四二〜四四頁。

(61) たとえば久米『歴史著作集』第三巻「史学・史学方法論」（吉川弘文館、一九九〇年）、第一編「史学の独立と研究」第七「余が見たる重野博士」、重野『重野博士史学論文集』上・下（雄山閣、一九三八〜三九年）。また、大久保利謙『日本近代史学の成立』（著作集第七巻、吉川弘文館、一九八八年）はこれらの論点を俯瞰する。

(62) ただし筆者が王鳴盛の事例をもって呈示したように、徹底した客観的姿勢をもった清儒も存在したことは、ここにいま一度追記しておきたい。

あとがき

本書の構想はおおよそ筆者の前著の上梓と相前後する頃、すなわち二〇〇八年の後半ぐらいよりはじめられた。拙著の「結論」の最終節にて記したとおり、とりわけ、江戸後期〜幕末期に発展をみた実証主義的、経験的学問とはどのようなものであったか、またそれがいかに儒学、漢学以外の多くの近代学問の「礎」となっていたかといった点の解明が次なる研究課題であると、筆者のなかで強く認識されてきていた。

研究をはじめた当初は、何人かの儒者についてのオーソドックスな思想史学的研究を積み重ねることで十分な成果がだせるのではないかと感じていた。だが、研究が進展するにつれ、分析視角、利用史料の双方において再考の必要性に強くせまられることとなる。

「日本」儒者にとって時間、場所双方の意味で「外国語」である中国古典テクストの研究には、必然として精緻な言語／原語研究が伴うものであったことはこれまでにも指摘がある。訓点（語）研究や書物学は活況を呈しており、これらにおいて言語への接近などが特定の視点から語られることはあるが、その一方で、実際に正面から当時の儒者の言語研究がどうであったかについて具体的で詳細なアプローチを試みた研究はあまりないようにみえる。

また、特定の儒者のテクスト研究のみならず、彼らの知的性質を決定する素地とでもいうべき、もう少し広い「知識層」における知的鍛錬、そして知的〝気候〟といったものの実相の考察も不可欠であると考えるに至った。

これらの課題への対応を考えた結果、(a)多様な文書史料の活用と、(b)分析手法の拡幅が目指されることとなり、刊本、写本、あるいは手稿史料も含めた「書物」のオーソドックスな思想史学的考察のほか、たとえば本書第五章にて用いた『読書準縄』のような学習の「やり方」を語る口述史料を用い、それを後代の学徒が語るところの教育経験と突き合わせて分析すること、さらにそれをフリッツ・リンカーやロジェ・シャルチェら教育思想史家の観点／論点をもって新たな視点から再解釈することなどが試みられた。「学際的」というと浅薄で時代遅れに響くだろうが、複数の学問分野において各々に醸成されてきた固有の分析視角・方法を適切に接合／交錯させる試みは、とくに本書が主題とすることの解明には極めて有効であったと考える。

さらには、(c)江戸後期儒者の研究の「特質」を客観化するための比較検討の必要性も意識するようになり、これに伴い、中国、西欧における文献研究(または「フィロロギー」)を常に念頭に置きながら、比較思想史的視野のなかに日本儒者の「古代テクストとの向きあい方」を客観的に位置づけることが目指されるに至った。

このように書くと、一部の研究者においてはたとえばマルク・ブロック『王の奇跡』に呈出される歴史へのアプローチ手法などが想起されるかもしれない。無論、本書はブロックの主要諸著作にみられるような壮大な構想力や総合性、包括性を有するものではないし、そもそもそれを下敷きに構想されたわけでもない。また逆に、本書は、アナールのとくに初期の諸研究の多くに顕著な決定論的性向とは相容れないものである。しかしそれでも、この学派の系譜につらなる幾つかの研究は、筆者がいつもどこかで意識せざるをえなかったものであったかもしれない。

さて、中国、西欧における文献研究との比較思想史的考察など、筆者一人の力では到底できまいとも考えながら、淡々と十八～十九世紀の日本儒者の文献研究のやり方について考察をすすめ、適宜論文として発表をつづけていたのだが、その過程でまず、国際日本文化研究センターの共同研究会（笠谷和比古教授〈当時〉の研究班）にて、同センター教授で中国近世思想史がご専門の伊東貴之氏との出会いが叶い、つづいてまた別の研究会にて英語学史、言語研究発展史がご専門で、ドイツ・フィロロギーにも造詣が深い江藤裕之氏（東北大学教授）とも出会うことと相成った。

ケンブリッジ大学（ロビンソン・コレッジ副学寮長）のピーター・F・コーニツキー教授は長らく日本中世・近世の儒学・医学の文献研究、とくにその書誌学的研究に従事されておられるが、二〇一二年に筆者の本務校にてご講義いただいた頃より本格的な学術的交流をさせていただいている。

これらの大変に幸運な出会いに恵まれたと同時に、二〇一三年四月には科学研究費補助金事業「考証学・言語の学、そして近代的知性――近代的学問の「基体」としての漢学の学問方法」（課題番号二五三七〇〇九三）が採択され、右に触れた三名に加え、マーティン・コルカット教授（プリンストン大学名誉教授）、史学史のグローバルな比較研究がご専門の佐藤正幸教授、清代考証学が専門の尾崎順一郎氏、日本思想史の大川真氏、相原耕作氏、日本史の宮田純氏らのご協力も得て、共同研究を発足させた。

二〇一四年からは東京大学東洋文化研究所における研究活動の機会もいただき、東大所蔵の膨大な貴重史料群へのアクセスも含めさまざまな恩恵にあずかっている。便宜を図っていただいた東文研の真鍋祐子教授、大木康前所長に心より感謝の意を表したい。

清代学問研究の泰斗ベンジャミン・A・エルマン教授（プリンストン大学）との学術交流は同教授が二〇一四年度に東文研客員教授をつとめられていた時期より始まった。以来、氏とは'Princeton-Tokyo International Philology Workshop' と銘打った文献研究の本格的国際研究計画を立ち上げ、来年（二〇一七年）三月にはその第一回研究会を開催する予定である。のみならず、エルマン教授の文献研究の比較文明史的考察の研究仲間でもあるA・グラフトン教授（プリンストン大学）、S・ポロック教授（コロンビア大学）、H・フォン＝スターデン教授（プリンストン高等研究院）、M・ウィッツェル教授（ハーバード大学）らとの学術交流の道が開かれつつあり、ポロック教授主導のもとコロンビア大学を中核に計画されている'Program in World Philology'との研究連携も現在計画中である。

これらの研究計画は、本書を起点に、日・中・欧の文献研究、原典批判の方法の微細の比較検討にまで刺さり込んだ研究を目指すものであり、そのための国際的な学術ネットワークの基盤として構築されつつあるものである。

本書の中心的課題の一部は、ヨーロッパ日本研究協会（European Association for Japanese Studies）に採択され、二〇一四年度大会（八月、於：スロヴェニア・リュブリアーナ大学）に報告の機会をいただき、その折にはコーニツキー教授、W・J・ボート ライデン大学名誉教授らに多岐にわたり貴重なご教示をいただいた。

本書各論編Iの第二、三、四章は各々『東洋文化研究所紀要』（東京大学東洋文化研究所）第一六七冊（二〇一五年三月）、『東洋文化』（無窮会東洋文化研究所）復刊第一〇〇号（二〇〇八年）、同復刊第一〇九号（二〇一二年）に掲載されたものを基盤とする。一方、第一、五、六章は複数の学問分野の分析視角・方法を接合させる学際的研究も積極的に採用する学術誌、または成果論集に掲載された論文がもとになっている。

その上で、単行本としてまとめるにあたっては、右に述べたごとくの国内外の各分野の専門研究者との学術交流、共同研究を通じて得られたさまざまな知見を適宜織り込みながら、新たな全体構想をもって練り上げることが試みられた。たとえば〈総論編〉の第一章は國立臺灣大學日本學研究叢書二十一『思想史から東アジアを語る』掲載の論考であり（二〇一四年七月入稿、諸事情により実際の刊行は二〇一六年二月）、この原形となったものは『アジア・日本研究センター紀要』（国士舘大学〈第八号、二〇一三年三月〉）収録の論考であるが、本書への収録までにはさらに、清代学問を専門とする前掲の伊東氏、尾崎氏、B・A・エルマン氏らとの継続的な研究会等での討議の機会において得られた知見、さらには中村春作、前田勉両氏の知見などを踏まえた修正が微に入り細に入り施されている。これらはまた、「結論」の改訂にも反映されている。

第二章も『東洋文化研究所紀要』収録からの約一年間に修訂がなされ、第三章は『東洋文化』掲載論文に大幅な増訂をへて前著『幕末期武士／士族の思想と行為――武人性と儒学の相生的素養とその転回』（御茶の水書房、二〇〇八年）に再録されたものだが、本書収録にあたっては本書の構想に合致するかたちでコンサイスに再編された。

第五章の初出は国際日本文化研究センター『日本研究』第四六集（二〇一二年）であるが、この論考は当初より方法的、史料的に江戸後期儒者の知的「素地」の探究を目指すなかで勘案されたもので、ほぼ原形のまま収録した。第六章の初出は笠谷和比古編『一八世紀日本の文化状況と国際環境』（思文閣出版、二〇一一年八月）、第七章は上村敏文・笠谷和比古編『日本の近代化とプロテスタンティズム』（教文館、二〇一三年三月）であるが、各々若干の修訂をもって収録した。

「結論」の初出は笠谷和比古編『徳川社会と日本の近代化』（思文閣出版、二〇一五年三月）であるが、当然、本書の総まとめの議論としての大幅な増補、議論の修訂が為されている。

また、本書の執筆過程においては、上記の研究者以外にも実に夥しい数の先学、諸方面の関係諸氏からのご教示、ご助言をいただいている。

オックスフォード大学名誉教授ジェームス・マクマレン氏は筆者が最も敬愛する研究者であり、筆者は同大学に長期滞在した時（二〇〇三年）よりその深遠なる学識の恩恵をうけている。元国際日本文化研究センター教授笠谷和比古氏（現帝塚山大学教授）には、氏が日文研の共同研究会を組織されておられた時よりお世話になっている。日文研笠谷班、同伊東班所属の諸研究者との議論の機会はまことに貴重であり、とくに笠谷班のメンバーであった魚住孝至、前田勉、谷口昭、谷井俊仁（故人）、岩下哲典、宮崎修多の諸氏、伊東班の徐興慶、小島毅、恩田裕正、片岡龍、李梁の諸氏には感謝申し上げたい。

斎藤修、尾高煌之助両先生には筆者がロンドン大学の大学院生であった頃よりお世話になっており、その深遠にして幅広い学識は常に筆者の敬服するところである。斎藤先生よりご紹介いただいた佐藤正幸先生からは比較史、歴史理論の視点の重要さについてご教示をうけ、日本史、日本思想史を世界史的視野に位置づける研究のヒントを学んだ。

日本思想史学の土田健次郎、黒住眞、澤井啓一、田尻祐一郎、中村春作、中村安宏の諸先生方、日本経済思想史学会の小室正紀、藤井隆至両先生、中村宗悦、見城悌治、落合功、高橋周、三澤勝己の諸氏、「日本の経済思想」（JETTS）主宰の川口浩先生、同会メンバーの岩井方男先生、ヤン・シーコラ（カレル大学）、武藤秀太郎、B・グラムリヒ＝オカ、石井寿美世の各氏からも、直接のご指導の機会をいただいたり、あるいはまたご著書、ご論文を通じてその学恩に触れる機会をいただいた。

そのほか、一人一人お名前をあげることは叶わないが、多くの先生方や専門外の研究者、さまざまな有縁の方々の学恵にあずかった。

大阪大学附属図書館懐徳堂文庫所蔵の中井履軒直筆の諸著作とその写本、ならびに関連史料、久米美術館所蔵の久米邦武の諸著作物と関連諸史料、茂原市立美術館・郷土資料館の東條一堂関連史料なしには本書「各論編Ⅰ」に収めた諸研究は成立しなかった。そのほか東京大学、ケンブリッジ大学をはじめとする諸大学の専門図書館・史料室所蔵の貴重史料群、無窮会専門図書館、国立公文書館内閣文庫といった諸資料館や文庫、そして各々の機関においてお世話いただいた司書・学芸員のみなさまに感謝の意を表したい。

本書の出版は、平成二十七年度国士舘大学出版助成により可能となったものであり、同僚諸氏と関係各位のご厚意に感謝したい。

また、本書の出版を快くお引き受けくださった思文閣出版、編集のご担当で始終丁寧かつ的確な修訂作業を続けていただいた田中峰人氏に深く御礼を申し上げる。

最後に、妻伸子は二十五年にわたり不断なく、快晴の日も雨の日も、そして大嵐の最中も筆者の研究生活を無条件に支えつづけてくれている。また、おなじ道にすすみつつある二人の子供たちとの対話は心地よい知的刺激の機会である。心より感謝したい。

平成二十八年二月一日

竹村英二

索　　引

＊採録語句が章・節のタイトルに含まれる場合は該当頁をゴシック表記にした。

【人　名】

か

き

く

け

こ

さ

【史資料名】

◎著者略歴◎

竹村英二（たけむら・えいじ）

1962年生。豪メルボルン大学卒、米カリフォルニア大学バークレー校に交換留学生として在学。英ロンドン大学大学院修了。現在、国士舘大学教授。オックスフォード大学ペンブロークカレッジ、同大学クライストチャーチ上級研究員交流室（SCR）ならびにハイテーブルメンバー（2003、2004年）、慶應義塾大学訪問教授等を歴任。ケンブリッジ大学ロビンソン・カレッジ客員フェロー（2016年）、東京大学東洋文化研究所研究協力者（2014年～）等を兼務。

業績

〔単著〕『幕末期武士／士族の思想と行為――武人性と儒学の相生的素養とその転回』（御茶の水書房、2008年）／*The perception of work in Tokugawa Japan: A Study of Ishida Baigan and Ninomiya Sontoku*, UPA, Lanham, Oxford, 1997.

〔論文〕「元～清の『尚書』研究と十八世紀日本儒者の『尚書』原典批判――中井履軒『七經雕題畧（書）』、同収「雕題附言（書）」を題材に」（『東洋文化研究所紀要』〈東京大学東洋文化研究所〉第167冊〈2015年3月〉）／'Confucian Origins of modern Japanese evidential scholarship', *Storia della Storiografia (History of Historiography-Histoire de l'Historiographie-Geschichte der Geschichtsschreibung)* 68, Fabrizio Serra Editore, via Santa Bibiana, 11 56100 PISA Rivista internazionale, 2016（言語：英語。2016年6月刊行予定。掲載決定済）。

江戸後期儒者《えどこうきじゅしゃ》のフィロロギー
――原典批判《げんてんひはん》の諸相《しょそう》とその国際比較《こくさいひかく》――

2016（平成28）年3月3日発行

定価：本体5,500円（税別）

著　者　竹村　英二
発行者　田中　大
発行所　株式会社　思文閣出版
〒605-0089 京都市東山区元町355
電話 075-533-6860（代表）

装　幀　白沢　正
印　刷
製　本　株式会社 図書印刷 同朋舎

ISBN978-4-7842-1838-7　C3021

徳川社会と日本の近代化　笠谷和比古編

同時代のアジア諸国の多くが欧米列強の植民地に編入され、あるいは蚕食の危機にさらされるなか、明治政府が独立を堅持できたのは、先行する徳川社会の文明史的力量によるところが大きい。徳川社会はどのような力をいかにして形成し得たのか、多分野の研究者が総合的に究明する論文25篇。国際日本文化研究センター共同研究の成果。

▶A５判・730頁／本体9,800円(税別)　ISBN978-4-7842-1800-4

一八世紀日本の文化状況と国際環境　笠谷和比古編

日本の18世紀社会は、儒学・本草学・博物学・蘭学などさまざまな局面において独自性に満ちた文化的発展をみせ、近代化に多大な影響を与えた。こうした18世紀の文化的状況はいかにして形成され、グローバルな環境下でどのような影響を受けつつ展開したのか、総合的に探究する。国際日本文化研究センター共同研究の成果。

▶A５判・582頁／本体8,500円(税別)　ISBN978-4-7842-1580-5

廣瀬淡窓　井上敏幸監修・髙橋昌彦編著

江戸時代後期、豊後日田に生まれ活躍した儒学者・教育者・漢詩人、廣瀬淡窓（1782～1856）の評伝。従来の評伝が、淡窓の著作に傾注して叙述されてきたのに対して、本書では、淡窓の日記や自叙伝、著書をはじめ、書簡や漢詩、周辺史料などから淡窓の生涯を再検討し、新たな淡窓像を構築する。とくに漢詩を多くとりあげ、その背景についても解説。著述と出版についても、最新の調査をふまえて詳細に検討する。

▶B６判・334頁／本体2,500円(税別)　ISBN978-4-7842-1817-2

熊沢蕃山の思想冒険　山田芳則著

近世の儒者・熊沢蕃山（1619～91）の一つひとつの著作を比較することで、思想の変化を跡づけ、その意味を問う。また中江藤樹『翁問答』や池田光政の藩政改革をとりあげて、岡山藩における蕃山の政治体験の意味を解明、蕃山の多様な思想を立体的に浮かび上がらせる。

▶A５判・218頁／本体5,000円(税別)　ISBN978-4-7842-1783-0

近世儒者の思想挑戦　本山幸彦著

江戸開府から大政奉還までの近世265年間を、成立・安定・動揺・崩壊の４期に分け、各時代の代表的儒者・思想家である林羅山・熊沢蕃山・貝原益軒・荻生徂徠・松平定信・佐久間象山・横井小楠らをとりあげ、彼らが直面した時代の課題にいかに解決の道を見出そうとしたのか、その思想的営みの足跡を追う。

▶A５判・314頁／本体7,500円(税別)　ISBN4-7842-1304-X

会沢正志斎書簡集　大阪大学会沢正志斎書簡研究会編

大阪大学大学院文学研究科が所蔵する会沢正志斎書簡を活字翻刻。会沢正志斎は、後期水戸学を代表する儒学者の一人。本書簡群は、会沢が、弟子で甥でもある寺門政次郎およびその父喜太平に対して宛てた書簡を中心とする。緊迫する幕末の情勢と、そのなかで行われた思想の営為を解明するための一級史料。

▶A５判・350頁／本体11,500円(税別)　ISBN978-4-7842-1828-8